Markus Vetter

Altersvorsorge und Immobilien

Das deutsche und amerikanische System in der kritischen Analyse

igel Verlag
RWS

Vetter, Markus: Altersvorsorge und Immobilien: Das deutsche und amerikanische System in der kritischen Analyse, Hamburg, Igel Verlag RWS 2014

Buch-ISBN: 978-3-95485-195-9
PDF-eBook-ISBN: 978-3-95485-695-4
Druck/Herstellung: Igel Verlag RWS, Hamburg, 2014

Bibliografische Information der Deutschen Nationalbibliothek:
Die Deutsche Nationalbibliothek verzeichnet diese Publikation in der Deutschen Nationalbibliografie; detaillierte bibliografische Daten sind im Internet über http://dnb.d-nb.de abrufbar.

Hermannstal 119k, 22119 Hamburg
http://www.diplomica.de, Hamburg 2014
Printed in Germany

Inhaltsverzeichnis

Abkürzungsverzeichnis

a.a.O. .... am angegebenen Ort
AARP .... American Association of Retired Persons
Abb. .... Abbildung
ABL .... Alte Bundesländer
Abs. .... Absatz
AEG .... Alterseinkünftegesetz
a.F. .... alte Fassung
AfA .... Abschreibung(en)
allg. .... allgemeine
AltEinkG .... Alterseinkünftegesetz
AltZertG .... Altersvorsorgeverträge - Zertifizierungsgesetz
AO .... Abgabenordnung
ARM .... Adjustable Rate Mortgage(s)
Art. .... Artikel
Aufl. .... Auflage
AVG .... Angestelltenversicherungsgesetz
AVmEG .... Altersvermögensergänzungsgesetz
AVmG .... Altersvermögensgesetz

BAFA .... Bundesamt für Wirtschaft und Ausfuhrkontrolle
BaFin .... Bundesanstalt für Finanzdienstleistungsaufsicht
BauGB .... Baugesetzbuch
BauSparkG .... Gesetz über Bausparkassen
BAV .... Betriebliche Altersvorsorge
BB .... Betriebs-Berater
ber. .... berichtigt
BetrAVG .... Betriebsrentengesetz
BewG .... Bewertungsgesetz
BFH .... Bundesfinanzhof
BGB .... Bürgerliches Gesetzbuch
BGBl .... Bundesgesetzblatt

BMF .... Bundesministerium der Finanzen
bspw. .... beispielsweise
BStBl. .... Bundessteuerblatt
BverfGE .... Bundesverfassungsgericht
BW .... Barwert
bzw. .... beziehungsweise

ca. .... circa
CA .... Kanada
CAIVRS .... Credit Alert Interactive Voice Response System
CD .... Certificate of Deposit
CDU .... Christlich Demokratische Union Deutschlands
c.p. .... ceteris paribus
CSU .... Christlich-Soziale Union in Bayern e.V.

db/ DB .... Deutsche Bank
DI.. Disability Insurance
DIA....................................... Deutsches Institut für Altersvorsorge
Dr. .... Doktor
dtv .... Deutscher Taschenbuch Verlag

EST .... Einkommensteuer
EStDV .... Einkommensteuer-Durchführungsverordnung
EStG .... Einkommensteuergesetz
EStR .... Einkommensteuer-Richtlinie
Eur .... Euro
EUR .... Euro
e.V. .... eingetragener Verein
EVS .... Einkommens- und Verbrauchsstichprobe

Fannie Mae .... Federal National Mortgage Association
FB 03 R .... Fachbereich 03, Rechts- und Wirtschaftswissenschaften
FDP....................................... Freie Demokratische Partei
ff. .... fortfolgend(e)

FHA .... Federal Housing Administration
Financial Freedom .... Financial Freedom Senior Funding Corporation

G. .... Gesetz
GBO .... Grundbuchordnung
GbR .... Gesellschaft bürgerlichen Rechts
GDV .... Gesamtverband der Deutschen Versicherungswirtschaft e.V.
gem. .... gemäß
GG .... Grundgesetz
GRV .... Gesetzliche Rentenversicherung
GSA .... General Services Administration List

HECM .... Home Equity Conversion Mortgage
HIMA .... Institut für Handel und Internationales Marketing
HOME. .... Homeowner Options for Massachusetts Elders
hrsg. .... herausgegeben
Hrsg. .... Herausgeber
HUD .... U.S Department of Housing and Urban Development

i.d.F. .... in der Fassung
i.H.v. .... in Höhe von
inkl. .... inklusive
i.S.d. .... im Sinne des
i.V.m. .... in Verbindung mit

J. . ... Jahre
JURA-SB .... Juristische Seminarbibliothek der Universität des Saarlandes

KAB .... Katholische Arbeitnehmer-Bewegung Deutschlands e.V.

LBS .... Landesbausparkassen
LDP .... Limited Denial of Participation List
Libor rate .... London InterBank Offered Rate

max. .... maximal
Mill. .... Millionen
min. .... mindestens
Mio. .... Millionen
MIP .... mortgage insurance premium
Mrd. .... Milliarden
m.W.v. .... mit Wirkung von
MwSt. .... Mehrwertsteuer

NBL .... Neue Bundesländer
n.F. .... neue Fassung
Nr. .... Nummer
NYS .... New York State
NYT .... The New York Times

OAI .... Old Age Insurance
o.J. .... ohne Jahr
o.O. .... ohne Ort
o.O.u.J. .... ohne Ort und Jahr
o.V. .... ohne Verfasser

p.a. .... per annum
PBC .... Private & Business Banking
PDC .... Portland Development Commission
p.Monat .... pro Monat
PreisAngG .... Preisangaben- und Preisklauselgesetz
PrKV .... Preisklauselverordnung
Prof. .... Professor
PV .... Private Vorsorge

RGBl .... Reichsgesetzblatt
RKG .... Reichsknappschaftsgesetz
RLCA .... Residential Loan Centers of America, inc.
RPL .... Real Property Law

RRG...................................... Rentenreformgesetz
RVO .... Reichsversicherungsordnung
Rz. .... Randzeichen

S. .... Seite(n)
SAM .... Shared Appreciation Mortgage
SB .... Seminarbibliothek
sec. .... section
SGB .... Sozialgesetzbuch
SI .... Survivors Insurance
sog. .... so genannte(n)(s)
SPD....................................... Sozialdemokratische Partei Deutschlands
SSI .... Supplemental Social Security
StÄndG.................................. Steueränderungsgesetz 2001
SULB .... Saarländische Universitäts- und Landesbibliothek

t... Jahr(e)
TALC .... Total Annual Loan Cost

u. .... und
u.a. .... und andere/unter anderen/unter anderem
UB-MZ.................................. Universitätsbibliothek Mainz
UdS....................................... Universität des Saarlandes
U.S.. United States
USA...................................... United States of America
USC. .... United States Code
u.U. .... unter Umständen

v. .... vom
Verf. .... Verfasser
VDR .... Verband Deutscher Rentenversicherungsträger
VDW .... Verband der Wohnungswirtschaft e.V.
Vgl. / vgl. .... Vergleiche
v.H. .... von Hundert

VZ .... Veranlagungszeitraum

WFG .... Wachstums- und Beschäftigungsförderungsgesetz
WIWI .... Wirtschaftswissenschaftlich(e)
www .... world wide web
WZB .... Wissenschaftszentrum Berlin für Sozialforschung

z.B. .... zum Beispiel
ZfIR .... Zeitschrift für Immobilienrecht
ZPO .... Zivilprozessordnung
z.T. .... zum Teil
ZUMA .... Zentrum für Umfragen, Methoden und Analysen
ZVG .... Gesetz über die Zwangsversteigerung und die Zwangsverwaltung
zzgl. .... zuzüglich

Symbolverzeichnis

… .... Auslassungspunkte
€ .... Euro
$ .... Dollar
§ .... Paragrafenzeichen
% .... Prozentzeichen

Abbildungsverzeichnis

Tabellenverzeichnis

Nr. **Bezeichnung** **Seite**

Verzeichnis der Anlagen im Anhang

1 Einleitung

1.1 Problemstellung und Motivation

Die politische Diskussion um die gesetzliche Rentenversicherung ist in vollem Gange: Bis heute ist der im Jahr 1997 in einer Plenarsitzung des Deutschen Bundestages getätigte Ausspruch „Es gilt der Satz – zum Mitschreiben –: Die Rente ist sicher“[1] des ehemaligen Bundesministers für Arbeit und Sozialordnung, Dr. Norbert Blüm, bekannt und wird oft zitiert. Das Zitat ist ein Beispiel, wie über Jahrzehnte die Illusion der sicheren Rente verbreitet und der Glauben der Bevölkerung gestützt wurde, allein mit ihren Beiträgen zur gesetzlichen Rentenversicherung ausreichend für ihr Alterseinkommen vorsorgen zu können.[2]

Mit Vorstellung des Rentenversicherungsberichts 2005[3] am 08. März 2006 durch den Bundesminister für Arbeit und Soziales, Franz Müntefering, hat die Diskussion weiter an Brisanz gewonnen: „Hinsichtlich der zu erwartenden Absenkung des Sicherungsniveaus vor Steuern wird darauf hingewiesen, dass die gesetzliche Rente zukünftig nicht ausreichen wird, um den Lebensstandard des Erwerbslebens im Alter fortzuführen.“[4] Die Reaktionen in der Presse waren nach diesem bezüglich Alterseinkommen einmaligen „Offenbarungseid“ geteilt zwischen Polemik[5] und sachlichen Analysen.[6] Einigkeit herrschte allerdings in der Aussage, dass ohne zusätzliche Privatvorsorge die finanzielle Absicherung im Alter nicht mehr gegeben sein werde.[7] Für besonderen Unmut der Bevölkerung sorgte vor allem, dass die Einschnitte und Kürzungen der Rentenabsicherung auf Grund von Maßnahmen bei der Durchführung der sog. „Jahrhundertreform“[8] für die Altersvorsorge im Jahr 2001 und der Verabschiedung des Alterseinkünftegesetzes[9] 2004 erst kurz zurücklagen, aber scheinbar keine Wirkung auf die Stabilität der gesetzlichen Rente zeigten.

---

1 Deutscher Bundestag (Plenarprotokoll 1997), S. 17872.

2 Auch in jüngerer Zeit gab es Äußerungen, die diese Meinung untermauerten. So beteuerte im Jahr 2000 Walter Riester, der damalige Bundesminister für Arbeit und Sozialordnung, dass es auch in Zukunft regelmäßige Rentensteigerungen geben würde. Die Bundesministerin für Gesundheit und Soziale Sicherung, Ulla Schmidt, verdeutlichte im Jahr 2004, dass bestehende Rentenzahlungen gesichert seien. Vgl. Hinrichs, Ulrike; Kurz, Friedrich (Die Rente schmilzt 2005).

3 Die Vorlage und die Vorstellung des Rentenversicherungsberichts erfolgte gem. § 154 SGB VI.

4 Bundesministerium für Arbeit und Soziales (Bericht der Bundesregierung 2006), S. 13.

5 Vgl. Hoeren, Dirk; Schmitz, Christoph (Politiker lügen 2006).

6 Vgl. o.V. (Die Eckpunkte 2006).

7 Vgl. o.V. (2009 sackt Rentenniveau ab 2006); sowie o.V. (Die Rente reicht nicht mehr 2006); sowie Bundesministerium für Arbeit und Soziales (Bericht der Bundesregierung 2006), S. 13.

8 Dieser Begriff wurde u.a. im Vorfeld der Rentenreform 1999 von der SPD benutzt, um die erstmalige Förderung einer freiwilligen privaten Altersvorsorge herauszustellen. Im Folgenden wurde der Begriff mehrmals von der CDU/CSU-Fraktion sowie der FDP im Bundestag aufgegriffen und verwendet. Vgl. Deutscher Bundestag (Plenarprotokoll 2003), S. 7283.

9 Gesetz zur Neuordnung der einkommensteuerrechtlichen Behandlung von Altersvorsorgeaufwendungen und Altersbezügen (Alterseinkünftegesetz – AltEinkG).

Von besonderer Bedeutung für die Rentenversicherung sind dabei die demografische Entwicklung und – auf Grund der hohen Arbeitslosigkeit[10] – die wirtschaftliche Entwicklung in Deutschland. Immer mehr Rentenempfänger beziehen Ihre Altersvorsorge – ausgehend von dem seit 1957 geltenden Generationenvertrag[11] und damit dem Umlageverfahren[12] – von immer weniger Beitragszahlern. Da diese „Schere" weiter auseinander zu gleiten droht, ist auch in Zukunft von Leistungssenkungen und Rentenkürzungen auszugehen.[13]

Nach Feststellung des Status quo der Rentenleistungen aus der gesetzlichen Rentenversicherung stellt sich nun also nicht mehr die Frage, *ob* die Rente im Alter ausreicht, sondern *wie* man für das Alter vorsorgen kann, um seinen gewohnten Lebensstandard zu erhalten.[14] Individuelle Vorsorgepläne sind nötig, um die gestiegenen Ansprüche an Altersvorsorgeprodukte erfüllen zu können. Die gewachsenen Ansprüche an Vermögensanlagen beinhalten dabei u.a. die Forderungen nach Wertstabilität, hohen Zinsen, Vererbbarkeit der Vermögensanlage sowie die Austauschbarkeit mit der Möglichkeit der schnellen Liquidation im Notfall.[15] Die Unvereinbarkeit dieser Wünsche – symbolisiert in dem sog. „Magischen Dreieck" der Vermögensanlage wird dabei häufig ignoriert.[16] Eine wichtige Bedeutung bei der individuellen Absicherung wird dabei den staatlich bezuschussten Altersvorsorgeprodukten – im Besonderen die *Riester-Rente*[17] und die *Rürup-Rente*[18] – beigemessen, da diese zum Ausgleich des gesunkenen Rentenniveaus, staatlich gefördert werden.[19]

Für die Mehrheit der Bevölkerung ist – nach einer Umfrage aus dem Jahr 2000 – neben der finanziellen Absicherung durch die gesetzliche, private und betriebliche Altersvorsorge der

---

10 Die Arbeitslosenanzahl ist in Deutschland in den letzten 10 Jahren von 3.611.921 (im Jahr 1995) auf 4.381.040 (im Jahr 2004) angestiegen. Vgl. Statistisches Bundesamt (Jahrbuch 2005), S. 92.

11 Vgl. *Kapitel 2.1.*

12 Vgl. *Kapitel 2.3.*

13 Vgl. zu diesem Absatz Bundesministerium für Arbeit und Soziales (Bericht der Bundesregierung 2006), S. 13–14.

14 „Deshalb müssen in der Zukunft alle drei Säulen der Altersversorgung – gesetzliche, betriebliche und private Vorsorge – frühzeitig in eine ganzheitliche Alterssicherungsplanung einbezogen werden." Augsten, Ursula u.a. (Ratgeber zur Altersvorsorge 2004), S. 36.

15 Vgl. Klemmer, Paul (Demografie und Immobilienwirtschaft o.J.), S. 4.

16 Mit dem symbolischen „Magischen Dreieck" der Vermögensanlage wird die Unvereinbarkeit der Anlageneigenschaften „Liquidität", „Sicherheit" und „Rendite" dargestellt. Diese drei Ziele bilden – grafisch abgebildet – die Eckpunkte eines Dreiecks. Vgl. ausführend o.V. (Magisches Dreieck 2006).

17 Der Name stammt von dem bei der Rentenreform 2001 beteiligten Walter Riester, Bundesminister für Arbeit und Sozialordnung, nach dessen Vorschlag die geförderte, freiwillige Altersvorsorge umgesetzt wurde.

18 Hans-Adalbert Rürup, nach dessen Name diese Rente benannt ist, war Vorsitzender der „Kommission für die Nachhaltigkeit in der Finanzierung der sozialen Sicherungssysteme". Das Ergebnis im Jahr 2003 war ein Katalog mit Vorschlägen zur Sicherung der Sozialsysteme. Vgl. Bundesministerium für Gesundheit und soziale Sicherung (Finanzierung soziale Sicherungssysteme 2003).

19 Vgl. *Kapitel 3.3.*

Aufbau von Immobilienvermögen der wichtigste Bestandteil der Altersvorsorge.[20] Neben den zusätzlichen Einkünften aus einer vermieteten Immobilie[21] ist vor allem die Ersparnis von Mietkosten im Alter eine Möglichkeit, die individuelle Vermögenssituation zu verbessern.[22] Im europäischen Vergleich von Wohneigentumsbesitz hat Deutschland einen erheblichen Nachholbedarf – mit einer Wohneigentumsquote von nur 43% im Jahr 2004 ist Deutschland auf dem vorletzten Platz.[23] Unter dem Aspekt der Altersvorsorge und sinkenden Leistungen aus der gesetzlichen Altersrente überrascht dieser geringe Prozentsatz. Dabei bietet die Immobilie noch eine weitere, bis jetzt wenig verbreitete und bekannte Möglichkeit, aus dem Immobilienvermögen eine finanzielle Altersvorsorge zu generieren – und zwar die Leibrente. Anstatt das Immobilieneigentum gegen eine Einmalzahlung zu veräußern, wird dabei – unter Ausschluss oder Beibehaltung eines Wohnrechts – eine lebenslange Leibrente als Zahlung vereinbart.[24]

In den Vereinigten Staaten von Amerika[25] – in denen mit einer Wohneigentumsquote von 68,9 % die deutsche Wohneigentumsquote bei Weitem übertroffen wird[26] – ist dieses Modell unter dem Namen *Reverse Mortgage* bekannt und bereits seit seiner Einführung 1979 erfolgreich.[27] Wichtigste Aufgabe von beiden Modellen ist dabei das „… Langlebigkeitsrisiko …“[28], also „… das Einkommensrisiko während der Altersphase …“[29], zu reduzieren und – wenn möglich – zu eliminieren. Obwohl die deutsche *Leibrente* und der amerikanische *Reverse Mortgage* auf den ersten Blick ähnlich erscheinen, gibt es doch wesentliche Unterschiede, die als Bestandteil dieser Untersuchung dargestellt, analysiert und kritisch bewertet werden.

---

20 Nach einer Umfrage aus dem Jahr 2000 im Auftrag von LBS-Research ist für ca. 70 % der Bundesbürger die Immobilie wichtigster Bestandteil der Altersvorsorge. Vgl. LBS Research (Umfrage Wohnimmobilien 2000). „Nach den Gründen für den Wunsch nach eigenen vier Wänden gefragt, gaben 90 Prozent der nach Wohneigentum strebenden Mieter die Altersvorsorge an.“ Haase, Rüdiger; Kappel, Ivonn (Markt für Wohnimmobilien 2006), S. 45.

21 Vgl. § 21 EStG „Einkünfte aus Vermietung und Verpachtung“.

22 Zehnder, Andreas (Immobilie vierte Säule 2005), S. 23-24. Von Seiten des Staates gibt es aus diesen Gründen für den Erwerb von Wohneigentum – auch nach der Abschaffung der Eigenheimzulage zum 01. Januar 2006 – verschiedene Förderungsmöglichkeiten. „Diese Förderungen sind besonders für Personen bzw. Familien mit kleinerem und mittlerem Einkommen gedacht.“ Augsten, Ursula u.a. (Ratgeber zur Altersvorsorge 2004), S. 191.

23 Vgl. o.V. (Wohneigentumsquoten in Europa 2004).

24 Augsten, Ursula u.a. (Ratgeber zur Altersvorsorge 2004), S. 377.

25 Im Folgenden wird die Abkürzung „USA“ verwendet.

26 Eigene Berechnung. Vgl. o.V. (Homeownership 2006).

27 Vgl. LaFay, Bob; Barrell, Doris (Senior Homeowners 2003), S. 1.

28 Rürup, Bert; Viermetz, Kurt (Altersvorsorge in Deutschland und USA 2002), S. 16.

29 Rürup, Bert; Viermetz, Kurt (Altersvorsorge in Deutschland und USA 2002), S. 16.

Abschließend ist zu erwähnen, dass die verbreitete Literatur über *Reverse-Mortgage*-Modelle sehr einseitig ist.[30] Diese häufig recht oberflächliche Literatur kann also nur begrenzt zu einer kritischen Würdigung hilfreich sein – im Rahmen der kritischen Untersuchung wurden daher weitgehend eigene Schlussfolgerungen gezogen.

1.2 Aufbau und Gliederung der Untersuchung

Kapitel 2 dieser Untersuchung beschäftigt sich mit der gesetzlichen Rentenversicherung.[31] An dieser Stelle steht allein die Altersrente im Fokus. Nach einem einleitenden geschichtlichen Überblick vergangener Reformen seit 1991 und einer grundlegenden Darstellung der Finanzierung der gesetzlichen Rentenversicherung werden im Anschluss die wichtigsten demografischen Probleme dargestellt und ihre Auswirkungen analysiert.

Kapitel 3 analysiert die Änderungen der letzten durchgeführten Reform der Altersversorgung durch das Alterseinkünftegesetz im Jahre 2004. Die Ausführungen beschränken sich dabei auf die grundlegenden Eigenschaften der neuen Altersvorsorgemöglichkeiten. Neben einer Darstellung der Entwicklung von der 3-Säulen-Theorie zu der 3-Schichten-Theorie werden die wichtigsten Bausteine der 3-Schichten-Theorie der finanziellen Altersvorsorge beschrieben und bewertet.[32]

Im Mittelpunkt dieser kritischen Analyse steht eine genaue Untersuchung von zwei Möglichkeiten, aus der Immobilie im Alter eine Rente zu beziehen. *Kapitel 4 bis 7* beschäftigen sich daher mit der *Leibrente aus Immobilien* und dem amerikanischen *Reverse Mortgage.* Nach einer Eingliederung der Immobilie in das System der Altersvorsorge und einer kritischen Analyse von Vor- und Nachteilen der Immobilie in *Kapitel 4*, werden in *Kapitel 5 und 6* beiden Modelle *Leibrente* und *Reverse Mortgage* kritisch betrachtet. Im Mittelpunkt steht dabei die Aufgabe, möglichst alle wesentlichen Aspekte von *Leibrente* und *Reverse Mortgage* darzustellen und kritisch zu hinterfragen.[33] In *Kapitel 7* werden abschließend die wesentlichen Unterschiede von *Leibrente* und *Reverse Mortgage* dargestellt.

Abschließend erfolgt in *Kapitel 8* eine kurze Zusammenfassung der Ergebnisse.

---

[30] Im Wesentlichen werden von den Autoren die positiven Merkmale herausgestellt - verständlicherweise, wenn man die Anzahl der Anbieter am Amerikanischen Markt und die erzielbaren Kreditprovisionen betrachtet.

[31] Die Betrachtung erfolgt auch auf Grund der Vorlage des Rentenversicherungsberichts 2005, welcher den Fokus der Diskussionen um die Altersabsicherung auf die gesetzliche Rente gelenkt hat.

[32] Ergänzend wird in diesem Kapitel eine Zielgruppenbestimmung der verschiedenen Möglichkeiten zur finanziellen Altersvorsorge vorgenommen.

[33] Kritische Aspekte werden in den einzelnen Kapiteln nach der jeweiligen Darstellung aufgezeigt.

2 Die gesetzliche finanzielle Altersvorsorge in Deutschland

2.1 Überblick über die Reformen der gesetzlichen Altersvorsorge

„In ihrer mehr als 100jährigen Geschichte … hat sich die gesetzliche Rentenversicherung zum wichtigsten Einzelsystem der sozialen Sicherung in Deutschland entwickelt.“[34] Obwohl sich „… wesentliche strukturelle Merkmale der „Invaliditäts- und Alterssicherung“ von 1889 …“[35] bis „… heute erhalten …“[36] haben, erlangte die gesetzliche Rente ihre Funktion als Lohnersatz erst nach der Rentenreform im Jahr 1957.[37] Speziell in den letzen zwei Jahrzehnten wurde durch Reformen und Gesetzesänderungen versucht, die gesetzlichen Sozialversicherungssysteme an die neuen demografischen Herausforderungen anzupassen und zukunftssicher zu gestalten.[38]

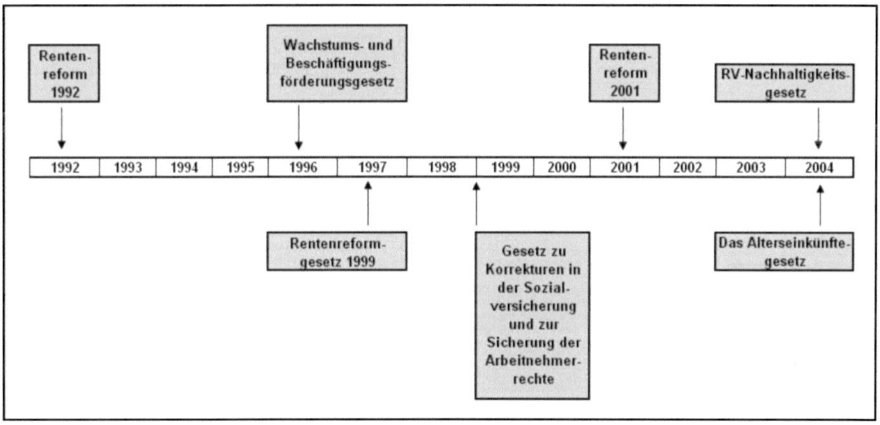

Abb. 1: Alterssicherungspolitik seit dem Jahr 1992[39]

Das am 18.12.1989 verabschiedete *Rentenreformgesetz 1992 (RRG)*[40] sorgte für strukturelle Veränderungen.[41] Das Rentenversicherungsrecht wurde in das neu geschaffene *Sechste Buch*

---

[34] Augsten, Ursula u.a. (Ratgeber zur Altersvorsorge 2004), S. 40.

[35] Augsten, Ursula u.a. (Ratgeber zur Altersvorsorge 2004), S. 37.

[36] Augsten, Ursula u.a. (Ratgeber zur Altersvorsorge 2004), S. 37.

[37] Beispiele ist u.a. die geteilte Finanzierung durch Arbeitgeber und Arbeitnehmer. Vgl. Augsten, Ursula u.a. (Ratgeber zur Altersvorsorge 2004), S. 37.

[38] Vgl. Abb. 1.

[39] Modifiziert entnommen aus Bundesministerium für Gesundheit und Soziale Sicherung (Nationaler Strategiebericht 2005), S. 7.

[40] Gesetz zur Reform der gesetzlichen Rentenversicherung – Rentenreformgesetz 1992.

[41] Vgl. Art. 1 RRG 1992.

des Sozialgesetzbuchs (SGB VI) aufgenommen[42] und als wichtigste Änderung wurde die Anpassung der Rentenentwicklung an den Nettolohn der Beitragszahler beschlossen.[43]

Als Reaktion auf die hohen Arbeitslosenzahlen[44] in der Folgezeit, die damit verbundenen hohen Frühverrentung und die steigenden Beitragssätze[45] zur gesetzlichen Rentenversicherung wurde am 25. September 1996 das *Wachstums- und Beschäftigungsförderungsgesetz (WFG)*[46] beschlossen.[47] Wesentliche Inhalte sind die Anhebung der Altersgrenzen zum Eintritt in die gesetzliche Rentenversicherung für Arbeitslose[48] sowie die Einschränkung von Anrechnung und Bewertung beitragsfreier Zeiten (z.B. berufliche und schulische Ausbildung).[49]

Mit dem *Rentenreformgesetz 1999 (RRG 1999)*[50] vom 16.12.1997 wurde bereits zum dritten Mal innerhalb von nur sechs Jahren eine Kürzung der Leistung vorgenommen. Wesentliches Merkmal war die Einführung eines Demografiefaktors in der „... Formel zur Fortschreibung des aktuellen Rentenwertes ...“[51], der die „... längere Rentenbezugsdauer als Folge des Anstiegs der Lebenserwartung berücksichtigt ...“[52]. Diese erstmalige Einführung des demografischen Faktors war nur von kurzer Dauer, denn „... nach dem politischen Machtwechsel im Jahre 1998 setzte die neue Regierung durch das *Gesetz zu Korrekturen in der Sozialversicherung und zur Sicherung der Arbeitnehmerrechte* vom 19.12.1998 sofort nach Amtsantritt Kernregelungen des Rentenreformgesetzes 1999 bis zum 31.12.2000 vorläufig aus, darunter den demografischen Faktor ...“[53]. Dieses Gesetz bildete die Grundlage zu umfassenden Reformen im Jahr 2001, die als sog. „Jahrhundertreform“[54] beschrieben wurden. Bestehend aus dem *Altersvermögensgesetz (AVmG)*[55] und dem *Altersvermögensergänzungsgesetz*

---

42 Das SGB VI ersetzte dabei die Reichsversicherungsordnung (RVO), das Angestelltenversicherungsgesetz (AVG) sowie das Reichsknappschaftsgesetz (RKG). Vgl. Berhorst, Robert (Rentenreform 1992 2004); sowie Art. 83 RRG 1992.

43 Vgl. Augsten, Ursula u.a. (Ratgeber zur Altersvorsorge 2004), S. 38.

44 Der Höchststand wurde im Jahr 1997 mit 4.384.456 erreicht. Vgl. Statistisches Bundesamt (Jahrbuch 2005), S. 92.

45 In der Zeit vom 01.04.1991 bis 1996 sind die Beiträge zur gesetzlichen Rentenversicherung von 17,7 % auf 19,2 % angestiegen. Vgl. o.V. (Beitragssätze 2005).

46 Gesetz zur Umsetzung des Programms für mehr Wachstum und Beschäftigung in den Bereichen der Rentenversicherung und Arbeitsförderung (Wachstums- und Beschäftigungsförderungsgesetz – WFG).

47 Vgl. Augsten, Ursula u.a. (Ratgeber zur Altersvorsorge 2004), S. 38.

48 Vgl. Art. 1 WFG (Änderung des Sechsten Buches Sozialgesetzbuch).

49 Vgl. Art. 1 WFG (Änderung des Sechsten Buches Sozialgesetzbuch).

50 Gesetz zur Reform der gesetzlichen Rentenversicherung – Rentenreformgesetz 1999.

51 Bundesministerium für Gesundheit (Sozialpolitische Information 1997).

52 Bundesministerium für Gesundheit (Sozialpolitische Information 1997).

53 Augsten, Ursula u.a. (Ratgeber zur Altersvorsorge 2004), S. 38.

54 Deutscher Bundestag (Plenarprotokoll 2003), S. 7283.

55 Gesetz zur Reform der gesetzlichen Rentenversicherung und zur Förderung eines kapitalgedeckten Altersvorsorgevermögens (Altersvermögensgesetz – AVmG).

(AVmEG)[56] waren weitere Rentenkürzungen das Ergebnis dieser Umsetzung.[57] Wesentliche Merkmale der Reform sind die Einführung der *Riester-Rente*[58] (Art. 5 AVmG) sowie eine neue Rentenanpassungsformel (Art. 1 AVmEG).[59]

Bereits im Jahr 2004 folgten erneut erhebliche Reformen für die gesetzliche Altersvorsorge sowie die geförderte freiwillige finanzielle Altersvorsorge – das *Alterseinkünftegesetz (AltEinkG)*. Der Auslöser ist in der Veröffentlichung neuer Sterbetafeln zu sehen[60], die einen weiteren Anstieg der durchschnittlichen Lebenserwartung zeigen.[61] Eine wesentliche Erweiterung war die Ergänzung der Rentenanpassungsformel durch einen Nachhaltigkeitsfaktor[62] (*RV-Nachhaltigkeitsgesetz*)[63] sowie eine Neuregelung der Versteuerung von Alterseinkünften.[64]

2.2 Grundlagen der gesetzlichen Altersvorsorge

Gemessen an den Anteilen am Lohnersatz in der Rentenphase stellt die gesetzliche Altersvorsorge durchschnittlich den wichtigsten Baustein dar.[65] Nach der Einkommens- und Verbrauchsstichprobe (EVS) des Statistischen Bundesamtes im Jahr 2003[66] hat die gesetzliche Altersrente einen Anteil am Gesamtbruttoeinkommen der Rentnerhaushalte von ca. 70 %.[67] „Dass die gesetzliche Rentenversicherung ein so hohes Sicherungsniveau bietet und dass sie nahezu die ganze Bevölkerung absichert, hat maßgeblich dazu beigetragen, dass das Risiko der Altersarmut in Deutschland – zumindest derzeit – nur eine untergeordnete Rolle

56 Gesetz zur Ergänzung des Gesetzes zur Reform der gesetzlichen Rentenversicherung und zur Förderung eines kapitalgedeckten Altersvorsorgevermögens (Altersvermögensergänzungsgesetz – AVmEG).

57 Da Teile der Regelungen die Zustimmung des Bundestages erfordern, wurde das Gesetz in einen zustimmungfreien Teil (AVmEG) und einem zustimmungspflichtigen Teil (AVmG) unterteilt. Der zustimmungspflichtige Teil wurde am 11. Mai 2001 verabschiedet, während der zustimmungsfreie Teil bereits am 01. Januar 2001 in Kraft trat. Vgl. Augsten, Ursula u.a. (Ratgeber zur Altersvorsorge 2004), S. 38–39.

58 Vgl. *Kapitel 3.3.2.*

59 „Ziel der Rentenreform 2001 war vor allem die Begrenzung des zu erwartenden Beitragssatzanstiegs unter Aufrechterhaltung eines festgelegten Mindestsicherungsniveaus." Augsten, Ursula u.a. (Ratgeber zur Altersvorsorge 2004), S. 39.

60 Sterbetafeln werden jeweils nach Abschluss einer Volkszählung veröffentlicht.

61 Vgl. Statistisches Bundesamt (Jahrbuch 2005), S. 54; vgl. ebenso Statistisches Bundesamt (Aktuelle Sterbetafeln 2005).

62 Vgl. Art. 1 RV-Nachhaltigkeitsgesetz.

63 Gesetz zur Sicherung der nachhaltigen Finanzierungsgrundlagen der gesetzlichen Rentenversicherung.

64 Art. 1 AltEinkG.

65 Vgl. Statistisches Bundesamt (EVS 2005), S. 27.

66 Die alle 5 Jahre stattfindende Untersuchung des Statistischen Bundesamtes beruht auf der Befragung von ca. 0,2 % aller privaten Haushalte in Deutschland (dies entspricht einer Zahl von ca. 75.000). Vgl. Statistisches Bundesamt (Statistik 2006); die Erfassung der Daten erfolgt nach § 2 des Gesetzes über die Statistik der Wirtschaftsrechnungen privater Haushalte.

67 Erst mit großem Abstand folgt der Verbrauch bzw. Ertrag von privatem Vermögen (inkl. Einkünften aus Vermietung und Verpachtung nach § 21 EStG) mit ca. 22 %; eigene Berechnung. Vgl. Statistisches Bundesamt (EVS 2005), S. 27.

spielt."[68] Problematisch ist allerdings die Finanzierung der gesetzlichen Rentenversicherung zu sehen: Durch die sich verändernde demografische Situation in Deutschland sind die „... jährlichen Ausgaben für die gesetzliche Rentenversicherung ... seit dem Einstieg in die Umlagefinanzierung im Jahr 1957 immer weiter gestiegen ..."[69].

Allgemein gelten für das Jahr 2005 folgende Kennziffern für die gesetzliche Altersrente:[70]

- Beitragssatz:[71] 19, 5 %
- Standardrente[72] (ABL, brutto): 1.175, 85 EUR
- Standardrente[73] (NBL, brutto): 1.033, 65 EUR

Das Renteneintrittsalter und die Rentenhöhe können – je nach Arbeitslebensbiografie – individuell verschieden sein. Die drei wichtigsten Altersrenten sind dabei:[74]

- *Die Regelaltersrente:*[75] Diese wird allen Versicherten ab dem vollendeten 65. Lebensjahr bezahlt.[76]
- *Die Rente für langjährig Versicherte:*[77] Eine vorzeitige Inanspruchnahme der Leistungen der gesetzlichen Altersrente ist für langjährig Versicherte ab dem vollendeten 62. Lebensjahr, unter der Voraussetzung der Erfüllung einer Wartezeit von 35 Jahren, möglich.[78]

---

68 Augsten, Ursula u.a. (Ratgeber zur Altersvorsorge 2004), S. 42.

69 Deutsches Institut für Altersvorsorge (Ausgaben Rentenversicherung und Altersvorsorge 2005). „Der Anteil der gesetzlichen Rentenausgaben gemessen am Bruttoinlandsprodukt ist von 6,5 Prozent im Jahre 1961 bis 2003 auf 11 Prozent gestiegen." Deutsches Institut für Altersvorsorge (Ausgaben Rentenversicherung und Altersvorsorge 2005).

70 Vgl. Verband Deutscher Rentenversicherungsträger (Rente in Zahlen 2005), S. 3.

71 Der Beitragssatz bestimmt den Anteil des versicherungspflichtigen monatlichen Bruttoeinkommens, der an die gesetzliche Rentenversicherung gezahlt werden muss. Dabei wird dieser Beitragssatz je zur Hälfte von den Arbeitnehmern und Arbeitgebern getragen. Die Höchstgrenze wird dabei durch die Beitragsbemessungsgrenze festgelegt. Diese betrug im Jahr 2005 in den ABL 5.200 EUR und in den NBL 4.400 EUR. Vgl. Verband Deutscher Rentenversicherungsträger (Rente in Zahlen 2005), S. 10.

72 Mit dem Begriff „Standardrente" wird die Rente bezeichnet, die ein Durchschnittsverdiener nach 45 Beitragsjahren als Altersrente erhält. Vgl. ausführend Verband Deutscher Rentenversicherungsträger (Rente in Zahlen 2005), S. 3.

73 Vgl. ausführend Verband Deutscher Rentenversicherungsträger (Rente in Zahlen 2005), S. 3.

74 Weitere Beispiele sind u.a. die *Altersrente für langjährig unter Tage beschäftigte Bergleute* (vgl. § 40 SGB VI) sowie die *Altersrente für schwerbehinderte Menschen* (Vgl. § 37 SGB VI).

75 Vgl. § 35 SGB VI.

76 Voraussetzung ist, dass die allgemeinen Wartezeit erfüllt ist. Dafür sind 5 Jahre Beitragszahlungsdauer erforderlich. Vgl. § 50 SGB VI.

77 Vgl. § 36 SGB VI.

78 Vgl. § 36 SGB VI; Zu beachten ist, dass für jeden Monat der Inanspruchnahme der gesetzlichen Altersrente vor dem 65. Lebensjahr die Rente um 0,3 % gemindert wird. Vgl. § 77 Abs. 2 Nr. 2 a SGB VI. Des Weiteren ist die Rente, auf Grund geringerer Einzahlungen, im Vergleich mit der Rente, die man ab dem 65. Lebensjahr erhält, geringer.

- *Die spezielle Altersrente für Frauen:*[79] Frauen, die vor dem 01.01.1952 geboren sind, haben einen Anspruch auf die spezielle Altersrente für Frauen, wenn Sie das 60. Lebensjahr vollendet haben, eine Wartezeit von fünfzehn Jahren erfüllen sowie nach dem vierzigsten Lebensjahr mehr als zehn Jahre lang Beiträge bezahlt haben.[80]

2.3 Finanzierung der gesetzlichen Altersvorsorge

Die Finanzierung der sozialen Alterssicherung wird von Bernd Baron von Maydell als „... Intertemporale Solidarität ...“[81] bezeichnet. Damit ist der sog. Generationenvertrag umschrieben[82], der erstmalig durch die Verwirklichung des Umlageverfahrens bei der Rentenreform des Jahres 1957 eingeführt worden ist.[83] Das Umlagesystem ist durch § 153 Abs. 1 SGB VI festgelegt. „In der Rentenversicherung werden die Ausgaben eines Kalenderjahres durch die Einnahmen des gleichen Kalenderjahres und, soweit erforderlich, durch Entnahmen aus der Nachhaltigkeitsrücklage gedeckt.“[84] Die Grundlage des der Einführung des Umlageverfahren vorausgegangenen Generationenvertrags ist, dass neben der kapitalgedeckten finanziellen Altersvorsorge ebenso „... die Geburt eigener Kinder sowie deren Erziehung ...“[85] einen Baustein der Altersvorsorge darstellen, unter der Bedingung, dass „... von deren Anzahl und Wohlstandsniveau der Lebensstandard der Eltern im Alter abhängt ...“[86]. Die deutsche gesetzliche Rentenversicherung arbeitet nach diesem Umlageverfahren vom Einkommen zwischen den Generationen: „Die Größe und das Wohlstands- bzw. Einkommensniveau der zukünftigen Generation bestimmt das Altersversorgungsniveau der Elterngeneration.“[87]

---

79 Vgl. § 237 a Abs. 1 SGB VI.

80 Vgl. § 237 a Abs. 1 SGB VI.

81 Maydell, Bernd Baron von (Recht und Institutionen 1997), S. 130.

82 Ein Generationenvertrag besteht zwischen drei Generationen: Kind, Erwerbstätige, Rentner. Die Erwerbstätigen finanzieren die Ausbildung der Kinder und das Alterseinkommen der Rentner. Dafür erhalten sie nach ihrem Arbeitsleben einen Einkommenstransfer durch die herangewachsene, nun erwerbstätige Generation.

83 Die sog. „Dynamische Rente“ ist durch das Gesetz zur Neuregelung der Arbeiterrenten- und Angestelltenversicherung im Jahr 1957, nach einer Initiative des damaligen Bundeskanzlers Konrad Adenauer eingeführt worden. Vgl. Herz, Wilfried (Kabinett 2000).

84 § 153 Abs. 1 SGB VI.

85 Jacob, Marcus (eigenfinanzierte Altersversorgung 2004), S. 17.

86 Jacob, Marcus (eigenfinanzierte Altersversorgung 2004), S. 17.

87 Jacob, Marcus (eigenfinanzierte Altersversorgung 2004), S. 17.

Neben den Beitragseinnahmen von rentenversicherungspflichtig Beschäftigten (im Jahr 2004: 169.399 Mio. Euro) stellen die Bundeszuschüsse – sowohl reguläre[88] (im Jahr 2004: 44.131 Mio. Euro) als auch zusätzliche Bundeszuschüsse[89] (im Jahr 2004: 17.264 Mio. Euro) – die wichtigste Einnahmen zur Finanzierung der Altersrente dar.[90] Den Gesamteinnahmen von 232.474 Mio. Euro im Jahr 2004 stehen Ausgaben von 235.490 Mio. Euro im Jahr 2004 gegenüber, was einem Defizit von 3.016 Mio. Euro entspricht.[91] Da dieses Defizit zu einer Erhöhung des Beitragssatzes im Jahr 2004 geführt hätte, dies allerdings – aus wirtschaftlichen Gründen – vermieden werden sollte, wurde stattdessen die Schwankungsreserve reduziert.[92]

Auf Grund von Finanzierungsschwierigkeiten ist das Umlageverfahren kritisch zu bewerten. Eine Alternative zum Umlageverfahren stellt das kapitalgedeckte Verfahren dar. Dabei wird für jeden Beitragszahler ein Kapitalstock gebildet, der verzinst und bei Renteneintritt als Altersrente ausgezahlt wird. Ein wichtiger Vorteil ist dabei die Inanspruchnahme des Zinseszinseffektes in der Ansparphase.[93] Allerdings wurde eine Umstellung vom Umlageverfahren auf das kapitalgedeckte Verfahren in Deutschland mehrfach abgelehnt, da eine „... Umstellung der gegenwärtigen Finanzierung im Umlageverfahren auf ein Kapitaldeckungsverfahren die Versicherten in einem sehr langen Übergangszeitraum zusätzlich belastet, ohne daß diese dafür höhere Leistungen im Alter erwarten können ...“[94]. Die von dem Umlageverfahren auf das kapitalgedeckte Verfahren umstellende Generation hätte Kosten in Form der Finanzierung der Ausbildung der Kinder, Bildung eines Kapitalstocks und Kosten der Versorgung der Elterngeneration zu tragen. Durch die Einführung der *Riester-Rente* anlässlich der sog. „... Jahrhundertreform ...“[95] im Jahr 2001 wurde erstmals eine freiwillige, staatlich geförderte,

---

88 Der reguläre Bundeszuschuss dient dem Ausgleich von Leistungszahlungen, die die Rentenversicherung auf Grund von zwangsweise auferlegten, versicherungsfremden Aufgaben zahlen muss. Beispiele sind u.a. die Kriegsfolgelasten und beitragsfreie Zeiten. Vgl. Deutsche Rentenversicherung (Bundeszuschuss 2006).

89 Seit dem 01. April 1998 wird der zusätzliche Bundeszuschuss als Ergänzung zum regulären Bundeszuschuss gezahlt, um die Beiträge 1 % niedriger im Vergleich mit den Beiträgen ohne diesen zusätzlichen Bundeszuschuss festsetzen zu können. Vgl. Deutsche Rentenversicherung (Bundeszuschuss 2006).

90 Bundeszuschüsse werden aus Steuergeldern bezahlt. Vgl. ausführend Fischer, Robert (Haufe Kompass Rente 2006), S. 11.

91 Vgl. zu diesem Absatz Verband Deutscher Rentenversicherungsträger (Rente 2004), S. 29; vgl. ebenso *Anlage 1*.

92 Die Schwankungsreserve (Nachhaltigkeitsrücklage) dient u.a. dem Ausgleich kurzfristiger Zahlungsschwierigkeiten der Rentenversicherung. Vgl. o.V. (Renten-ABC o.J.). „Um den Beitragssatz bei 19,5 % zu stabilisieren, ist mit dem 2.SGB-VI-Änderungsgesetz der Zielwert der Mindestschwankungsreserve weiter reduziert worden, so dass die Finanzierungslücke durch Entnahmen aus der Schwankungsreserve geschlossen werden konnte.“ Verband Deutscher Rentenversicherungsträger (Rente 2004), S. 20.

93 Der Ertrag des Kapitalstocks ist weitgehend von der Portfoliozusammensetzung und gewählten Risikostruktur abhängig. Vgl. zu diesem Absatz Streibel, Vera (KDV und ULV).

94 Albrecht, Günter; Polster, Andreas (VDR lehnt Vorschläge ab 1998).

95 Deutscher Bundestag (Plenarprotokoll 2003), S. 7283.

kapitalgedeckte Form der finanziellen Altersvorsorge als Ergänzung und zum Ausgleich des bestehenden Umlageverfahrens eingeführt.[96]

2.4 Demografische Probleme für die gesetzliche Altersvorsorge

2.4.1 Grundlagen der Demografie

2.4.1.1 Die demografische Situation in Deutschland

Im Gegensatz zu dem Wachstum der Weltbevölkerung[97] ist die Bundesrepublik Deutschland von einer sinkenden Bevölkerungszahl betroffen.[98] Dabei hat die Entwicklung des Bevölkerungsaufbaus bzw. der Bevölkerungsstruktur wesentliche Auswirkungen auf die Leistungen der finanziellen Altersrente. „Dass die gesetzliche Rentenversicherung mit ihrem Umlageverfahren von der sich abzeichnenden demografischen Entwicklung betroffen ist, liegt auf der Hand.“[99] So wird auf der Internetseite des Bundesministeriums des Innern „... der demographische Wandel ...“[100] als „... eine der größten Herausforderungen für die Zukunft unseres Landes ...“[101] bezeichnet.[102] Bernhard Gräf und Marc Schattenberg von Deutsche Bank Research bezeichnen die demografischen Konsequenzen als „... volle „Breitseite“ für Wirtschaft, Gesellschaft und Politik ...“[103]. Die veränderte Verteilung von Beitragszahlern (den Lohnempfängern) und Rentenempfängern (den Empfängern von Lohnersatz) stellt die Politik vor neue Herausforderungen.[104] Das Ziel der Rentenpolitik ist derzeit, den Beitragssatz zur gesetzlichen Rentenversicherung konstant zu halten bzw. abzusenken[105] und die Zukunftssi-

---

96 Vgl. *Kapitel 3.3.2.*

97 „World population is projected to grow from 6.1 billion in 2000 to 8.9 billion in 2050, increasing therefore by 47 per cent.“ United Nations Department of Economic and Social Affairs – Population Division (Population 2004), S. 4.

98 In einer Untersuchung des Statistischen Bundesamtes ist im Zeitraum zwischen den Jahren 1991 bis 2004 die Differenz von Geburten und Sterbefällen in der Bundesrepublik Deutschland negativ. Dieses Verhältnis bezeichnet man auch als „Sterbefallüberschuss“. Vgl. Statistisches Bundesamt (Bevölkerungsentwicklung 2005).

99 Augsten, Ursula u.a. (Ratgeber zur Altersvorsorge 2004), S. 53.

100 o.V. (demographischer Wandel 2006).

101 o.V. (demographischer Wandel 2006).

102 Die politische Diskussion wird dabei aktuell durch die Diskussion über eine Erhöhung des Renteneintrittsalters auf das 67. Lebensjahr bestimmt. Dabei werden der demografische Wandel und seine Auswirkungen als Entscheidungskriterium verwendet. Vgl. SPD (Altersvorsorge von morgen 2006), S. 1–10.

103 Gräf, Bernhard; Schattenberg, Marc (Die demografische Herausforderung 2006), S. 3.

104 Vgl. Abb. 2.

105 „Die Senkung der Sozialversicherungsbeiträge als Maßnahme zur Förderung von mehr Beschäftigung und zur Bekämpfung der hohen Arbeitslosigkeit steht ganz oben auf der wirtschaftspolitischen Prioritätenliste.“ Steiner, Viktor (Finanzierungsalternativen 1996), S. 35.

cherheit der Sozialsysteme zu garantieren, unter „... Berücksichtigung der sich wandelnden sozialen Erfordernisse ...“[106].

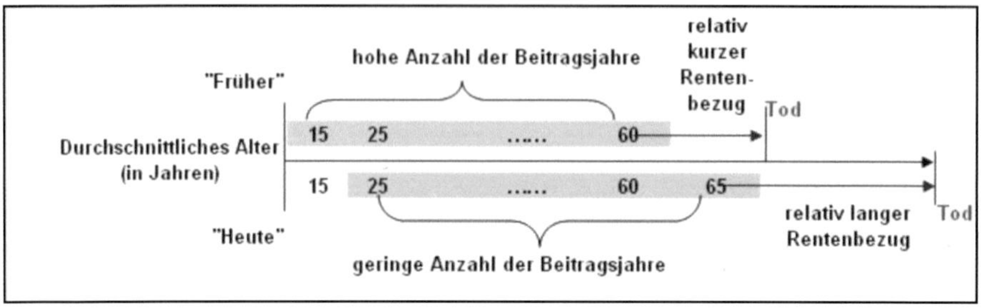

Abb. 2: Schematische Darstellung von dem Verhältnis Beitragsjahre und Rentenbezug im Zeitablauf[107]

Die wesentlichen demografischen Probleme in Deutschland werden anhand des Bevölkerungswachstums (bestehend aus den beiden Einflussgrößen des natürlichen Bevölkerungswachstums der Geburtenrate [Fertilität] und der Sterberate [Mortalität]) – sowie der Zuwanderung (Immigration) als nur begrenzt vorhersehbarer Faktor im Folgenden betrachtet.[108]

2.4.1.2 Die Kernprobleme der Demografie in Deutschland – Fertilität, Mortalität und Immigration

Mit „Fertilität“ bezeichnet man die Geburtenrate. Der Wert der Geburtenrate lag in Deutschland im Jahr 2003 rechnerisch bei ca. 1,34 Kindern je Frau.[109] Dies hat zur Folge, dass die Bevölkerungszahl auf Dauer abnimmt, denn „... um eine Vorgängergeneration zu ersetzen müsste dieser Wert ... bei 2,1 Kinder je Frau liegen ...“[110]. Dieser niedrige Wert ist das Ergebnis vielfältiger Ursachen. Prof. Dr. Norbert Walter sieht die wesentlichen Ursachen in der „... Kontrollierbarkeit der Empfängnis durch die Frau ...“[111], in der „... Abwendung von religiösen Orientierungen und Verboten ...“[112] und durch „... die Gleichbehandlung von

[106] Bundesministerium für Gesundheit und Soziale Sicherung (Nationaler Strategiebericht 2005), S. 8.
[107] Eigene Darstellung.
[108] Vgl. Münz, Rainer; Ulrich, Ralf (Bevölkerung 2000), S. 1–2; weitere strukturelle Probleme mit Auswirkungen auf das Bevölkerungswachstum, wie z.B. die Ehescheidungsquote, die Geschlechtsverteilung, die Geburtensterblichkeit u.a., sind nicht Gegenstand dieser Untersuchung.
[109] Statistisches Bundesamt (Datenreport 2005), S. 38.
[110] Just, Tobias (Demografie und Immobilien 2003), S. 2; empirisch müsste die Geburtenrate bei 2,08 liegen, um als Minimum den Erhalt der Bevölkerung zu sichern. In dieser Rate ist die natürliche Mortalität der Mädchen in Höhe von ca. 1 % sowie die Tatsache, dass Jungen etwas häufiger geboren werden als Mädchen, berücksichtigt. Vgl. ausführend Sinn, Hans-Werner (Deutschland zu retten 2004), S. 342.
[111] Walter, Norbert (Thesen und Forderungen o.J.), S. 2.
[112] Walter, Norbert (Thesen und Forderungen o.J.), S. 2.

Mädchen und jungen Frauen bei der Erziehung sowie bei der beruflichen und schulischen Ausbildung ...“[113]. Ein weiteres Problem der fallenden Geburtenrate und damit der sinkenden Bevölkerungszahlen ist, dass „... die Anzahl der potenziellen Mütter immer kleiner wird ...“[114]. Dadurch ist auf lange Sicht nicht mit einer steigenden Bevölkerungszahl zu rechnen. Das Ergebnis ist ein sich dauerhaft verschlechterndes Verhältnis von Beitragszahlern und Leistungsempfängern.

Für das natürliche Bevölkerungswachstum ist neben der „... „Alterung von unten“ (sinkende Geburtenraten ...“[115] die „... „Alterung von oben“ (wachsende Lebenserwartung) ...“[116] entscheidend. Die Sterblichkeitsrate wird dabei direkt durch die wachsende Lebenserwartung beeinflusst. *Tabelle 1* zeigt die prognostizierte Entwicklung der Lebenserwartung in Deutschland bis in das Jahr 2050:

Durchschnittliche Lebenserwartung (in Jahre) im Alter „0“ im Geburtsjahr		1949/1951	1980/1982	2002/2004[117]	2020	2050
Geschlecht	*männlich*	64,6	70,2	75,9	79,7	81,1
	weiblich	68,5	76,9	81,6	85,4	86,6

Tab. 1: Entwicklung der Lebenserwartung Neugeborener[118]

Da die Kindersterblichkeit in Deutschland sehr gering ist,[119] wird die steigende Lebenserwartung auf die Verlängerung des Lebensalters zurückgeführt.[120] Aus der verlängerten Lebenserwartung folgt, dass in Zukunft das Verhältnis von Rentnern zu potenziellen Beitragszahlern (dieses Verhältnis wird auch „Alterslastquotient“ genannt) weiterhin steigt.[121] Das Ergebnis ist eine mögliche Kürzung der Altersrente. Auf Grund des sich verschlechternden Verhältnisses von Beitragszahlern und Leistungsempfängern der gesetzlichen Altersrente wurde bei der Rentenreform 2004 der bereits erwähnte „demografischen Faktor“ bzw. der „Nachhaltigkeitsfaktor“ neu in die Rentenformel aufgenommen. „Begründet wurde die Einführung des demo-

[113] Walter, Norbert (Thesen und Forderungen o.J.), S. 2.
[114] Statistisches Bundesamt (Bevölkerungsvorausberechnung 2003), S. 6.
[115] Klemmer, Paul (Demografie und Immobilienwirtschaft o.J.), S. 1.
[116] Klemmer, Paul (Demografie und Immobilienwirtschaft o.J.), S. 1.
[117] Vgl. Statistisches Bundesamt (Aktuelle Sterbetafeln 2005).
[118] Modifiziert entnommen aus Statistisches Bundesamt (Bevölkerungsvorausberechnung 2003), S. 15.
[119] Die Zahl der gestorbenen Säuglinge im 1. Lebensjahr ist in Deutschland von 6,02 % im Jahr 1950 auf 0,042 % im Jahr 2003 gesunken. Vgl. Statistisches Bundesamt (Jahrbuch 2005), S. 50.
[120] „Die Gründe für den stabilen Trend der sinkenden Sterbeziffern liegen u.a. im Rückgang der Säuglingssterblichkeit ... der sinkenden Zahl von Unfallopfern ... und im medizinisch-technischen und therapeutischen Fortschritt ...“ Bundesministerium für Gesundheit und Soziale Sicherung (Finanzierung Soziale Sicherungssysteme 2003), S. 53.
[121] Vgl. Abb. 3.

grafischen Faktors damit, dass die Gegenleistung für die gezahlten Beiträge nicht nur in der Höhe der Rente, sondern auch in ihrer Laufzeit besteht."[122] Eine Veränderung des Verhältnisses von Beitragszahlern und Leistungsempfängern auf Grund von steigender Lebenserwartung und bzw. oder sinkender Anzahl von Beschäftigten „... mindert ... die Anpassung der Renten ..."[123]. Dadurch ist erstmalig die Möglichkeit geschaffen worden, auf die demografische Situation bzw. die Situation am Arbeitsmarkt mit Kürzungen der Altersrente zu reagieren.

Jahr	Wohnbevölkerung in Deutschland im Alter von...	
	60 und älter / 20 bis unter 60	65 und älter / 20 bis unter 65
2006	0,45	0,32
2012	0,48	0,33
2018	0,52	0,36
2024	0,61	0,39
2030	0,71	0,46

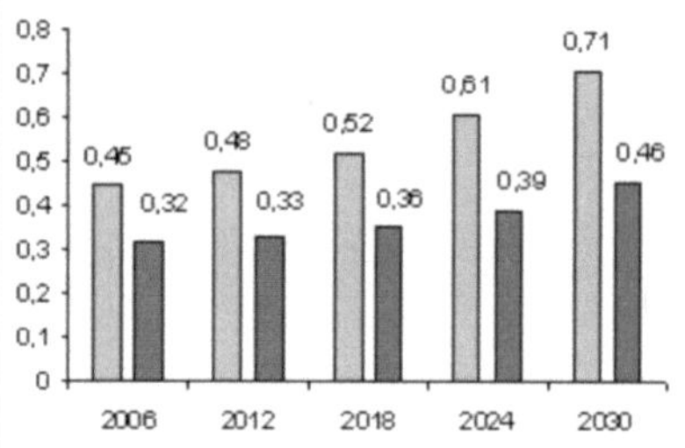

Abb. 3: Der Alterslastquotient vom Jahr 2006 bis zum Jahr 2030[124]

Die Zuwanderung (Immigration) ist, neben der gestiegenen Lebenserwartung, der Hauptgrund dafür, dass „... die Bevölkerung Deutschlands trotz der unter dem Reproduktionsniveau liegenden Geburtenrate bislang noch nicht geschrumpft ist ..."[125]. Die Bundesrepublik Deutschland hatte im Jahr 2003 eine Nettozuwanderung[126] von 142.700 Menschen.[127] Die Immigration kann auch durch eine wirtschaftliche und politische „Weichenstellung" im Inland gesteuert werden, um etwa spezielle Wirtschaftsgebiete durch einen Wissenstransfer

122 Augsten, Ursula u.a. (Ratgeber zur Altersvorsorge 2004), S. 47. Der Nachhaltigkeitsfaktor ist weiter gefasst als der demografische Faktor, da dieser neben der Verlängerung der Lebenserwartung auch ein Absinken der Beitragszahler als Grund für eine Minderung der Rentenanpassung angibt. Vgl. Augsten, Ursula u.a. (Ratgeber zur Altersvorsorge 2004), S. 94.

123 Augsten, Ursula u.a. (Ratgeber zur Altersvorsorge 2004), S. 94.

124 Eigene Darstellung. Die Darstellung zeigt, dass der Faktor „Rentner im Verhältnis zu möglichen Erwerbstätigen" steigt. Die Rentnerjahrgänge werden in der linken Spalte mit „60 Jahre und älter" angenommen, in der rechten Spalte mit „65 Jahre und älter". Der Eintritt in das Erwerbsleben wird mit 20 Jahren angenommen. Man erkennt auch an dieser Darstellung, dass dieser Quotient wesentlich geringer ist bei einer Erhöhung des Renteneintrittsalters auf 65 Jahre. Daten entnommen aus Bundesministerium für Arbeit und Soziales (Anhänge 2002). S. 15.

125 Bräuninger, Dieter u.a. (demografische Herausforderung 2002), S. 11.

126 Als „Nettozuwanderung" bezeichnet man die Differenz von Zuzügen abzüglich der Fortzüge in einer bestimmten Periode.

127 Eigene Berechnung; vgl. Statistisches Bundesamt (Jahrbuch 2005), S. 57.

von Einwanderern zu begünstigen.[128] Zuwanderungen auf Grund politischer Verfolgung u.a. in den jeweiligen Herkunftsländern sind dagegen nicht planbar, da dies von der politischen Situation in den Herkunftsländern abhängig ist.[129]

2.4.2 Auswirkungen der Demografie

„Eine schrumpfende oder stagnierende Gesellschaft ist erheblichen wirtschaftlichen Risiken ausgesetzt."[130] Risiken sind dabei nicht nur für das System der gesetzlichen Alterssicherung zu erkennen, sondern auch für den Handel und die Wirtschaft einer Volkswirtschaft. Das System „Umlageverfahren" ist von der im Verhältnis zu den Leistungsempfängern geringer werdenden Zahl von Beitragszahlern betroffen.[131] „Weil die Einnahmen der gesetzlichen Rentenversicherung an das Beitragsaufkommen und damit an die Einnahmen der Beschäftigten gebunden sind, vertraut das System im Wesentlichen auf die Stabilität des nationalen Arbeitsmarktes, genauer auf die Stabilität der nationalen Erwerbs- und Lohneinkommen."[132] Das Anliegen der Regierung, den Beschäftigungsgrad bzw. das Renteneintrittsalter und damit die Beitragseinnahmen der Rentenversicherung zu steigern, hat den Hintergrund, dass pro 100.000 Beschäftigte als Mittelwert mit 0,5 Mrd. Euro Mehreinnahmen für die gesetzlichen Sozialversicherungen zu rechnen ist.[133] Im Binnenhandel führt eine alternde Gesellschaft zu einer Verschiebung der Konsumstruktur: „Während die Anbieter von Gütern und Diensten, die vor allem von Älteren konsumiert werden (etwa der Gesundheitssektor), profitieren werden, müssen Branchen, die Güter für Junge und Familien herstellen, mit starkem Nachfragerückgang rechnen."[134] Weitere Problemfelder sind der Mangel an Nachwuchs von Führungskräften, der Rückgang des Erwerbspersonenpotenzials[135] sowie der Verlust von Innovationskraft: „Bei zunehmendem Durchschnittsalter der Beschäftigten wächst die Gefahr einer Erosion der Wissensbasis und eines Verlustes an Innovationsfähigkeit."[136]

---

128 Ein Beispiel ist das von der Bundesregierung im Jahr 2000 durchgeführte „Sofortprogramm zur Deckung des IT-Fachkräftebedarfs" zur vereinfachten Anwerbung von IT-Fachleuten. Vgl. o.V. (Eckpunkte Greencard 2000).

129 Vgl. Bundesministerium für Gesundheit und Soziale Sicherung (Finanzierung Soziale Sicherungssysteme 2003), S. 54.

130 Walter, Norbert (Thesen und Forderungen o.J.), S. 2.

131 „Aufgrund der Altersabhängigkeit der versicherten Risiken erweisen sich die umlagefinanzierten Sozialversicherungen als äußerst anfällig gegenüber der Bevölkerungsalterung." Pimpertz, Jochen (Alterssicherung 2005), S. 11.

132 Augsten, Ursula u.a. (Ratgeber zur Altersvorsorge 2004), S. 53.

133 Vgl. Verband Deutscher Rentenversicherungsträger (Rente in Zahlen 2005), S. 4.

134 Bräuninger, Dieter u.a. (demografische Herausforderung 2002), S. 34.

135 Das Erwerbspersonenpotenzial ist die maximale Anzahl von heimischen Erwerbspersonen. Vgl. Bräuninger, Dieter u.a. (demografische Herausforderung 2002), S. 25.

136 Bräuninger, Dieter u.a. (demografische Herausforderung 2002), S. 1.

2.5 Zwischenfazit

In *Kapitel 2* wurde gezeigt, dass die Probleme in der Bundesrepublik Deutschland bei der gesetzlichen Rentenversicherung sowohl auf der Einnahmenseite als auch auf der Ausgabenseite sichtbar sind. Die Einnahmen reichen, auf Grund der hohen Arbeitslosigkeitsrate in Deutschland, nicht aus, um die Ausgaben – die hinsichtlich der demografischen Situation in Deutschland steigen und durch verschiedene Zusatzleistungen belastet sind – zu decken.[137] Prof. Dr. Paul Klemmer[138] beschreibt daher die zukünftige Rolle der gesetzlichen Rentenversicherung als „... eine finanzielle Absicherung von Grundbedürfnissen ...“[139], die „... durch eine private und betriebliche Altersvorsorge ergänzt werden muss ...“[140]. Diese Aussage wird durch den Rentenbericht 2005 bestätigt.[141] Gerade angesichts der Umlagefinanzierung ist die deutsche gesetzliche Altersrente anfällig für demografische Veränderungen. „Steigt der Altenquotient um 100 % – wie für Europa prognostiziert – bedeutet dies, dass c.p. das Rentenniveau halbiert oder der Beitragssatz verdoppelt werden müsste. Daher ist mehr private Vorsorge notwendig.“[142] Des Weiteren sind auch gut Verdienende von der Rentenlücke betroffen. Gut Verdienende haben das Problem, dass – auf Grund der Beitragsbemessungsgrenze – ihre Versorgungslücke steigt, „... denn für die über der Beitragsbemessungsgrenze liegenden Einkommen werden keine Rentenanwartschaften erworben ...“[143]. Nach Meinung des Autors stellt die gesetzliche Altersrente in der Bundesrepublik Deutschland einen wichtigen Baustein der finanziellen Altersvorsorge dar. Hinsichtlich der demografischen Situation ist zukünftig allerdings nur noch von einer Grundabsicherung auszugehen. Die verschiedenen Möglichkeiten, diese finanzielle Grundabsicherung zu ergänzen, werden im Folgenden aufgezeigt.

---

137 Vgl. zu diesem Absatz Katholische Arbeitnehmer-Bewegung e.V. (Solidarische Alterssicherung 2004), S. 3–4; vgl. ergänzend *Anlage 1*.

138 Präsident des Deutschen Verbands für Wohnungswesen, Städtebau und Raumordnung e.V.

139 Klemmer, Paul (Demografie und Immobilienwirtschaft o.J.), S. 1.

140 Klemmer, Paul (Demografie und Immobilienwirtschaft o.J.), S. 1.

141 Vgl. hierzu die Ausführungen in *Kapitel 1.1* sowie Bundesministerium für Arbeit und Soziales (Bericht der Bundesregierung 2006).

142 Bräuninger, Dieter u.a. (demografische Herausforderung 2002), S. 1.

143 Deutsche Bank (Fachstudium Absicherung 2005), S. 18.

3 Möglichkeiten der finanziellen Altersvorsorge

3.1 Das Alterseinkünftegesetz 2004

3.1.1 Rechtliche Grundlagen und Entwicklung

Das Alterseinkünftegesetz[144] vom 05.07.2004 ist die Reaktion des Gesetzgebers auf ein Urteil des Bundesverfassungsgerichts vom 06.03.2002.[145] In diesem wurde festgestellt, dass die unterschiedliche Besteuerung von Renten aus der gesetzlichen Rentenversicherung gem. § 22 Nr. 1 S. 3 EStG und Beamtenpensionen gem. § 19 EStG gegen Art. 3 Abs. 1 Grundgesetz – den „Gleichheitsgrundsatz" – verstößt.[146]

Um der Forderung des Bundesverfassungsgerichts nachzukommen, wurde von dem damaligen Bundesminister der Finanzen, Hans Eichel, eine Expertenkommission gebildet. Die sechsköpfige Kommission[147] mit dem Namen „Sachverständigenkommission zur Neuordnung der steuerrechtlichen Behandlung von Altersvorsorgeaufwendungen und Altersbezügen"[148] unter dem Vorsitz von Prof. Dr. Dr. h.c. Bert Rürup hatte die Aufgabe, in der durch das Bundesverfassungsgericht festgelegten Übergangsphase bis zum 01. Januar 2005 einen Lösungsvorschlag für eine steuerrechtliche Neugestaltung der genannten Problematik zu entwickeln. Der Auftrag der Kommission wurde allerdings wesentlich erweitert,[149] so dass als Ergebnis ein Modell entstanden ist, das anstatt der ursprünglich geforderten Lösungsvorschläge eine vollständige Neugestaltung der steuerlichen Behandlung finanzieller Altersvorsorge umfasste.

---

144 Gesetz zur Neuordnung der einkommensteuerrechtlichen Behandlung von Altersvorsorgeaufwendungen und Altersbezügen (Alterseinkünftegesetz – AltEinkG).

145 Vgl. BverfGE v. 06.03.2002, BStBl. 2002 II, S. 618.

146 Art. 3 Abs. 1 GG besagt: „Alle Menschen sind vor dem Gesetz gleich." Art. 3 Abs. 1 GG. Aus dem allg. Gleichheitssatz als umfassendes Gleichheitsgebot und Willkürverbot (vgl. Weis, Hubert (Grundrechte 1995), S. 48) hat das BverfGE den Grundsatz der Steuergerechtigkeit hergeleitet. In dem Urteil des Bundesverfassungsgerichts wird festgestellt: „... Die unterschiedliche Besteuerung der Beamtenpensionen nach § 19 EStG und der Renten aus der gesetzlichen Rentenversicherung nach § 22 Nr. 1 S. 3 a) EStG ist seit dem Jahr 1996 mit dem Gleichheitssatz des Art. 3 Abs. 1 GG unvereinbar ..." BverfGE v. 06.03.2002, BStBl. 2002 II, S. 618.

147 Vgl. Rürup, Bert u.a. (Abschlussbericht 2003), S. 3.

148 Rürup, Bert u.a. (Abschlussbericht 2003), S. 1; in der weiteren Untersuchung wird diese Kommission kurz „Rürup-Kommission" genannt.

149 „Dieser Lösungsvorschlag sollte zu einer systematisch schlüssigen und folgerichtigen Behandlung von Altersvorsorgeaufwendungen und Altersbezügen führen, in die Konsolidierungspolitik eingebettet, gesamtwirtschaftlich und sozial tragfähig sein und unter Nutzung von generalisierenden, typisierenden und pauschalisierenden Regelungen sowohl der wirtschaftlichen Leistungsfähigkeit der Steuerpflichtigen wie den Notwendigkeiten einfacher und praktikabler Handhabungen Rechnung tragen." Rürup, Bert u.a. (Abschlussbericht 2003), S. 1; Bert Rürup vergleicht diese Vorgabe auch mit der „... Quadratur des Kreises ..." Rürup, Bert u.a. (Abschlussbericht 2003), S. 1.

Wichtigste Neuregelung ist dabei der Übergang zur nachgelagerten Besteuerung von Altersbezügen.[150] Dies bedeutet, dass der Umfang der Steuerpflicht der Rentenzahlungen bis zum Jahr 2040 für jeden Neu-Rentnerjahrgang ausgeweitet wird.[151]

3.1.2 Die Umsetzung des Alterseinkünftegesetzes – vom 3-Säulen-Modell zu dem 3-Schichten-Modell

Ausgangspunkt ist das 3-Säulen-Modell, bestehend aus der gesetzlichen Rentenversicherung, der betrieblichen Altersvorsorge und der privaten Vorsorge.[152] Dieses Modell ist durch das neue 3-Schichten-Modell, das Ergebnis der Rürup-Kommission,[153] abgelöst worden.

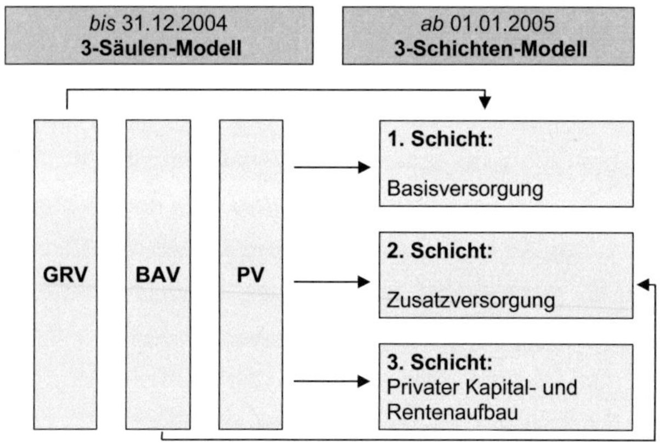

Abb. 4: Der Übergang vom 3-Säulen-Modell zum 3-Schichten-Modell[154]

150 Vgl. ausführend Hofmann, Kurt; Simon, Winfried; Wawers, Ordulf (Alterseinkünftegesetz 2005), S. 7; ebenso Anke Henrich und Martin Gerth: „Das Ziel ist die komplette Umstellung der deutschen Rentenversicherung auf die so genannte nachgelagerte Besteuerung." Henrich, Anke; Gerth, Martin (Reich 2005), S. 103.

151 Bspw. beträgt der Besteuerungsanteil im Jahr 2006 52 %, im Jahr 2040 dagegen 100 %. Vgl. Tabelle in § 22 Nr. 1 S. 3 a) Doppelbuchstabe aa EStG. Voraussetzung dafür ist eine steuerliche Begünstigung der Aufwendungen in der Ansparphase zur Bildung von Altersvorsorgevermögen.

152 Vgl. ausführend und Jacob, Marcus (eigenfinanzierte Altersversorgung 2004), S. 10-12. „Das als „Drei-Säulen-Konzept" bekannte System beruht auf dem Gedanken, dass eine sichere und zuverlässige Alterssicherung auf mehrere Schultern verteilt werden muss, um tragfähig zu sein und das mit jeder einzelnen Säulen verbundene Risiko zu diversifizieren." Jacob, Marcus (eigenfinanzierte Altersversorgung 2004), S. 10.

153 Vgl. Rürup, Bert u.a. (Abschlussbericht 2003), S. 4–5; weitere Veränderungen, wie z.B. die Abschaffung des Steuerprivilegs für Versicherungen, werden im Rahmen dieser Untersuchung nicht betrachtet.

154 Darstellung modifiziert entnommen aus Deutsche Bank (Fachstudium Zusatzvorsorge 2005), S. 14.

Abb. 4 zeigt die neue Einteilung der finanziellen Altersvorsorge. Grundsätzlich gilt die Aussage, dass der Lebensstandard im Alter nur durch private Vorsorge aufrecht erhalten werden kann, unabhängig für welche Schicht man sich durch die Wahl einer Ansparform entscheidet.[155] *Anlage 3* zeigt die einzelnen Möglichkeiten der finanziellen Altersvorsorge.[156] Die Umsetzung der Empfehlung der Rürup-Kommission erfolgte durch eine umfassende Umgestaltung des EStG, welches nunmehr folgende Besteuerungsgrundsätze vorsieht:[157]

- *Schicht 1*: Aufwendungen für die Basisversorgung sind steuerlich begünstigt.[158] Allerdings unterliegen die Rentenzahlungen der Einkommensteuer.[159]
- *Schicht 2*: Produkte der zweiten Schicht werden grundsätzlich in der Ansparphase staatlich gefördert bzw. bezuschusst, in der Leistungsphase werden die Renten besteuert. Änderungen durch das AEG bezüglich der Riester-Rente waren im Verhältnis Anleger – Anbieter begründet, mit dem Ziel, verbesserte Rahmenbedingungen zu schaffen.[160] Im Bereich der betrieblichen Altersvorsorge wurde eine Vereinfachung der Besteuerung von Pensionskassen, Pensionsfonds und der Direktversicherung nach § 3 Nr. 63 EStG beschlossen.[161]
- *Schicht 3*: Beiträge für Schicht-3-Produkte werden aus dem Nettoeinkommen gezahlt und sind nicht steuerlich begünstigt. Gefördert wird der Rentenbezug durch eine im Vergleich vor dem Jahr 2005 günstigere Ertragsanteilsbesteuerung ab dem VZ 2005.[162]

3.2 Schicht 1 – die Basisversorgung am Beispiel der Basisrente

3.2.1 Grundlagen und Begriffsdefinition

Die Basisrente[163] ist durch eine Initiative und Forderung der „Rürup-Kommission" entstanden.[164] Ergänzend zu den in *Schicht 1* des 3-Schichten-Modells ebenfalls enthaltenen gesetzli-

---

155 Dies wird durch die Pfeile von der privaten Vorsorge zu der *Schicht 1* bis *Schicht 3* in dem Modell in Abb. 4 verdeutlicht.

156 Vgl. ausführend zu diesem Absatz Deutsche Bank (Fachstudium Zusatzvorsorge 2005), S. 14.

157 Vgl. erweiternd BMF-Schreiben v. 24.02.2005, BStBl. 2005 I, S. 429 ff.

158 Die Beiträge können teilweise als Sonderausgaben (Altersvorsorgeaufwendungen) gem. § 10 Abs. 1 Nr. 2 b EStG geltend gemacht werden. Vgl. *Kapitel 3.2.2.2.*

159 Es gelten die Regelungen des § 22 Nr. 1 S. 3 a) Doppelbuchstabe aa EStG. Vgl. *Kapitel 3.2.2.3.*

160 Vgl. Hofmann, Kurt; Simon, Winfried; Wawers, Ordulf (Alterseinkünftegesetz 2005), S. 7; vgl. § 10 a EStG.

161 Vgl. ausführend BMF-Schreiben v. 17.11.2004, BStBl. 2004 I, S. 1065 ff. Dieses Schreiben des BMF löst mit Wirkung 01.01.2005 das BMF-Schreiben vom 05.08.2002, BStBl. 2002 I, S. 767 ff. ab.

162 Vgl. Tabelle in § 22 Nr. 1 S. 3 a) Doppelbuchstabe bb EStG. Vgl. das Beispiel in *Anlage 14.*

163 Die Begriffe „Basisrente" und „Rürup-Rente" sind eine identische Bezeichnung für das private, kapitalgedeckte Leibrentenprodukt der *Schicht 1.*

164 Vgl. Rürup, Bert u.a. (Abschlussbericht 2003), S. 16–17.

chen Absicherungen wurde damit eine private Form der Altersvorsorge mit steuerlichen Vergünstigungen entwickelt.[165] Als Definition lässt sich festhalten:

Die Basisrente ist eine private, kapitalgedeckte Leibrentenvorsorge, welche – unter bestimmten Voraussetzungen – eine steuerliche Begünstigung der Altersvorsorgeaufwendungen in der Ansparphase mit einem teilweise steuerfreien Bezug der Rentenzahlungen in der Rentenphase kombiniert.[166]

Basisrenten wurden erstmalig im Januar 2005 am Markt eingeführt.[167] In der Gestaltung der Anlage der Beiträge sind sowohl konventionelle als auch fondsgebundene Produktvarianten mit und ohne Beitragsgarantien möglich.[168]

Folgende Voraussetzungen sind für einen begünstigten Basisrentenvertrag notwendig:[169]

- *Nichtvererblichkeit*:[170] Im Todesfall des Berechtigten kommt das angesparte Vermögen der Versicherungsgemeinschaft zugute.
- *Nichtübertragbarkeit:*[171] Eine Übertragung von dem Leibrentenberechtigten auf eine dritte Person ist ausgeschlossen.
- *Nichtbeleihbarkeit:*[172] Keine Abtretung der Ansprüche zum Zwecke der Sicherung.
- *Nichtveräußerbarkeit:*[173] Veräußerungen an Dritte sind ausgeschlossen.
- *Nichtkapitalisierbarkeit:*[174] Der Anspruch auf Leibrente darf nicht um einen Anspruch auf Einmalauszahlung ergänzt werden.[175]
- *Mindestalter:*[176] Leistungen aus der Basisrente können erst nach Vollendung des 60. Lebensjahres bezogen werden.[177]
- *Personenidentität:*[178] Beitragszahler, versicherte Person und Leistungsempfänger müssen die gleiche Person sein.

---

165 Steuerlich werden alle Möglichkeiten der 1. Schicht gleich behandelt. Vgl. Deutsche Bank (Fachstudium Basisversorgung 2005), S. 16. Zu beachten ist allerdings, dass nur Beiträge an Versicherungsunternehmen nach § 19 Abs. 2 Nr. 2 a EStG begünstigt sind, nicht jedoch Beiträge an Kapitalanlagegesellschaften.

166 Eigene Definition. Vgl. BMF-Schreiben v. 24.02.2005, BStBl. 2005 I, S. 429ff.

167 Zwingende Voraussetzung zur Anerkennung der steuerlichen Vorteile ist ein Abschluss der Basisrente im Jahr 2005 oder später. Vgl. ausführend BMF-Schreiben v. 24.02.2005, BStBl. 2005 I, Rz. 9, S. 432.

168 Vgl. bspw. die Produktmöglichkeiten der Deutschen Bank Privat- und Geschäftskunden AG; vgl. ausführend Deutsche Bank (Fachstudium Basisversorgung 2005), S. 9.

169 Die Voraussetzungen entsprechen damit den Produktmerkmalen eines Basisrenten-Leibrentenvertrags.

170 Vgl. BMF-Schreiben v. 24.02.2005, BStBl. 2005 I, Rz. 15, S. 432.

171 Vgl. BMF-Schreiben v. 24.02.2005, BStBl. 2005 I, Rz. 15, S. 432.

172 Vgl. BMF-Schreiben v. 24.02.2005, BStBl. 2005 I, Rz. 15, S. 432.

173 Vgl. BMF-Schreiben v. 24.02.2005, BStBl. 2005 I, Rz. 15, S. 432.

174 Vgl. BMF-Schreiben v. 24.2.2005, BStBl. 2005 I, Rz. 15, S. 432.

175 Damit wird die „Rürup-Rente“ von der „Riester-Rente“ abgegrenzt, die eine 30%-ige Teilkapitalisierung zulässt. Vgl. *Kapitel 3.3.2.1.*

176 Vgl. Hofmann, Kurt; Simon, Winfried; Wawers, Ordulf (Alterseinkünftegesetz 2005), S. 14.

177 Vgl. BMF-Schreiben v. 24.02.2005, BStBl. 2005 I, Rz. 9, S. 432.

Lediglich ca. 100.000 Rürup-Policen wurden im Zeitraum Januar bis September 2005 abgeschlossen.[179] Nach einer steuerrechtlichen Grundlagenbetrachtung im folgenden *Kapitel 3.2.2* wird in *Kapitel 3.2.3* kritisch analysiert, aus welchen Gründen das Interesse der Bevölkerung an der Basisrente eher gering ist.

3.2.2 Steuerliche Betrachtung

3.2.2.1 Grundlagen

Um das zu versteuernde Einkommen nach § 2 Abs. 5 EStG zu erhalten, das Grundlage des späteren Steueranspruchs gem. § 37 Abs. 1 AO ist, müssen von dem Einkommen nach § 2 Abs. 4 EStG u.a. die Sonderausgaben nach § 10 ff. EStG abgezogen werden. Sonderausgaben werden unterteilt in *unbeschränkt abzugsfähige Sonderausgaben*[180] und *beschränkt abzugsfähige Sonderausgaben*. Zu *den beschränkt abzugsfähigen Sonderausgaben* gehören die *Vorsorgeaufwendungen*. Grundlage der steuerrechtlichen Betrachtung ist die durch das AltEinkG neue Aufteilung der Vorsorgeaufwendungen in *Altersvorsorgeaufwendungen*[181] und *sonstige Vorsorgeaufwendungen*.[182] Grund der Trennung ist die unterschiedliche Abzugsfähigkeit der Sonderausgaben. *Altersvorsorgeaufwendungen*, wie z.B. die Aufwendungen für die Basisrente, können mit bis zu 20.000 EUR[183] steuerlich berücksichtigt werden,[184] *sonstige Vorsorgeaufwendungen* nur bis zu 2.400 EUR[185] bzw. 1.500 EUR.[186] Zu beachten ist allerdings, dass auf diesen maximalen Sonderausgabenabzug alle Beiträge der *Stufe-1*-Möglichkeiten ange-

---

178 Vgl. BMF-Schreiben v. 24.02.2005, BStBl. 2005 I, Rz. 8, S. 432.

179 Vgl. Bundesverband verbraucherorientierter Wirtschaftsberatungsunternehmen – procon e.V. (Verbraucherschützer warnen 2005).

180 Eine *unbeschränkt abzugsfähige Sonderausgabe* ist bspw. die gezahlte Kirchensteuer (§ 10 Abs. 1 Nr. 4 EStG).

181 Alternativ werden die „Altersvorsorgeaufwendungen" auch als „Basisvorsorgeaufwendungen" und „Basisvorsorge" bezeichnet.

182 „Unter die Basisvorsorge fallen neben der gesetzlichen Rentenversicherung Produkte, bei denen eine tatsächliche Verwendung für die Altersversorgung gesichert ist. Unter die sonstigen Vorsorgeaufwendungen fallen z.B. ... Unfall- und Haftpflichtversicherungen." Hofmann, Kurt; Simon, Winfried; Wawers, Ordulf (Alterseinkünftegesetz 2005), S. 8. Vgl. *Anlage 4* zur genauen Aufstellung der *Basisvorsorgeaufwendungen* und der *sonstigen Vorsorgeaufwendungen*.

183 „Bei zusammenveranlagten Ehegatten verdoppelt sich der Höchstbetrag." § 10 Abs. 3 S. 2 EStG; vgl. ebenso § 10 Abs. 3 S. 1 EStG.

184 Vgl. § 10 Abs. 3 S. 1 EStG.

185 Vgl. § 10 Abs. 4 S. 1 EStG.

186 „Der Höchstbetrag beträgt 1.500 Euro bei Steuerpflichtigen, die ganz oder teilweise ohne eigene Aufwendungen einen Anspruch auf vollständige oder teilweise Erstattung oder Übernahme von Krankheitskosten haben oder für deren Krankenversicherung Leistungen im Sinne des § 3 Nr. 62 oder § 3 Nr. 14 erbracht werden." § 10 Abs. 4 S. 2 EStG. Zu beachten ist, dass jedem Ehepartner die Höchstbeträge zustehen. Vgl. § 10 Abs. 4 S. 3 EStG.

rechnet werden.[187] Bereits an dieser Stelle lässt sich festhalten, dass ein höherer steuerlicher Gestaltungsspielraum für Personen ohne sonstige gesetzliche Altersabsicherungen vorliegt.[188]

3.2.2.2 Steuerliche Begünstigung der Beitragszahlung

Während einer Übergangsphase zwischen den Jahren 2005 bis 2025 erfolgt der Sonderausgabenabzug nicht in voller Höhe. Im Jahr 2005 betrug die Abzugsmöglichkeit max. 12.000 EUR (60 % von max. 20.000 EUR): erst im Jahr 2025 ist die volle Abzugsmöglichkeit i.H.v. 20.000 EUR (100 % von max. 20.000 EUR) gegeben.[189] Bis zum Jahr 2025 wird der abzugsfähige Betrag jährlich um 2% erhöht.[190] *Abb. 5* veranschaulicht den Verlauf:[191]

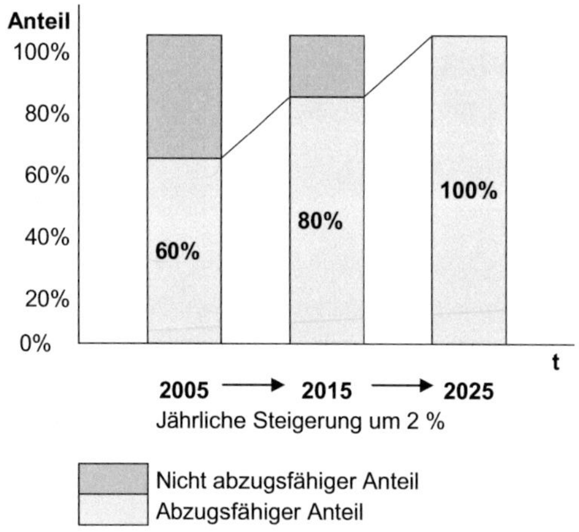

Abb. 5: Steigerung der abzugsfähigen Anteile der Beiträge bei der Basisrente[192]

Zu erwähnen ist, dass es zu Kürzungen des Sonderausgabenabzugs kommt. Nach § 10 Abs. 3 S. 5 EStG wird der abzugsfähige Betrag um den steuerfreien Arbeitgeberanteil zur gesetzlichen Rentenversicherung gekürzt.[193] Ebenfalls ist der Sonderausgabenabzug um einen

[187] Vgl. Deutsche Bank (Fachstudium Basisversorgung 2005), S. 18.
[188] Dies können z.B. Selbstständige sein.
[189] Vgl. BMF-Schreiben v. 24.02.2005, BStBl. 2005 I, Rz. 34, S. 434.
[190] Vgl. § 10 Abs. 3 S. 4 und S. 6 EStG.
[191] Ergänzend zeigt eine Aufstellung in *Anlage 5* die summenmäßige Entwicklung.
[192] Darstellung modifiziert entnommen aus Deutsche Bank (Fachstudium Basisversorgung 2005), S. 16.
[193] Vgl. § 10 Abs. 3 S. 5 EStG; ebenso vgl. BMF-Schreiben v. 24.02.2005, BStBl. 2005 I, Rz. 37, S. 434. „Der Arbeitgeberanteil wurde bereits steuerfrei gezahlt. Deshalb wird er bei der Berechnung steuerlich absetzbaren Beiträge voll berücksichtigt, d.h. bei Arbeitnehmern wird der Arbeitgeberanteil zur Rentenversicherung von der Summe der Vorsorgeaufwendungen abgezogen." Deutsche Bank (Fachstudium Basisversorgung 2005), S. 20.

„fiktiven Gesamtrentenversicherungsbeitrag“ zu kürzen, wenn der Steuerpflichtige keine eigene Beitragsleistungen erbringt:[194] „Die Kürzung des zur Verfügung stehenden Höchstbetrages um einen fiktiven Gesamtrentenversicherungsbeitrag bei Steuerpflichtigen ohne eigene Beitragsleistungen dient der Angleichung des Abzugsumfangs für eine zusätzliche Altersversorgung bei allen Steuerpflichtigen ...“[195]. Durch die Kürzungen wird das vorhandene Abzugspotenzial erheblich verringert.[196]
Die Übergangszeit zu der nachgelagerten Besteuerung kann u.U. bei Steuerpflichtigen zu einer Verschlechterung der steuerlichen Situation führen. Um dies zu vermeiden, erfolgt in den Jahren 2005 bis 2019 eine Überprüfung der Vorsorgeaufwendungen von altem Recht (der sog. *Höchstbetragsrechnung* gem. § 10 Abs. 3 EStG a.F) und neuem Recht (*Altersvorsorgeaufwendungen* und *sonstige Vorsorgeaufwendungen* gem. § 10 Abs. 2 und 3 EStG) im Rahmen der sog. *Günstigerprüfung*.[197] Der höhere Betrag, der durch einen rechnerischen Vergleich der beiden Methoden ermittelt wird, kann als Vorsorgeaufwand steuerlich geltend gemacht werden.[198] Dadurch wird eine Schlechterstellung durch die Umstellung auf die nachgelagerte Besteuerung vermieden.

3.2.2.3 Nachgelagerte Besteuerung der Rentenzahlung

Sämtliche Rentenzahlungen der Schicht-1-Versorgung unterliegen der nachgelagerten Besteuerung. Entsprechend der steuerlichen Abzugsfähigkeit in der Ansparphase wird bei der Besteuerung ebenfalls eine Übergangsphase verwendet. Im Jahr 2005 beträgt der steuerpflichtige Rentenanteil 50 %. In dem Zeitraum bis 2020 erhöht sich der steuerpflichtige Anteil jährlich um 2 %, danach bis zum Jahr 2040 um 1 %.[199] Der steuerfreie Anteil ergibt sich aus der Differenz des Jahresbetrags der Rente gem. § 22 Nr. 1 S. 3 a) Doppelbuchstabe aa S. 4 EStG und dem steuerpflichtigem Anteil. Nach § 22 Nr. 1 S. 3 a) Doppelbuchstabe aa S. 5 EStG gilt dieser steuerfreie Anteil der Rente für die gesamte Dauer der Rentenzahlung.

---

[194] Vgl. Kußmaul, Heinz (Steuerlehre 2006), S. 295; zu dieser Personengruppe gehören, nach dem BMF-Schreiben v. 24.02.2005, BStBl. 2005 I, Rz. 24–26, S. 433, i.V.m. § 10c Abs. 3 Nr. 2 EStG, insbesondere Beamte, Richter, Berufssoldaten auf Zeit und Amtsträger.

[195] Kußmaul, Heinz (Steuerlehre 2006), S. 295.

[196] Zur Verdeutlichung zeigt *Anlage 6* ein umfassendes Beispiel zum Sonderausgabenabzug.

[197] Das Bundesministerium der Finanzen argumentiert wie folgt: „Die Regelungen zum Abzug von Vorsorgeaufwendungen nach § 10 Abs. 1 Nr. 2 und 3 EStG sind in bestimmten Fällen ungünstiger als nach der für das Kalenderjahr 2004 geltenden Fassung des § 10 Abs. 3 EStG. Zur Vermeidung einer Schlechterstellung wird in diesen Fällen der höhere Betrag berücksichtigt. Die Überprüfung erfolgt von Amts wegen.“ BMF-Schreiben v. 24.02.2005, BStBl. 2005 I, Rz. 50, S. 436; vgl. ergänzend die Ausführungen in *Anlage 7.*

[198] Vgl. ergänzend die Ausführungen in *Anlage 7* sowie das Beispiel in *Anlage 6.*

[199] Vgl. Abb. 6 gem. Tabelle in § 22 Nr. 1 S. 3 a) Doppelbuchstabe aa) S. 3 EStG.

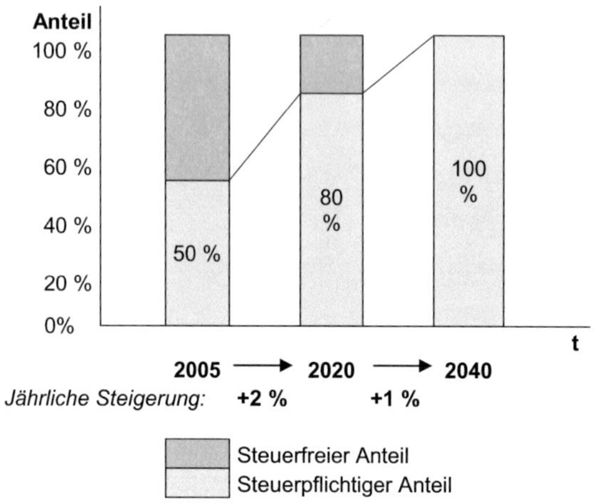

Abb. 6: Wachstum des steuerpflichtigen Anteils der Rentenzahlung bei der Basisrente[200]

Im Gegensatz zur Ertragsanteilsbesteuerung wird hier nicht ein Vomhundertsatz festgeschrieben, sondern ein steuerfreier Betrag fixiert.[201] Leibrenten, die nicht zu den *Schicht-1-*Produkten zählen, d.h., die nicht in § 22 Nr. 1 S. 3 a) Doppelbuchstabe aa EStG n.F. genannt werden, unterliegen weiterhin der Ertragsanteilsbesteuerung nach § 22 Nr. 1 S. 3 a) Doppelbuchstabe bb EStG n.F.[202]

3.2.3 Analyse der Vor- und Nachteile

3.2.3.1 Vorteile

Neben der in *Kapitel 3.2.2.2* dargestellten teilweisen Abzugsfähigkeit der Aufwendungen für die Basisrente ergeben sich weitere Vorteile für einen Versicherungsnehmer.

Das Kapital der Basisrente ist vor „Hartz IV" geschützt. „Hartz IV" ist die gängige Kurzbezeichnung des *Vierten Gesetzes für moderne Dienstleistungen am Arbeitsmarkt.*[203] Nach

---

200 Darstellung modifiziert entnommen aus Deutsche Bank (Fachstudium Basisversorgung 2005), S. 17; vgl. ergänzend Tabelle in § 22 Nr. 1 S. 3 a) Doppelbuchstabe aa) S. 3 EStG.

201 Dabei ist der Begriff „Kohortenprinzip" zu erwähnen. Er besagt, dass für jeden Rentnerjahrgang (Kohorte) ein eigener Besteuerungsanteil festgelegt wird. Vgl. ausführend Kußmaul, Heinz (Steuerlehre 2006), S. 68.

202 Dazu zählt auch die in *Kapitel 5* dargestellte Leibrente aus dem Verkauf einer Immobilie gegen Rentenzahlung.

203 Das Gesetz wurde auf Grund der Vorschläge einer Kommission um Peter Hartz, dem damaligen Personalvorstand der Volkswagen AG, entwickelt. Das vierte Gesetz enthält als wichtigste Änderung die Zusammenlegung von *Sozialhilfe* und *Arbeitslosenhilfe* zu der neuen *Arbeitslosenhilfe II.*

diesem Gesetz gibt es für Personen, die nach dem Jahr 1948 geboren wurden,[204] ein Freibetrag i.H.v. 200 EUR pro Lebensjahr für Altersvorsorgevermögen.[205] Darüber hinaus kann die Bundesagentur für Arbeit die Verwendung des angesparten Kapitals verlangen.[206] Im Bereich der Altersvorsorge bedeutet dies eine Kündigung des Vertrags.[207] Die Verwertung einer Basisrente ist durch die Voraussetzungen gem. § 10 Abs. 1 Nr. 2 b) EStG nicht möglich. Zu erwähnen bleibt, dass das Gesetz „Hartz IV" umstritten ist und seit seiner Einführung diskutiert und nachgebessert wird.[208]

Ein weiterer Vorteil ist die Möglichkeit, Zusatzversicherungen wie Hinterbliebenenabsicherung oder Berufsunfähigkeitsschutz mit einer Basisrente zu kombinieren. Diese Zusatzversicherungen sind nach § 10 Abs. 1 Nr. 2 a) + b) EStG ebenfalls als Basisvorsorgeaufwendungen steuerlich zu behandeln, was zu steuerlichen Vorteilen führen kann:[209] Werden die Zusatzversicherungen als eigenständige Verträge abgeschlossen, so sind sie als *sonstige Vorsorgeaufwendungen* innerhalb der niedrigeren abzugsfähigen Grenzen steuerlich zu berücksichtigen.[210]

3.2.3.2 Nachteile

Die Wesentlichen Kritikpunkte einer Basisrente sind ihre Voraussetzungen nach § 10 Abs. 1 Nr. 2 b) EStG. Dort heißt es: „... die genannten Ansprüche dürfen nicht vererblich, nicht übertragbar, nicht beleihbar, nicht veräußerbar und nicht kapitalisierbar sein und es darf darüber hinaus kein Anspruch auf Auszahlungen bestehen."[211] Die mangelnde Flexibilität, die

---

204 Vgl. § 7 Abs. 1 Viertes Gesetz für moderne Dienstleistungen am Arbeitsmarkt.

205 Vgl. § 12 Viertes Gesetz für moderne Dienstleistungen am Arbeitsmarkt; ebenso Art. 35c Viertes Gesetz für moderne Dienstleistungen am Arbeitsmarkt für Altersvorsorgeaufwendungen.

206 Insbesondere diejenigen der *Schicht III*; vgl. *Kapitel 3.4*; aus diesem Grund und der damit verbundenen Unsicherheit der Anleger gab es im Jahr 2004 eine Zunahme der Kündigungen von Versicherungen. Vgl. ausführend o.V. (Panikverkäufe 2004).

207 Vgl. ausführend zu diesem Absatz sowie die Voraussetzungen für eine Kündigung Finanzwirtschaftliche Dienste GbR (Hartz IV 2006). „Das heißt, Kapitallebensversicherungen und private Rentenversicherungen, die vor Eintritt in den Ruhestand verwertet werden können, stellen nach Hartz IV ganz normales Vermögen dar und werden demzufolge mit dem Grundfreibetrag verrechnet ... Verwertung heißt, der Vertrag kann gekündigt, beliehen, verpfändet oder abgetreten werden." Finanzwirtschaftliche Dienste GbR (Hartz IV 2006).

208 Bspw. durch die „Verordnung zur Berechnung von Einkommen sowie zur Nichtberücksichtigung von Einkommen und Vermögen beim Arbeitslosengeld II/Sozialgeld" vom 20. Oktober 2004.

209 Kritisch zu diesem Vorteil Bundesverband verbraucherorientierter Wirtschaftsberatungsunternehmen – procon e.V. (Verbraucherschützer warnen 2005). Von einer Kopplung der Alters- und Risikovorsorge wird ausdrücklich abgeraten. „Würde ein Verbraucher nämlich illiquide und könnte seinen Rürup-Beitrag nicht mehr zahlen, dann verfiele automatisch auch seine Berufsunfähigkeitsversicherung." Bundesverband verbraucherorientierter Wirtschaftsberatungsunternehmen – procon e.V., ebenso kritisch Stephan Goverts, der anmerkt dass über 50 % der Beiträge der Altersvorsorge dienen müsse. „Damit soll vermieden werden, dass Verträge mit überwiegendem Risikoversicherungscharakter und geringem Sparanteil zum erhöhten Sonderausgabenabzug berechtigen." Goverts, Stephan (Steuerliche Anforderungen an die Basisrente), S. 1002.

210 Gem. § 10 Abs. 1 Nr. 3 a) + b) EStG.

211 § 10 Abs.1 Nr. 2 b) EStG.

sich aus diesen Punkten ergibt, ist nach Meinung des Autors gerade für langfristige Sparpläne zu kritisieren. Ein weiteres Problem in Bezug auf die Flexibilität verdeutlicht Wolfgang Scholl, Versicherungsexperte bei der Bundesverbraucherzentrale: „Außerdem ist es sehr schwierig, den Anbieter zu wechseln, wenn der Vertrag einmal abgeschlossen ist.“[212] Und weiter: „Der Anbieter muss dem Kunden dann nämlich das eingezahlte Kapital nicht mitgeben. Der Verbraucher ist ihm also auf Gedeih und Verderb ausgeliefert.“[213] Der Wahl des Versicherungsunternehmens kommt daher eine hohe Bedeutung zu, auch wenn es nicht möglich ist, anhand der Daten eines Versicherungsunternehmens aus der Vergangenheit auf die Zukunft dieses Unternehmens zu schließen. Besonders von Bedeutung ist dabei das Fehlen eines Insolvenzschutzes für die Dauer der späteren Rentenzahlung.[214]

Ebenso unvorteilhaft für den Steuerpflichtigen ist auch die nachgelagerte Besteuerung, dargestellt in *Kapitel 3.2.2.3.* Durch die Festschreibung eines steuerfreien Anteils im ersten Rentenbezugsjahr ergibt sich, dass alle zukünftigen Rentensteigerungen[215] voll steuerpflichtig sind. Dadurch sinkt der steuerfreie Anteil über die Zeit im Verhältnis zu dem steuerpflichtigen Anteil.[216]

Als zweiter Nachteil der nachgelagerten Besteuerung lässt sich eine mögliche Doppelbesteuerung identifizieren. Im Besonderen junge Leute können einer Doppelbesteuerung unterliegen, da sie die Aufwendungen für die Basisrente wie erläutert nur teilweise steuerlich geltend machen. Wie in *Kapitel 3.2.2.3* gezeigt, sind die Renten ab dem Jahr 2040 vollständig zu versteuern. Eine steuerliche Begünstigung in der Auszahlungsphase ist daher für junge Leute nicht gegeben.[217] Zum jetzigen Zeitpunkt ergibt sich durch die Basisrente entweder eine „Doppelbelastung“ oder eine „Doppelentlastung“ und damit keine generationengerechte Versteuerung.[218] Nach Tristan Nguyen ist dies, unter Betrachtung des Art. 3 GG, „... verfassungsrechtlich äußerst bedenklich ...“[219].

---

212 Bundesverband verbraucherorientierter Wirtschaftsberatungsunternehmen – procon e.V. (Verbraucherschützer warnen 2005).

213 Bundesverband verbraucherorientierter Wirtschaftsberatungsunternehmen – procon e.V. (Verbraucherschützer warnen 2005).

214 Vgl. ausführend Henrich, Anke; Gerth, Martin (Reich 2005), S. 111.

215 Sofern diese überhaupt erfolgen. Vgl. dazu *Kapitel 2.*

216 „Da die steuerliche Belastung der Renten ansteigen wird, müssen die heutigen Beitragszahler (und zukünftigen Rentenempfänger) für diese zusätzliche steuerliche Belastung ihres Renteneinkommens vorsorgen, wenn Sie nicht die Absenkung des Lebensstandards im Alter in Kauf nehmen wollen.“ Schnabel, Reinhold (nachgelagerte Besteuerung 2004), S. 9–10.

217 Vgl. zu diesem Absatz Bundesverband verbraucherorientierter Wirtschaftsberatungsunternehmen – procon e.V. (Verbraucherschützer warnen 2005).

218 Vgl. Beispiele in Nguyen, Tristan (Erfolg 2005), S. 6–7.

219 Nguyen, Tristan (Erfolg 2005), S. 5.

Ein weiterer Nachteil kann sich für Bestands-Rentner ergeben, also für Rentner, die bereits einige Jahre Rentenleistungen beziehen. *Abb. 7* zeigt eine weitere mögliche negative Auswirkung für einen Rentner durch die Umstellung zur nachgelagerten Besteuerung.[220] In diesem Beispiel werden die vorher steuerfrei beziehbaren Rentenleistungen durch die Umstellung zu steuerpflichtigen Rentenleistungen.

Beispiel:

X (65 Jahre alt) erhält seit dem 01. Juli 2003 eine Altersrente i.H.v. 1.500 EUR pro Monat. Der Jahresbetrag der Rente beträgt 24.000 EUR.[221] Nach altem Recht (gem. § 22 Nr. 1 S. 3 a) EStG a.F.) wird die Rente mit einem Ertragsanteil i.H.v. 27 % (= 6.480 EUR) besteuert, was bedeutet, dass X keine Rente zu versteuern hat, da er unter dem Grundfreibetrag i.H.v. 7.664 EUR im Jahr 2005 liegt. Nach neuem Recht ergibt sich für „Alt"-Rentner ein steuerfreier Betrag i.H.v. 50 %, in diesem Beispiel von 12.000 EUR. Dies bedeutet, dass der „Alt"-Rentner steuerpflichtig wird – seine Renteneinkünfte werden als „sonstige Einkünfte" gem. § 22 EStG versteuert da diese den Grundfreibetrag übertreffen.

Abb. 7: Beispiel – Die nachgelagerten Besteuerung von Schicht-1-Renten[222]

3.2.4 Zielgruppenbestimmung

Auf Grund der steuerlichen Gestaltungsmöglichkeiten und der Vor- bzw. Nachteile ergibt sich folgende Zielgruppenbestimmung für die Basisrente:[223]

- *Selbstständige* bzw. *Freiberufler*
- *Angestellte* mit überdurchschnittlichen Einkommen
- *Rentennahe Jahrgänge*[224]

---

[220] Vgl. ergänzend und weiterführend zu diesem Absatz und zu Abb. 7: Brandstetter, Barbara (Rentner Steuern 2004); Karin Spitra verdeutlicht ergänzend in diesem Zusammenhang die Problematik der Aufdeckung aller Einnahmen von Rentnern durch die Steuererklärung, verbunden mit einem möglichen Nachzahlungsanspruch des Finanzamts. Vgl. Spitra, Karin (Fiskus 2005).

[221] Vgl. Tabelle in § 22 Nr. 1 S. 3 a) Doppelbuchstabe aa) S. 3 EStG.

[222] Eigene Darstellung und Berechnung. Werte zu Grundfreibetrag und Eingangssteuersatz entnommen aus Kußmaul, Heinz (Steuerlehre 2006), S. 306; Pauschbeträge und der mögliche Sonderausgabenabzug von *sonstigen Vorsorgeaufwendungen* werden in dem Beispiel nicht berücksichtigt.

[223] Vgl. ausführend Hille, Melanie (Basisrente 2006), S. 4.

[224] Rentennahe Jahrgänge profitieren von einer „Doppelentlastung". Ein Beispiel zeigt Anke Henrich: „Eine schnelle Option für alle, die noch in diesem Jahr in Rente gehen: 20 000 Euro als Einmalzahlung in eine Rürup-Sofortrente stecken, davon 60 Prozent – besagte 12 000 Euro – auf einen Schlag steuerlich geltend machen und von der anschließenden Rentenauszahlung nur 50 Prozent versteuern. Auch ein ideales Sparmodell." Henrich, Anke; Gerth, Martin (Reich 2005), S. 111.

Gerade die Zielgruppe der *Selbstständigen* wird in der Literatur häufig als wichtige Personengruppe genannt.[225] Der Grund ist wie folgt: „Selbstständigen, die als solche eigenverantwortlich für ihre Alterssicherung sind, steht ein entsprechend höheres Abzugsvolumen zur Verfügung, da kein Arbeitgeberanteil an der Sozialversicherung anfällt."[226] Melanie Hille erwähnt für diese Gruppe kritisch, dass sich eine Basisrente nur dann für Selbstständige lohnt, „... wenn sie die Vorteile durch maximale Beiträge ausschöpfen. Ansonsten kann sich die alte Besteuerung nach Recht von 2004 für sie eher lohnen, besonders dann, wenn sie viele Versicherungen abgeschlossen haben, die sie bei den „sonstigen Vorsorgeaufwendungen" angeben ..."[227]. Daher ist die Vorteilhaftigkeit einer Basisrente auch bei Selbstständigen durch eine-*Günstigerprüfung* zu überprüfen.

3.2.5 Zwischenfazit

Die Analyse der Basisrente hat gezeigt, dass wesentliche Nachteile bestehen, die auch durch die steuerlichen Begünstigungen der Beitragszahlungen nicht ausgeglichen werden können. Es sind erhebliche Nachbesserungen durch die Bundesregierung nötig, um aus der Basisrente ein grundsätzlich zu empfehlendes Modell zu machen. Zur Vermeidung einer möglichen Doppelbesteuerung müsste vor allem die Abzugsfähigkeit der Vorsorgeaufwendungen für junge Leute nachgebessert werden. Zum jetzigen Zeitpunkt profitieren augenscheinlich nur ältere Menschen, da sie von dem Steuervorteil bei der Beitragszahlung und der vergleichsweise niedrigen Besteuerung in der Rentenphase profitieren.[228] Mangelnde Flexibilität sorgt ebenso für Ablehnung, was durch Einführung einer Teilkapitalisierbarkeit bzw. einer Vererbbarkeit verhindert werden könnte.

Letztlich führen die genannten Nachteile zu der Aussage von Peter Grieble, Versicherungsexperte bei der Verbraucherzentrale Baden-Württemberg: „Wir hoffen, dass nicht nur die allgemeine Reserviertheit gegenüber Altersvorsorge die Bürger vom Abschluss einer Rürup-Rente abhält, sondern dass sie die inhaltlichen Tücken dieses Produkts erkannt haben."[229]

---

225 Vgl. Hille, Melanie (Basisrente 2006), S. 4; vgl. auch Henrich, Anke; Gerth, Martin (Reich 2005), S. 111. „Für Selbstständige, die keine oder nur geringe Beiträge in andere Rentenkassen einzahlen, deren Einkommen einer hohen Steuerbelastung unterliegt und die keine Angehörigen versorgen müssen, ist die neue Basisrente damit äußerst interessant." Henrich, Anke; Gerth, Martin (Reich 2005), S. 111. Durch die jährlich um 2 % steigende Abzugsfähigkeit der Beiträge zur Basisrente „... steigt i.d.R. auch die Steuerersparnis kontinuierlich an." Deutsche Bank (Fachstudium Basisversorgung 2005), S. 23.

226 Kußmaul, Heinz (Steuerlehre 2006), S. 296.

227 Hille, Melanie (Basisrente 2006), S. 4.

228 Vgl. ausführend Henrich, Anke; Gerth, Martin (Reich 2005), S. 111.

229 Bundesverband verbraucherorientierter Wirtschaftsberatungsunternehmen – procon e.V. (Verbraucherschützer warnen 2005).

Widerlegt wurde mit dieser Vorsorgevariante allerdings das Vorurteil, dass staatlich geförderte Produkte nur etwas für Einkommensschwache sind: „Für viele Spitzenverdiener lohnt sich beispielsweise die vom Staat unterstützte Rürup-Rente.“[230] Denn nach Alexandra Gotter lohnt sich die Basisrente vor allem „... für die steuergünstige Anlage größerer Beträge bei kürzeren Laufzeiten.“[231]

3.3 Schicht 2 – die Zusatzversorgung

3.3.1 Einführung

Produkte der zweiten Schicht sind im Wesentlichen die betriebliche Altersvorsorge (BAV) und die private kapitalgedeckte Altersvorsorge nach § 10 a und § 79 ff. EStG. Die kapitalgedeckte private Altersvorsorge wird i.d.R. „Riester-Rente“ genannt – nach dem damaligen Bundesminister für Arbeit und Sozialordnung, Walter Riester. Beide Möglichkeiten dienen, wie durch den Namen „Zusatzversorgung“ verdeutlicht wird, der Ergänzung von Schicht-1-Produkten. Von besonderer Bedeutung ist dabei die staatliche Begünstigung sowohl in Form von Zuwendungen als auch in Form von steuerlichen Begünstigungen. Eine Kombination beider Möglichkeiten ist möglich.[232] Nach der Betrachtung der Riester–Rente erfolgt im *Kapitel 3.3.3* eine Darstellung der betrieblichen Altersvorsorge, anhand einer kurzen Erläuterung der fünf Durchführungsmöglichkeiten. Der Schwerpunkt liegt dabei auf der Direktversicherung mit der Förderung nach § 3 Nr. 63 EStG.[233]

3.3.2 Die Riester-Rente

3.3.2.1 Grundlegende Betrachtung der Riester-Rente

Gesetzliche Grundlage der Riester-Rente ist das Altersvermögensgesetz[234], welches am 26. Juni 2001 beschlossen wurde. Obwohl die Einführung der Riester-Rente mit einem hohen

---

230 Henrich, Anke; Gerth, Martin (Reich 2005), S. 109.

231 Gotter, Alexandra (Endspurt 2005), S. 2.

232 Zu beachten ist, dass die Kombination unter bestimmten Voraussetzungen möglich ist. Dazu zählt nach § 82 Abs. 2 S. 1 EStG die Auszahlung in Form einer Rente.

233 Die Direktversicherung ist die, innerhalb der Betriebe, verbreitetste Durchführungsform. Vgl. Deutsches Institut für Altersvorsorge (Verteilung BAV 2006).

234 Gesetz zur Reform der gesetzlichen Rentenversicherung und zur Förderung eines kapitalgedeckten Altersvorsorgevermögens (Altersvermögensgesetz – AVmG).

Werbeaufwand begleitet wurde,[235] hielt sich der Erfolg in den Jahren nach der Einführung in Grenzen.[236] Durch erhebliche Veränderungen in den Folgejahren erlebt die Riester-Rente seit dem Jahr 2005 einen Boom.[237] Wurden im Jahr 2004 nur ca. 294 Tsd. Verträge abgeschlossen, so ist die Anzahl der abgeschlossenen Verträge im Jahr 2005 auf 1.119 Tsd. gestiegen. Dies entspricht einer Steigerung von 279,9 Prozent.[238]

Im AltZertG[239] sind die wichtigsten Voraussetzungen einer Riester-Rente geregelt. „Möchte ein Anbieter ein Riester-Produkt am Markt platzieren, muss er sich an die entsprechenden Vorgaben halten. Die Aufsicht obliegt der Bundesanstalt für Finanzdienstleistungsaufsicht (BaFin).“[240] Wichtige Voraussetzungen für die Zertifizierung und damit Eigenschaften der Riester-Rente sind:

- Lebenslange Rentenzahlung in der Auszahlungsphase[241]
- Teilkapitalisierung zu Beginn der Auszahlungsphase i.H.v. 30% möglich[242]
- Darstellung der zu erwartenden Monatsrente vor Vertragsabschluss[243]
- Jährliche Information des Anlegers über Wertentwicklung der Anlagen[244]
- Einführung eines Unisex-Tarifs ab 01.01.2006[245]
- Übertragbarkeit des angesparten Kapitals auf andere Anbieter[246]
- Kapitalgarantie der einbezahlten Beiträge[247]

---

235 Zu erwähnen ist hier die Kampagne der Victoria Versicherung AG, welche schon im Vorfeld der Einführung eine Werbekampagne für die Riester-Rente startete. Diese ist allerdings hart von Verbraucherschützern kritisiert worden. Vgl. ausführend Stiftung Warentest (Irreführende Werbung 2001).

236 Vgl. Deutsches Institut für Altersvorsorge (Rentenbarometer 2005). Sogar von einem Fehlstart war die Rede: „Der Fehlstart wurde teilweise einer Stimmungsmache durch einige Verbraucherverbände und den Vertretern des Sozialversicherungssystems gegen die neuen Angebote zugeordnet.“ Reifner, Udo; Tiffe, Achim (Neue Impulse 2005), S. 12. Ergänzend gab es auch Kritik der Fachpresse. Ein Beispiel ist hier die Zeitschrift „Focus“, welche in einem Sonderheft zur Einführung der Riester-Rente nur für ganz bestimmte Zielgruppen eine Empfehlung zum Abschluss der Riester-Rente gab. Vgl. Focus Money (Steuervorteile 2001), S. 18–19.

237 Die Veränderungen waren z.B. eine Vereinfachung für den Versicherten bei dem Zulagenantrag (der Versicherte hat die Möglichkeit, ab 01.01.2005 der Versicherungsgesellschaft eine Vollmacht zur Erstellung des Zulagenantrags – die Zulage wird nur auf Antrag gewährt – zu erteilen, vgl. BMF-Schreiben v. 17.11.2004, BStBl. 2004 I, Rz. 143, S. 1081) und die Möglichkeit einer Teilkapitalisierung i.H.v. 30 % bei Beginn der Auszahlungsphase (vgl. BMF-Schreiben v. 17.11.2004, BStBl. 2004 I, Rz. 177, S. 1085).

238 Vgl. Gesamtverband der Deutschen Versicherungswirtschaft e.V. (Lebensversicherung in Zahlen 2006), S. 12.

239 Gesetz über die Zertifizierung von Altersvorsorgeverträgen (Altersvorsorgeverträge – Zertifizierungsgesetz – AltZertG).

240 Hofmann, Kurt; Simon, Winfried; Wawers, Ordulf (Alterseinkünftegesetz 2005), S. 32.

241 Vgl. § 1 Abs. 1 Nr. 2 AltZertG.

242 Vgl. § 1 Abs. 1 Nr. 4 AltZertG.

243 Vgl. § 7 Abs. 1 AltZertG.

244 Vgl. § 7 Abs. 4 AltZertG.

245 Vgl. § 1 Abs. 1 Nr. 2 AltZertG. Unisex-Tarife sind geschlechterunabhängig berechnete Tarife.

246 Vgl. § 1 Abs. 1 Nr. 10 AltZertG.

247 Vgl. § 1 Abs. 1 Nr. 3 AltZertG.

Der Mindestbeitrag einer Riester-Rente beträgt 60 EUR.[248] Ohne Eigenbeitrag ist es grundsätzlich nicht möglich, die staatliche Förderung zu erhalten. Um die vollen Zulagen zu erhalten, ist die Zahlung eines individuell bestimmten Beitrages nötig. Dieser berechnet sich als Prozentsatz des sozialversicherungspflichtigen Bruttoeinkommens:[249]

- Jahr 2005: 2 %, maximal 1.050 EUR
- Jahr 2006 und 2007: 3 %, maximal 1.575 EUR
- ab 2008: 4 %, maximal 2.100 EUR

Bei einer anteiligen Einzahlung in den Vertrag wird auch nur anteilig die Zulage gutgeschrieben.[250] Die Anlage der Gelder erfolgt wahlweise in konventionelle oder fondsgebundene Vertragsformen.[251] Eine schädliche Verwendung[252] liegt immer dann vor, wenn das angesparte Vermögen nicht zum Zweck der Alterssicherung verwendet wird. Demnach ist eine Auszahlung frühestens mit Vollendung des sechzigsten Lebensjahres bzw. mit Beginn der Altersrente möglich.[253]

3.3.2.2 Förderung und steuerliche Behandlung

Die Förderung der Riester-Rente erfolgt durch einen Sonderausgabenabzug gem. § 10 a EStG[254] und einer Förderung durch Zulagen gem. § 79 ff. EStG. Begünstigte Personen sind, nach dem BMF-Schreiben vom 17.11.2004, nur Personen, die der unbeschränkten Einkommensteuerpflicht nach § 1 Abs. 1 bis 3 EStG unterliegen.[255] Der Kreis der unmittelbar Förderberechtigten ist weiter eingegrenzt.[256] Nicht gefördert werden demnach u.a. Selbstständige, Pflichtmitglieder in berufsständischen Versorgungswerken sowie Sozialhilfebezieher.[257]

---

248 Vgl. § 86 Abs. 1 S. 4 EStG. Der Mindestbeitrag kann allerdings von den Anbietern der jeweiligen Riester-Rente-Produkten frei festgelegt werden. Der Mindestbeitrag bei der Deutschen Bank Privat- und Geschäftskunden AG beträgt für das Produkt „db Förderrente" z.B. 120 EUR.

249 Vgl. § 86 EStG.

250 Vgl. Deutsche Bank (Fachstudium Zusatzversorgung 2005), S. 20–21.

251 Unter Beachtung der zwingenden Kapitalgarantie.

252 Eine schädliche Verwendung führt zur Rückzahlung der erhaltenen Förderung, d.h. Zulagen und Steuervorteile. Vgl. BMF-Schreiben v. 17.11.2004, BStBl. 2004 I, Rz. 111–120, S. 1078–1079.

253 BMF-Schreiben v. 17.11.2004, BStBl. 2004 I, Rz. 103, S. 1077.

254 Der Sonderausgabenabzug nach § 10 a EStG ist unabhängig von dem Sonderausgabenabzug der Basisversorgung nach § 10 EStG. „Die Höhe der steuerlichen Förderung der Riester-Rente hat also keinen Einfluss auf die Abziehbarkeit der Vorsorgeaufwendungen." Hofmann, Kurt; Simon, Winfried; Wawers, Ordulf (Alterseinkünftegesetz 2005), S. 29.

255 Vgl. ausführend BMF-Schreiben v. 17.11.2004, BStBl. 2004 I, Rz. 1–13, S. 1067–1069.

256 Unmittelbar Förderberechtigt sind demnach: Arbeitnehmer, die in der gesetzlichen Rentenversicherung pflichtversichert sind; Angestellte und Arbeitnehmer im öffentlichen Dienst; Beamte und Richter; Zeit- und Berufssoldaten; Pflichtversicherte Selbstständige in der gesetzlichen Rentenversicherung; Pflichtversicherte in der Alterssicherung der Landwirte; Versicherte während einer anzurechnenden Kindererziehungszeit;

Die Altersvorsorgezulage ist in § 83 ff. geregelt. Sie setzt sich zusammen aus einer Grundzulage und einer Kinderzulage. Die Kinderzulage wird grundsätzlich dem Kindergeldberechtigten ausgezahlt.[258] Die Zulagen nach §§ 84, 85 EStG sind:

im Jahr...	Grundzulage (in EUR)	Kinderzulage (in EUR)
2005	76	92
2006/2007	114	138
ab 2008	154	185

Tab. 2: Grundzulage und Kinderzulage der Riester-Rente[259]

Ergänzend zeigt *Anlage 8* die Summen der staatlichen Zulagen im Beispiel unter Berücksichtigung verschiedener Eintrittsalter.[260] Neben der Zulagenförderung nach § 79 ff. EStG ist ein Sonderausgabenabzug der geleisteten Beiträge, Grund- und Kinderzulagen steuerlich zu berücksichtigen.[261] Dabei ist der steuerlich begünstigte Betrag nach § 10 a Abs. 1 EStG in der Höhe begrenzt.[262] Ein Sonderausgabenabzug nach § 10 Abs. 1 EStG erfolgt jedoch nur, wenn die Steuerersparnis günstiger wie die Zulage nach § 79 ff. EStG.[263] „...ist die Steuerersparnis höher als die Zulagen, erhält der Versicherte die Differenz als Steuergutschrift."[264] Die Auszahlungen der Riester-Rente unterliegen der nachgelagerten Besteuerung.[265]

3.3.2.3 Kritische Analyse

Nach Meinung des Autors ist die Riester-Rente eine zu empfehlende Form der finanziellen Altersvorsorge. Die Zielgruppe ist daher im Kreis der Förderungsberechtigten zu sehen. Ein besonderer Vorteil ist vor allem durch die hohe Kinderzulage gegeben, aber auch besser

Wehr- und Zivildienstleistende; geringfügig Beschäftigte, die sich freiwillig versichern lassen u.a. Für einen nicht unmittelbar Förderberechtigte Ehepartner besteht ein Anspruch bei gemeinsamer Veranlagung, Abschluss von zwei Verträgen und der andere Ehepartner ist rentenversicherungspflichtig. Diese Möglichkeit nennt man „mittelbar Förderberechtigt." Vgl. ausführend Deutsche Bank (Fachstudium Zusatzversorgung 2005), S. 19; vgl. ebenso BMF-Schreiben v. 17.11.2004, BStBl. 2004 I, Rz. 10–13, S. 1068–1069.

257 Vgl. ausführend Deutsche Bank (Fachstudium Zusatzversorgung 2005), S. 18–19.

258 In besonderen Fällen kann dies auch das Kind persönlich sein. Vgl. ausführend BMF-Schreiben v. 17.11.2004, BStBl. 2004 I, Rz. 20–22, S. 1069

259 Vgl. § 84 EStG (Grundzulage) sowie § 85 EStG (Kinderzulage).

260 *Vgl. Anlage 8.*

261 Vgl. § 10 a Abs. 1 EStG.

262 Bspw. beträgt der Höchstbetrag im Jahr 2005 1.050 EUR, ab dem Jahr 2008 2.100 EUR. Vgl. § 10 a Abs. 1 EStG.

263 „In anderen Fällen scheidet der Sonderausgabenabzug aus." § 10 a Abs. 2 S. 2 EStG.

264 Deutsche Bank (Fachstudium Zusatzversorgung 2005), S. 34.

265 Dabei werden diese nach § 22 Nr. 5 EStG vollständig besteuert.

Verdienende haben durch den Sonderausgabenabzug eine Förderung in der Ansparphase.[266] Trotz der grundsätzlichen Befürwortung lassen sich bei der Riester-Rente Kritikpunkte erkennen, die an dieser Stelle dargestellt werden.

Für Sparer mit der Absicht, im Alter in das Ausland zu ziehen ist die Riester-Rente nicht geeignet. Durch die Bindung an die „unbeschränkte Steuerpflicht", die den Wohnsitz in der Bundesrepublik Deutschland voraussetzt,[267] ist es nicht möglich die in der Ansparphase geförderte Rente bei einem Wohnsitz im Ausland zu erhalten.[268] Ob diese Regelung dauerhaft Bestand hat ist zum gegenwärtigen Zeitpunkt noch unklar, denn die EU-Kommission hat festgestellt, dass diese Regelung in der jetzigen Form gegen den EG-Vertrag verstößt.[269]

Zu den hohen Steigerungsraten der Abschlüsse einer Riester-Rente im Jahr 2005 hat auch die Einführung der geschlechtsunabhängig berechneten Tarife – die sog. Unisex-Tarife – beigetragen. Gerade für Männer ergeben sich hier Nachteile, da die kürzere Lebensdauer im Vergleich zu Frauen keine Berücksichtigung in der Berechnung der Rentenhöhe führt.[270]

Kritisch zu sehen ist der Ausschluss von Selbstständigen von der Förderung nach § 79 ff. EStG. Gerade diese Personengruppe benötigt Alternativen zum Aufbau von Altersvorsorgevermögen.[271] Dies ist auch im Hinblick darauf zu sehen, dass die Förderungszahlungen durch Steuergelder beglichen werden, und diese daher auch durch die Gruppe der Selbstständigen finanziert sind.[272] Nach Meinung des Autors ist daher eine umfassende Erweiterung der Förderungsberechtigten notwendig. Wesentliche Verbesserungen in den letzten Jahren, wie z.B. die Einführung des Dauerzulagenantrags oder die mögliche Teilkapitalisierungsmöglichkeit[273], sind positiv zu erwähnen und weitere Gründe für die Empfehlung des Autors. Weitere Vorteile sind in der indirekten Erweiterung der förderberechtigten Personen durch die „mittelbar Bezugsberechtigten" zu sehen, sowie in dem Schutz vor „Hartz-IV".[274]

---

266 Für gut Verdienende ohne Kinder kann u.U. aus steuerlichen Gesichtspunkten die Basisrente günstiger sein. Die Vorteilhaftigkeit muss individuell ermittelt werden.

267 Ausnahmen sind möglich; vgl. §§ 1, 1 a EStG.

268 Hintergrund dafür ist, dass ein Sparer sich im Ausland der Besteuerung entziehen könnte, die Zahlungen in der Ansparphase aber steuerbegünstigt wurden. In diesem Fall muss der Sparer die erhaltenen Förderungen zurückbezahlen.

269 Vgl. ausführend und erläuternd Europäische Union (Verfahren gegen Deutschland 2006).

270 Vgl. Pfeiffer, Carla; Schiel, Tobias (Handlungsbedarf für Männer 2005), S. 6.

271 Selbstständige bezahlen i.d.R. keine Beiträge an die gesetzlichen Rentenversicherung.

272 Vgl. ausführend Datz, Nicole (Private Altersvorsorge 2003), S. 83.

273 Bei der möglichen Teilkapitalisierung ist kritisch zu erwähnen, dass dieser voll steuerpflichtig ist. Die Vorteilhaftigkeit einer Teilkapitalisierung hängt demnach von den individuellen Steuersätzen im Alter ab.

274 Das angesparte Kapital in einen Riester-Vertrag wird bei der Berechnung des Arbeitslosengeldes II nicht berücksichtigt. Vgl. ausführend Deutsche Bank (Fachstudium Zusatzversorgung 2005), S. 26.

3.3.3 Die betriebliche Altersvorsorge

3.3.3.1 Grundlagen

Für die betriebliche Altersvorsorge werden fünf Durchführungswege angeboten. Diese sind die Direktversicherung[275], die Pensionskasse[276], der Pensionsfonds[277], die Direktzusage[278] und die Unterstützungskasse[279]. Vor dem AltEinkG wurden die Durchführungswege danach unterschieden, ob die Beiträge in der Ansparzeit oder die Leistungen in der Auszahlungszeit zu versteuern waren. Seit dem Alterseinkünftegesetz 2004 wurde die steuerliche Behandlung durch die Anpassung an die nachgelagerte Besteuerung aller Durchführungswege vereinfacht. Beiträge zur betrieblichen Altersvorsorge können entweder durch den Arbeitgeber oder im Rahmen der Entgeltumwandlung geleistet werden.[280] Des Weiteren haben Arbeitnehmer seit dem 01. Januar 2002 einen gesetzlichen Anspruch zur Entgeltumwandlung ihres Bruttolohnes innerhalb bestimmter Grenzen.

3.3.3.2 Darstellung der fünf Durchführungswege

1. Die Direktversicherung gem. § 1 b Abs. 2 BetrAVG

Eine Direktversicherung ist nach § 1 b Abs. 2 BetrAVG eine Lebensversicherung, die auf das Leben des Arbeitnehmers vom Arbeitgeber abgeschlossen wird.[281] Direktversicherungen sind ab dem 01. Januar 2005 in die steuerliche Förderung des § 3 Nr. 63 EStG mit einbezogen. Beiträge sind demnach bis zu 4 v. H. der Beitragsbemessungsgrenze der Rentenversicherung steuerfrei.[282] Dies gilt für Beiträge die zusätzlich vom Arbeitgeber gezahlt werden als auch unter bestimmten Voraussetzungen[283] für Beiträge aus einer Entgeltumwandlung. Letztere sind zusätzlich bis zum Ende des Jahres 2008 von den Sozialabgaben befreit. Für arbeitgeberfinanzierte Beiträge sind auch darüber hinaus keine Sozialabgaben zu bezahlen, und die Beiträge können als Betriebsausgaben beim Arbeitgeber steuerlich geltend gemacht werden. Weitere 1.800 EUR können darüberhinaus pro Jahr steuerfrei nach § 3 Nr. 63 EStG einbezahlt

---

275 Gem. § 1 b Abs. 2 BetrAVG.

276 Gem. § 1 b Abs. 3 BetrAVG.

277 Gem. § 1 b Abs. 3 BetrAVG.

278 Gem. § 1 Abs. 1 S. 2 BetrAVG.

279 Gem. § 1 b Abs. 4 BetrAVG.

280 Für die Entgeltumwandlung besteht seit dem 01.01.2002 ein gesetzlicher Anspruch. Vgl. § 1 a Abs. 1 BetrAVG.

281 Bezugsberechtigter der Leistungen ist der Angestellte bzw. seine Hinterbliebenen.

282 Im Jahr 2005: 4 v. H. von 62.400 EUR (Beitragsbemessungsgrenze Rentenversicherung 2005) = 2.496 EUR max. Jahresbeitrag, was eine begünstigte monatliche Umwandlung von 208 EUR ermöglicht.

283 Die Voraussetzungen sind u.a. dass die Auszahlung der Alters- und Hinterbliebenenleistungen in Rentenform mit der Möglichkeit einer Teilkapitalisierung erfolgt. Vgl. § 1 Abs. 1 Nr. 4 AltZertG.

werden. Die Verwaltung übernimmt die jeweilige Versicherungsgesellschaft, was den Arbeitgeber entlastet. Da der Arbeitnehmer Bezugsberechtigt ist, zählt die Direktversicherung nicht zum Betriebsvermögen gem. § 4 b EStG. Des Weiteren fallen für den Arbeitgeber keine Kosten zur Insolvenzsicherung an den Pensionssicherungsverein[284] an. Kritisch bedeutet dies aber auch, dass im Falle der Insolvenz des Arbeitgebers die Beiträge durch den Arbeitnehmer bezahlt werden müssen.[285] Ebenso sind die Leistungen in der Auszahlungsphase voll zu versteuern. Die bereits genannten Eigenschaften einer Zusatzvorsorge wie z.B. eine mögliche Teilkapitalisierung bis 30 %, „Hartz IV"-Sicherheit, Anlage in verschiedene Anlageformen u.a. gelten auch für die Direktversicherung.[286] Beispielhaft zeigt *Anlage 9* eine Direktversicherung im Rahmen der Entgeltumwandlung.

2. Die Pensionskasse gem. § 1 b Abs. 3 BetrAVG

Eine Pensionskasse ist eine rechtsfähige Versorgungseinrichtung, i.d.R. in der Rechtsform eines Versicherungsvereins auf Gegenseitigkeit. Sie übernimmt im Auftrag des Arbeitgebers die Versorgung des Arbeitnehmers in der Leistungsphase. Die Einzahlungsvarianten, Beitragshöhen und steuerliche Grundlagen sind mit der Direktversicherung identisch. Es besteht hier ebenfalls kein Insolvenzschutz: „Die Pensionskassen unterliegen der Versicherungsaufsicht und damit den Anlagebeschränkungen, die für Versicherungen gelten. Eine Absicherung gegen Insolvenz über den Pensions-Sicherungs-Verein erfolgt daher nicht."[287]

3. Der Pensionsfonds gem. § 1 b Abs. 3 BetrAVG

Der Pensionsfonds ist wie die Pensionskasse eine rechtsfähige Versorgungseinrichtung. „Der oder die Arbeitgeber leisten die Beiträge, aus denen später Betriebsrenten finanziert werden."[288] Wesentlicher Unterschied zu der Pensionskasse ist, dass die Beiträge frei am Kapitalmarkt angelegt werden können, da es nur geringe Anlagebeschränkungen gibt. „Da dies neben Chancen auch Risiken birgt, sind die Betriebsrentenansprüche der Beschäftigten für den Fall der Insolvenz des Arbeitgebers über den Pensions-Sicherungs-Verein geschützt."[289]

---

284 Vgl. Bundesministerium für Arbeit und Soziales (Zusätzliche Altersvorsorge 2006), S. 14.

285 Bei entsprechendem angespartem Kapital ist auch eine vorübergehende Beitragsfreistellung möglich.

286 Vgl. zu diesem Absatz Hofmann, Kurt; Simon, Winfried; Wawers, Ordulf (Alterseinkünftegesetz 2005), S. 38–44 und S. 50–55.

287 Bundesministerium für Arbeit und Soziales (Zusätzliche Altersvorsorge 2006), S. 14.

288 Bundesministerium für Arbeit und Soziales (Zusätzliche Altersvorsorge 2006), S. 14.

289 Bundesministerium für Arbeit und Soziales (Zusätzliche Altersvorsorge 2006), S. 15; gesetzlich geregelt ist dies in § 7 BetrAVG. Des Weiteren gibt es auch keine Mindestverzinsung der einbezahlten Beiträge, wie sie bei der Pensionskasse und Direktversicherung vorhanden ist. Vgl. zu diesem Absatz Bundesministerium für Arbeit und Soziales (Zusätzliche Altersvorsorge 2006), S. 14.

4. Die Direktzusage gem. § 1 Abs. 1 S. 2 BetrAVG

Bei der Direktzusage „... bildet der Arbeitgeber Pensionsrückstellungen für die Arbeitnehmer und haftet dafür, dass die zugesagten Leistungen auch tatsächlich erfüllt werden."[290] Damit ist hier kein externes Unternehmen Träger der Versorgung, sondern der Arbeitgeber selbst. Nach § 7 BetrAVG muss die Zusage durch Beiträge an den Pensions-Sicherungs-Verein gegen Insolvenz abgesichert werden.

5. Die Unterstützungskasse gem. § 1 b Abs. 4 BetrAVG

Die Unterstützungskasse ist eine vom Arbeitgeber unabhängige und rechtsfähige Versorgungseinrichtung. Leistungen einer Unterstützungskasse gehören wie die Leistungen einer Direktzusage zu den Einkünften aus nichtselbständiger Tätigkeit aus einem früheren Dienstverhältnis gem. § 19 Abs. 1 Nr. 2 EStG. Damit unterliegen diese dem Lohnsteuerabzug. Ein Insolvenzschutz ist durch die vom Arbeitgeber zu leistenden Beiträge zum Pensions-Sicherungs-Verein gegeben. Dies ist von besonderer Bedeutung, da kein Rechtsanspruch gegen die Unterstützungskasse besteht, sondern nur gegen den Arbeitgeber.[291]

3.3.4 Zwischenfazit

Die Möglichkeiten der Zusatzvorsorge sind vielfältig. Auf der einen Seite besteht für bestimmte Arbeitnehmer die Möglichkeit, an den Förderungen der Riester-Rente teilzuhaben, auf der anderen Seite ergibt sich ein Rechtsanspruch zur Entgeltumwandlung für Arbeitnehmer seit dem 01. Januar 2002. Kritisch zu erwähnen bleibt, dass Selbstständige und Freiberufler von den Förderungen der Riester-Rente und der Entgeltumwandlung der BAV ausgeschlossen sind – obwohl gerade diese Gruppe eine zusätzliche Altersvorsorge benötigt.

Zukünftige Änderungen an den Produkten der zweiten Schicht sind bereits absehbar. Neben der Diskussion um die Riester-Rente durch einen Verstoß gegen den EG-Vertrag[292] wird bei der betrieblichen Altersvorsorge derzeit über die politische Durchsetzbarkeit einer zwangsweisen Entgeltumwandlung beraten.[293]

---

290 Kerschbaumer, Judith; Perreng, Martina (Handlungsempfehlungen 2003), S. 15.

291 Vgl.. Bundesministerium für Arbeit und Soziales (Zusätzliche Altersvorsorge 2006), S. 14; ebenso Kerschbaumer, Judith; Perreng, Martina (Handlungsempfehlungen 2003), S. 16.

292 Vgl. *Kapitel 3.3.2.3.*

293 Bspw. sei hier das sog. „Opting-Out-Modell" erwähnt, dass eine Abwandlung der zwangsweisen Entgeltumwandlung darstellt. Vgl. ausführend und ergänzend Leinert, Johannes (Automatik statt Zwang 2005). Die Forderung nach einer verpflichtenden Umwandlung beruht auch auf der Tatsache, dass die Verbreitung der betrieblichen Altersvorsorge mit nur 41 % der Arbeitnehmer in der Privatwirtschaft relativ gering ist. Vgl. Deutsches Institut für Altersvorsorge (Privatwirtschaft 2005).

3.4 Schicht 3 – privater Kapital- und Rentenaufbau

3.4.1 Grundlagen

Private Lebens- und Rentenversicherungen sind in Deutschland die beliebteste Form der finanziellen Altersvorsorge. Der Bestand an Lebens- und Rentenversicherungen beträgt über 96,6 Mio. Verträge,[294] mit einem Vermögen von über 650,7 Mrd. EUR.[295]

Wesentlich zur Verbreitung dieser dritten Säule in dem „alten" 3-Säulen-Modell hat das sog. „Steuerprivileg" geführt. Demnach waren Beiträge in der Ansparphase als Sonderausgaben steuermindernd absetzbar[296] und gleichzeitig die Kapitalauszahlungen unter bestimmten Voraussetzungen steuerfrei.[297] Mit dem Alterseinkünftegesetz 2004 und dem Transfer der dritten Säule des 3-Säulen-Modells in die dritte Schicht des 3-Schichten-Modells wurde das Steuerprivileg teilweise gestrichen.[298] Der Hintergrund dieser Entscheidung war, dass durch die vielfältigen Gestaltungsformen[299] einer solchen Versicherung „... der Charakter einer (frei verfügbaren) Kapitalanlage deutlich überwiegt ..."[300] und „... nach Auffassung der Kommission ... alle Kapitalanlageprodukte, die nicht ausschließlich der Altersvorsorge dienen, steuerrechtlich gleich behandelt ..."[301] werden sollen.

Die Streichung des „Steuerprivilegs" seitens der Bundesregierung und die damit verbundene Reduzierung der Voraussetzungen für einen solchen Vertrag haben allerdings auch dazu geführt, dass die Renten- und Lebensversicherungen der dritten Schicht am flexibelsten[302] verwendbar sind.[303] Je nach Anbieter, Tarif und Vertragsbedingungen sind flexible Zahlungen, d.h. Erhöhungen bzw. Reduzierungen der monatlichen Beiträge, der Einschluss von verschiedenen Zusatzversicherungen[304], Geldentnahmen und Sonderzahlungen möglich.[305]

294 Vgl. Gesamtverband der Deutschen Versicherungswirtschaft e.V. (Lebensversicherung in Zahlen 2006), S. 6.

295 Ohne Berücksichtigung von Einlagen bei Kreditinstituten sowie Werten von Pensionsfonds; vgl. ausführend Gesamtverband der Deutschen Versicherungswirtschaft e.V. (Lebensversicherung in Zahlen 2006), S. 6.

296 Vgl. § 10 Abs. 1 Nr. 2 EStG a.F.; die Abzugsfähigkeit wurde durch die Grenzen der „Höchstbetragsrechnung" bestimmt; vgl. *Anlage 7*.

297 Die Voraussetzungen waren eine Vertragsdauer von mindestens 12 Jahren, eine konstante Beitragszahlungsdauer von mindestens 5 Jahren sowie eine Todesfallleistung i.H.v. 60 % der Beitragssumme.

298 Die Ankündigung dieser Reform sorgte für einen Boom der Verkaufszahlen Ende des Jahres 2004. „Die letztmalige Möglichkeit, Verträge mit steuerfreier Kapitalzahlung abzuschließen, führte dazu, dass viele Kunden sich noch im Jahr 2004 zum Neuabschluss entschlossen haben." Gesamtverband der Deutschen Versicherungswirtschaft e.V. (Lebensversicherung in Zahlen 2006), S. 6.

299 Bspw. Policen-Darlehen, Sparverträge, Festgeld-Ersatz etc.

300 Rürup, Bert u.a. (Abschlussbericht 2003), S. 20.

301 Rürup, Bert u.a. (Abschlussbericht 2003), S. 20.

302 Im Vergleich mit den anderen Möglichkeiten der finanziellen Altersvorsorge.

303 Einen Überblick über die Möglichkeiten bieten die Vertragsbedingungen der Versicherungsgesellschaften.

304 Bspw. Berunfsunfähigkeitsversicherung oder Hinterbliebenenversicherung.

305 Die Wahl der Versicherungsgesellschaft bekommt dadurch eine große Bedeutung. „Die Höhe der späteren Rente hängt mehr vom Geschick der Versicherung als vom Steuervorteil ab." Henrich, Anke; Gerth, Martin

Die Zahlungen können entweder in eine konventionelle Versicherung oder in eine fondsgebundene Versicherung erfolgen.[306] Im Gegensatz zu Produkten der ersten Schicht sind Produkte der dritten Schicht beleihbar,[307] vererbbar und übertragbar.[308] Die Beiträge zu Schicht-3-Policen werden aus dem Nettoeinkommen gezahlt.[309]

3.4.2 Steuerliche Betrachtung

Bei der steuerlichen Betrachtung muss zwischen bestehenden Verträgen und neu abgeschlossenen Verträgen unterschieden werden.

Bestehender Vertrag mit Abschluss bis zum 31.12.2004:

Bestehende Versicherungen mit Abschluss vor dem 31.12.2004[310] und Zahlung von mindestens einem Beitrag im Jahr 2004[311] werden nach dem „alten“ Steuerrecht behandelt. Der Sonderausgabenabzug der Zahlungen in der Ansparphase gem. § 10 Abs. 1 Nr. 2 b) Doppelbuchstabe bb bis dd EStG a.F. bleibt erhalten.

Kapitalzahlungen[312] bleiben nach § 52 Abs. 36 EStG n.F. steuerfrei. Eine Rentenzahlung wird mit dem reduzierten Ertragsanteil besteuert.[313]

Neuvertrag mit Abschluss ab dem 01.01.2005

Aufwendungen für Neuverträge können nicht steuerlich geltend gemacht werden. Wie die Erträge steuerlich behandelt werden, ist von der Wahl der Auszahlungsform abhängig.[314] Erfolgt eine lebenslange Rentenzahlung, werden die Auszahlungen mit der günstigen Ertragsanteilsbesteuerung nach § 22 Nr.1 S. 3 a) Doppelbuchstabe bb EStG versteuert. Bei Wahl der Kapitalauszahlung ist der Ertrag, also die Differenz zwischen Auszahlungsbetrag und einge-

---

(Reich 2005), S. 111; die Ausgestaltung, Vor- und Nachteile einzelner Policen sind dabei beträchtlich, was nach Meinung des Autors als eine Daseinsberechtigung für freie Versicherungsmakler und unabhängige Finanzoptimierer, wie z.B. die AWD Holding AG zu sehen ist.

306 Ebenso sind Kombinationen daraus möglich.

307 Besondere Bedeutung haben dabei Kapitallebensversicherungen, die als zusätzliche Sicherheit für eine Immobilienfinanzierung angespart, und an das kreditgebende Institut abgetreten werden, gleichzeitig aber eine Todesfallabsicherung für die Darlehensnehmer bietet.

308 Durch die Übertragbarkeit ergibt sich ein erhebliches Gestaltungspotenzial im Rahmen sog. „Kinder-Rentenplänen“. Dabei wird die Versicherung bis zu dem 18. Lebensjahr auf den Namen der Eltern geführt, danach auf dem Namen des Kindes. Von Vorteil ist diese Variante durch Nutzung des Zinseszinseffektes über einen langen Zeitraum.

309 Vgl. ausführend Deutsche Bank (Fachstudium Private Vorsorge 2005), S. 9.

310 Vgl. § 10 Abs. 1 Nr. 3b EStG n.F.

311 Vgl. § 10 Abs. 1 Nr. 3b EStG n.F.

312 Z.B. Einmalauszahlung, vorzeitige Kündigung etc. unter der Beachtung der genannten Voraussetzungen.

313 Vgl. *Anlage 13.*

314 Vgl. § 20 Abs. 1 Nr. 6 EStG.

zahlten Versicherungsbeiträgen zu versteuern. Nach § 20 Abs. 1 Nr. 6 EStG gilt die in *Abb. 8* dargestellte Regel:

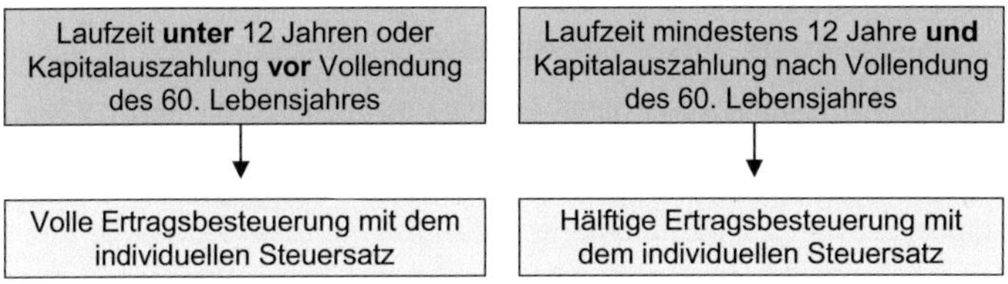

Abb. 8: Die Besteuerung der Kapitalauszahlung von Produkten der dritten Schicht[315]

3.4.3 Kritische Analyse

Besondere Bedeutung haben die unterschiedlichen Vertragsbedingungen der Versicherungsgesellschaften. Aus diesen Vertragsbedingungen ergeben sich verschiedene Varianten der Geldanlage, die auf eine individuelle Vorteilhaftigkeit geprüft werden müssen.

Im Gegensatz zu den Produkten der ersten Schicht sind Produkte der dritten Schicht des AltEinkG nicht „Hartz IV“ sicher. Daraus folgt, dass Personen, bei denen die Möglichkeit der Arbeitslosigkeit besteht, u.U. angespartes Vermögen verwenden müssen. Des Weiteren werden die erzielten Erträge durch die zumindest hälftige Versteuerung mit dem individuellen Steuersatz bei Kapitalauszahlungen erheblich geschmälert.[316] Von Vorteil ist daher, nach Meinung des Autors, die lebenslange Rentenzahlung durch die Ertragsanteilsbesteuerung.[317]

Besonders kapitalbildende Versicherungen stehen in der Kritik. Auf Grund der Inflation, die in Deutschland bei ca. 2 % liegt,[318] sind die Renditen zu beachten: „Eine Geldanlage müsste also mindestens zwei Prozent pro Jahr nach Steuern erwirtschaften, nur um den Vermögenswert konstant zu halten. Erst danach beginnen die Zuwächse.“[319] Zwar ist die Verzinsung durch den sog. „Garantiezins“, der aktuell bei 2,75 % liegt,[320] gesichert – es gilt jedoch: „ Interessant macht die Angebote jedoch erst der Teil der Auszahlung, der nicht garantiert

---

315 Darstellung modifiziert entnommen aus Deutsche Bank (Fachstudium Basisversorgung 2005), S. 17; vgl. ergänzend Tabelle in § 22 Nr. 1 S. 3 a) Doppelbuchstabe aa) S.3 EStG.

316 Vgl. *Kapitel 3.4.2.*

317 Vgl. ergänzend *Anlage 13* sowie das Beispiel in *Anlage 14.*

318 Vgl. Statistisches Bundesamt (Verbraucherpreisindex 2006); vgl. ausführend zu Inflationsraten und dem Verbraucherpreisindex Statistisches Bundesamt (Preise 2005).

319 Henrich, Anke; Gerth, Martin (Reich 2005), S. 109.

320 Der Garantiezins betrifft nicht den Anteil der Einzahlungen, der für Verwaltungsaufwendungen verwendet wird. Dadurch liegt der eigentliche garantierte Zins nur bei etwa 2 %. Vgl. ausführend Schüren, Markus (Kapital-Lebensversicherungen o.J.).

ist."[321] Dieser Teil der Gesamtverzinsung, der durch eine Beteiligung an den Überschüssen erzielt wird, ist wesentlich für die Rendite verantwortlich. „Er kann gekürzt werden, etwa wenn die Gewinne aller Kapitalanlagen geringer ausfallen als erwartet oder die Lebenserwartung der Versicherten steigt und die Gesellschaften ihnen daher länger als kalkuliert Rente zahlen müssen."[322] Je nach Altersstruktur der Versicherungsnehmer einer Versicherungsgesellschaft sind die Auswirkungen unterschiedlich.[323] Unter dem Gesichtspunkt der Rendite ist nach Meinung des Autors eine Anlage in Fondspolicen einer Anlage in konventionellen Versicherungen vorzuziehen.[324] Ergänzend haben Fondspolicen den Vorteil, dass der Anleger von dem sog. „Cost-Average-Effekt" in der Ansparphase profitiert.[325]

Versicherungspolicen der dritten Schicht sind häufig sog. „gezillmerte" Policen.[326] Dabei werden die Abschlusskosten sowie eine Rücklage für einen möglichen Todesfallschutz durch die Beiträge in den ersten Jahren gedeckt. Ein Rückkaufswert ist daher in den ersten Jahren nicht vorhanden, was zu einem Verlust des eingezahlten Kapitals bei einer möglichen Kündigung des Vertrages führt.[327]

3.4.4 Zielgruppenbestimmung

Für Produkte der dritten Schicht lässt sich nach Meinung des Autors keine eindeutige Zielgruppe festlegen. Vielmehr kann eine Versicherungspolice der dritten Schicht sowohl eine Ergänzung zu bestehenden geförderten Versicherungen als auch wesentlicher Bestandteil der Altersvorsorge sein. Da es – im Gegensatz zu den Höchstbeträgen der Basisrente, Riester-

321 Stiftung Warentest (Private Altersvorsorge 2004), S. 155.

322 Stiftung Warentest (Private Altersvorsorge 2004), S. 155; „Private Leibrentenversicherungen zeichnen sich dadurch aus, daß die laufenden Rentenzahlungen so kalkuliert sind, daß bei Erreichen der mittleren Lebenserwartung das vom Versicherten durch Leistung der Versicherungsbeiträge angesparte Kapital sowie dessen Verzinsung aus der Beitrags- und der Rentenbezugsphase an den Versicherten vollständig ausgezahlt wurden." Treisch, Corinna (Leibrentenversicherung 1997), S. 708.

323 Bspw. durch die Einführung von neuen Sterbetafeln und, damit verbunden, eine längere statistische Lebenserwartung der Versicherungsnehmer, die zukünftig in den Berechnungen der Lebensversicherungen eine Rolle spielt. Stiftung Warentest nennt die Folgen: „...Ausgezahlte konstante Renten schrumpfen, weil sie statistisch länger laufen als bei Vertragsbeginn angenommen. Bei dynamischer Auszahlungsform flacht der Anstieg ab. Für neue Verträge werden die Beiträge steigen." Stiftung Warentest (Private Altersvorsorge 2004), S. 155–156.

324 Einer Studie des *Gewos Instituts* zufolge liegt die langfristige Rendite bei Aktien mit 8,31 %, im Vergleich zu anderen Anlageformen, langfristig am höchsten. Vgl. Gewos Institut für Stadt-, Regional- und Wohnungsforschung GmbH (Eigenheim als Anlage 2005), S. 11–12.

325 Dies bedeutet, dass durch regelmäßiges Sparen der Anleger bei hohen Kursen wenig Anteile, bei niedrigen Kursen dafür viele Anteile eines Investmentfonds bei gleicher eingesetzter Summe erhält.

326 Der Begriff „Zillmerung" geht auf den Erfinder der Formel, den Mathematiker August Zillmer zurück.

327 Kündigungen vor Ablauf der vereinbarten Laufzeit sind häufig mit sich verändernden Lebensumstände, wie z.B. Verlust des Arbeitsplatzes oder eine Ehescheidung verbunden. Die Stornoquote von Versicherungspolicen ist im Jahr 2004 auf 5,5 % gestiegen. Vgl. Gesamtverband der Deutschen Versicherungswirtschaft e.V. (Jahrbuch 2005), S. 79.

Rente und betrieblichen Altersvorsorge – keine summenmäßigen Begrenzungen gibt, ist durch die dritte Schicht die Möglichkeit gegeben, höhere Beiträge zu investieren.

3.4.5 Zwischenfazit

Versicherungspolicen der dritten Schicht sind vor allem bei Wahl der lebenslangen Rentenzahlungen vorteilhaft.[328] Nach dem Entfallen des Steuerprivilegs ist die sonstige, über die Rentenzahlung hinausgehende Verwendung als Kapitalanlageprodukt auf Grund der Versteuerung der Erträge nicht zu empfehlen.

Produkte der dritten Schicht sind ein wichtiger Bestandteil der finanziellen Altersvorsorge, i.d.R. sind aber die staatlich geförderten Verträge der zweiten Schicht den nicht geförderten Produkten der dritten Schicht vorzuziehen. Da diese für die Erhaltung des Lebensstandards im Alter häufig nicht ausreichen, ist eine Anlage in Produkte der dritten Schicht *darüber hinaus* eine notwendige Ergänzung.

3.5 Schlussbetrachtung und Fazit

Die Möglichkeiten der privaten finanziellen Altersvorsorge sind vielfältig: Wurde in der Zeit vor dem Alterseinkünftegesetz 2004 private Altersvorsorge noch mit der dritten Säule gleichgesetzt, so hat sich danach dieses Bild vollständig gewandelt. Verschiedene Möglichkeiten der *Schichten 1-3* können individuell vorteilhaft sein. Hinsichtlich der steuerlichen Unterschiede, ergänzend beispielhaft dargestellt in *Anlage 10*, ist eine individuelle Planung notwendig. Wichtig für den Anleger ist eine umfassende und objektive Beratung, am besten durch unabhängige Beratungsstellen.[329]

Nach Meinung des Autors wäre es falsch, alle zur Verfügung stehenden finanziellen Mittel in Produkte einer Schicht zu investieren. Anke Henrich und Martin Gerth verdeutlichen dies: „... Erstens kann eine Säule allein den Ruhestand nicht schultern, zweitens ist es schon deshalb klüger, den Vorsorgeetat auf mehrere Produkte zu verteilen, weil sich so mehr Steuerfreigrenzen ausschöpfen lassen."[330]

---

[328] Vgl. *Kapitel 3.4.2.*

[329] „Vermittler sind oft selbst mit der Materie überfordert. Daher erscheint es sinnvoll, die neutrale Beratung auszubauen und dabei für einen hohen qualitativen Standard zu sorgen." Reifner, Udo; Tiffe, Achim (Neue Impulse 2005), S. 21.

[330] Henrich, Anke; Gerth, Martin (Reich 2005), S. 103.

Problematisch ist die Transparenz der Kosten bei den dargestellten finanziellen Altersvorsorgemöglichkeiten.[331] Die Forderung „Zivilrechtliche Verankerung einer einheitlichen Preisangabe“[332] von Udo Reifner u.a. wird vom Autor unterstützt. Dies würde dazu beitragen, die Produkte verschiedener Gesellschaften transparent zu machen und zusätzlich eine Vergleichsmöglichkeit zu erhalten.[333]

Der Nutzen von staatlicher Förderung liegt im Handeln der Menschen begründet. Eine der zehn Volkswirtschaftlichen Regeln besagt, dass Menschen auf Anreize reagieren.[334] Eine staatliche geförderte finanzielle Altersvorsorge schafft daher einen Anreiz, für die private Altersvorsorge vorzusorgen.[335] Diese „Hilfe zur Selbsthilfe“ ist im Sinne der Politik, die angesichts leerer Kassen[336] und, zumindest diskutierbaren Finanzierungsformen gesetzlicher Sozialsysteme,[337] Entlastungen der Staatskasse benötigt. Damit ein staatlich gefördertes bzw. bezuschusstes Produkt am Markt erfolgreich sein kann, ist Vertrauen in die Politik und den Staat nötig. Auf Grund der in immer kürzeren Abständen erfolgenden Rentenkürzungen[338] ist Vertrauen der Bevölkerung in die gesetzlichen Förderungswege nicht vorhanden – vielmehr wird versucht, Alternativen zur Absicherung des Alters zu finden.[339]

Eine der weiteren Möglichkeiten, Geld für das Alter zu sparen ist der Kauf einer Immobilie, welche nach Meinung der Bevölkerung eine „gute Altersvorsorge“ mit einer „höheren Lebensqualität“ verbindet.[340] Vertrauen in den Staat ist hier nur von geringer Bedeutung, denn es werden Werte geschaffen, die auch vererbt werden können.[341] Das folgende Kapitel analysiert die Immobilie als Möglichkeit zur Altersversorgung.

---

331 Diese ist, auch unter Beachtung der gesetzlichen Regelungen gem. § 7 AltZertG, nicht ausreichend gegeben.

332 Reifner, Udo; Tiffe, Achim (Neue Impulse 2005), S. 18.

333 Ebenso wäre hierdurch ein zusätzlicher Schutz vor falschen Beratungen durch Versicherungsvermittler gegeben In diesem Zusammenhang sei auf die „EU-Vermittlerrichtlinie“ hingewiesen. Diese soll dem Verbraucherschutz dienen und u.a. die Beratungsverpflichtung der Versicherungsvermittler sicherstellen. Die geplante Umsetzung der Richtlinie zum 15. Januar 2005 ist allerdings nicht erfolgt. Vgl. Amtsblatt der Europäischen Gemeinschaften (Richtlinie 2003); vgl. ergänzend Warth, Wolfgang; Beenken, Matthias; Graffe, Jürgen (Vermittlerrichtlinie 2006), S. 313.

334 Vgl. ausführend Mankiw, Gregory (Volkswirtschaftslehre 2001), S. 7–9.

335 Kritisch dazu Bert Rürup: „Wichtig ist schließlich, dass das Ausnutzen von staatlichen Fördermaßnahmen offensichtlich kein primärer Grund zur Ersparnisbildung ist.“ Rürup, Bert; Viermetz, Kurt (Altersvorsorge in Deutschland und USA 2002), S. 17.

336 Bspw. beträgt der Schuldenstand der öffentlichen Haushalte im Jahr 2004 insgesamt 1.394.954 Mill. EUR. Vgl. Statistisches Bundesamt (Jahrbuch 2005), S. 23.

337 Vgl. *Kapitel 2.3.*

338 Vgl. *Kapitel 2.1.*

339 Vgl. ergänzend Reifner, Udo; Tiffe, Achim (Neue Impulse 2005), S. 12–15.

340 In einer von LBS Research in Auftrag gegebenen Umfrage gaben 90 % der Befragten an, die Immobilie ist eine gute Altersvorsorge und 88 % der Befragten erhoffen sich durch Immobilienbesitz eine höhere Lebensqualität. Vgl. Haase, Rüdiger; Kappel, Ivonn (Markt für Wohnimmobilien 2006), S. 45.

341 In einer Umfrage von LBS Research ist dies für 92 % der Befragten ein Argument für Wohneigentum. Vgl. Haase, Rüdiger; Kappel, Ivonn (Markt für Wohnimmobilien 2006), S. 45.

4 Finanzielle Altersvorsorge durch Immobilien

4.1 Begriffsdefinition von Grundstück und Immobilien

Immobilien und Grundstücke werden zivilrechtlich im Bürgerlichen Gesetzbuch definiert. Nach dem Bürgerlichen Gesetzbuch ist ein Grundstück bzw. ein grundstückgleiches Recht ein bestimmter, abgegrenzter „Raum“[342] der Erdoberfläche.[343] Eine Immobilie besteht aus dem Grundstück und den dazugehörenden wesentlichen Bestandteilen. Wesentliche Bestandteile eines Grundstücks sind gem. § 94 Abs. 1 BGB „... die mit dem Grund und Boden fest verbundenen Sachen ...“[344] – im Speziellen Gebäude.[345] „Im Zivilrecht ist unter Grundstück folglich der Grund und Boden und das darauf stehende Gebäude als eine Einheit zu verstehen ...“[346]

Für eine steuerrechtliche Bewertung sind Immobilien dagegen aufzuteilen in abnutzbare Wirtschaftsgüter des Anlagevermögens – das Gebäude[347] – und nicht abnutzbare Wirtschaftsgüter – das Grundstück.[348] Für den weiteren Gang der Untersuchung wird von dem zivilrechtlichen Einheitsbegriff von Grundstücken und Immobilien ausgegangen.

4.2 Die Immobilie im System der Altersvorsorge

4.2.1 Wohnungseigentum als Form der Altersvorsorge in Deutschland und in den USA

Die Wohneigentumsquote in Deutschland ist eine der niedrigsten in Europa.[349] Im Jahr 2004 lebten nur 43 % aller Haushalte der Bundesrepublik Deutschland im Wohnungseigentum.[350] Gründe dafür sind vor allem die Eigenkapitalvoraussetzungen für die Finanzierung einer Immobilie[351] sowie ein umfassender Schutz für Mieter bei vermieteten Wohnungen.[352] Gemessen an der Höhe der monatlichen Sparraten stellt die Immobilie für viele Haushalte in

---

342 § 905 Abs. 1 BGB.
343 Vgl. § 905 Abs. 1 BGB.
344 § 94 Abs. 1 BGB.
345 Vgl. § 94 Abs. 1 BGB.
346 Maier, Friedbert (Immobilie als Baustein 2000), S. 47.
347 Vgl. § 6 Abs. 1 Nr. 1 EStG. Die für Gebäude als abnutzbare Wirtschaftsgüter relevanten regulären Abschreibungssätze sind in § 7 Abs. 4 und 5 EStG geregelt.
348 Vgl. § 6 Abs. 1 Nr. 2 EStG.
349 Vgl. o.V. (Wohneigentumsquoten in Europa 2004).
350 Vgl. o.V. (Wohneigentumsquoten in Europa 2004).
351 *Vgl. Kapitel 4.3.2.*
352 Vgl. u.a. § 536 BGB Mietminderung bei Sach- und Rechtsmängeln; Nach Dominik Verhülsdonk gilt bei vermieteten Immobilien für den Wohnungseigentümer: „Neben der für sämtliche Wohnimmobilien mangelnden Diversifikation stellen besonders die Wirkungen von Steueränderungen sowie der Mietgesetzgebung ein großes Risiko dar.“ Verhülsdonk, Dominik (Wohnimmobilien 2004), S. 129.

Deutschland die wichtigste Form der Altersvorsorge dar.[353] Gerade für Familien scheint – nach der Einkommens- und Verbrauchsstichprobe (EVS) 2003 – die Immobilie zum festen Bestandteil des Vermögensaufbaus zu gehören.[354] „... Unabhängigkeit im Alter, Vermögensbildung und selbstbestimmtes Wohnen ... sind für Familien noch wichtiger als für Singles oder kinderlose Paare."[355] Diese Aussage findet sich auch in der Wohneigentumsquote bestätigt.[356]

In den USA ist die Immobilie ein fester Bestandteil der Altersvorsorge. Im Jahr 2005 haben in den USA bereits 40,9 % der 25-29 - Jährigen im Eigentum gewohnt.[357] 84,2 % der Familienhaushalte in den USA besitzen eine Immobilie – damit wird die durchschnittliche Wohneigentumsquote der Familien in Deutschland erheblich übertroffen.[358] Die Gründe für die Verbreitung von Wohneigentum liegen vor allem in den geringeren Eigenkapitalvoraussetzungen zur Finanzierung einer Immobilie.[359]

4.2.2 Eingliederung der Immobilie in das System der Altersvorsorge

Die Immobilie als zusätzliche Möglichkeit der finanzielle Altersvorsorge ist eine Erweiterung des bisher bekannten Systems der drei Schichten.[360] „Die Eignung von Wohneigentum als Altersvorsorge auch im monetären Sinne lässt sich auf einen einfachen Sachverhalt zurückzuführen: Mit dem Erwerb und Halten von Wohneigentum wird Vermögen angesammelt."[361] Nach Bert Rürup gehört selbstgenutztes Wohneigentum zur dritten Schicht des 3-Schichten-Modells.[362] Dies beruht darauf, dass Immobilienvermögen vorgelagert besteuert wurde, d.h., das die Zahlungen zum Erwerb der Immobilie aus bereits besteuertem Vermögen getätigt werden. Eine solche Zahlung ist mit den Beiträgen in einen privaten Vorsorgevertrag ver-

---

353 Die monatliche Sparrate setzt sich dabei aus dem Zins- und Tilgungsanteil zusammen. Vgl. Braun, Reiner; Pfeiffer, Ulrich (Familien 2004).

354 Die durchschnittlichen Sparraten zur Schaffung von Sachvermögen liegen bei den untersuchten Familien der EVS 2003 mit 418 Euro bis 472 Euro (abhängig von der Kinderzahl; es wurden dabei Familien mit ein, zwei und drei Kindern untersucht) weit über dem Durchschnitt von 199 Euro aller untersuchten Haushalte. Vgl. Statistisches Bundesamt (EVS 2005), S. 41 und S. 50–52.

355 Braun, Reiner; Pfeiffer, Ulrich (Familien 2004).

356 Die Wohneigentumsquote bei Paaren liegt im Durchschnitt höher bei 46,6 % (Paar mit 1 Kind unter 18 Jahren) bis 64,4 % (Paar mit 2 Kindern), als die durchschnittliche Wohneigentumsquote aller betrachteten Haushalte. Behrends, Sylvia u.a. (Wohnsituation privater Haushalte 2003), S. 36.

357 Vgl. o.V. (Statistics 2006).

358 Vgl. o.V. (Statistics 2006).

359 In den USA ist es möglich, nicht nur eine Finanzierung über den Kaufpreis des Wohneigentums zu erhalten, sondern auch über die Summe der Nebenkosten. Dies ist in Deutschland i.d.R. nicht möglich. Vgl. ausführend Haimann, Richard (Eigenheim ohne Eigenkapital 2005).

360 Vgl. *Kapitel 3.1.2.*

361 Schäfer, Rainer (Altersvorsorge durch Wohneigentum 2004), S. 79.

362 Vgl. Rürup, Bert u.a. (Abschlussbericht 2003), S. 19.

gleichbar,[363] zumal das Wohneigentum „... jederzeit liquidierbar ...“[364] und „... jenseits des Einkommenssurrogats der ersparten Miete keine Einkunftsquelle für das Alter ...“[365] ist. Friedbert Maier beschreibt die Bedeutung von Immobilien im System der Altersvorsorge als „... einen wichtigen, wenn nicht sogar essentiellen Bestandteil der privaten Altersversorgung ..., wenn das bei ihr vorhandene Gestaltungspotential zielgerichtet genutzt wird ...“[366]. Gestaltungsmöglichkeiten ergeben sich durch die verschiedenen Nutzungsmöglichkeiten der Immobilie in der Rentenphase. Nach Rainer Schäfer gibt es drei grundsätzliche Verwertungsmöglichkeiten einer Immobilie unter dem Aspekt der Altersvorsorge, welche im Rahmen dieser Untersuchung in den folgenden Kapiteln kritisch analysiert werden:[367]

- Die Eigennutzung der Immobilie bis zum Lebensende
- Den Verkauf der Immobilie[368]
- Das Modell des *Reverse Mortgage* bzw. der *Leibrente*[369]

4.3 Vor- und Nachteile einer Immobilie als Altersvorsorge

4.3.1 Vorteile

Bei der Nutzung der Immobilie bis zum Lebensende profitiert der Eigentümer von der Ersparnis der Mietzahlungen.[370] Die entschuldete Immobilie ist die einzige Form der Altersvorsorge, bei der „... mehr Geld durch weniger Ausgaben im Alter übrig ...“[371] ist. Da die durchschnittliche Miete der Rentnerhaushalte 570 Euro beträgt[372] bei einem durchschnittlichen Einkommen der Rentnerhaushalte von 2.030 Euro[373] – ergibt sich eine Ersparnis i.H.v.

---

363 Vgl. zur Besteuerung der dritten Schicht Rürup, Bert u.a. (Abschlussbericht 2003), S. 4; ebenso *Kapitel 3.4.2.*

364 Rürup, Bert u.a. (Abschlussbericht 2003), S. 19.

365 Rürup, Bert u.a. (Abschlussbericht 2003), S. 19.

366 Maier, Friedbert (Immobilie als Baustein 2000), S. 42.

367 Vgl. zu diesem Absatz Schäfer, Rainer (Altersvorsorge durch Wohneigentum 2004), S. 81–82.

368 Dabei stehen insbesondere die Optionen „Verkauf und Geldanlage“ und „Verkauf und Neukauf einer Wohnung in einem Wohnstift (bspw.) bzw. einer kleineren Wohnung“ als Optionen zur Verfügung. Vgl. Schäfer, Rainer (Altersvorsorge durch Wohneigentum 2004), S. 81-82; diese drei wesentlichen Nutzungsmöglichkeiten werden in der Literatur häufig – einzeln bzw. zusammen – in Verbindung mit Altersvorsorge durch Immobilien dargestellt. Als Bsp. u.a. von Siepe, Werner (Geld durch Immobilien 1998), S. 116–128.

369 Vgl. *Kapitel 5-7.*

370 Vgl. Klemmer, Paul (Wohneigentum zur Altersvorsorge 2004), S. 1–2.

371 Siepe, Werner (Geld durch Immobilien 1998), S. 8; die, von der Aussage gleiche, Meinungsäußerung wird von Karl-Helmut Zermin getroffen: „Wohneigentümer haben gegenüber Mietern den entscheidenden Vorteil, dass das mietfreie Wohnen in einer abbezahlten Immobilie eine erhebliche finanzielle Entlastung darstellt.“ Zermin, Karl-Helmut (Handbuch Altersvorsorge 2002), S. 249. Kritisch äußert sich dagegen Martin Gerdes, der auf die – nach seiner Meinung – vielen Nachteile einer Immobilie aufmerksam macht. Vgl. Gerdes, Martin (Wohneigentum schlechte Anlage 1998).

372 Im Jahr 2003; vgl. Zehnder, Andreas (Immobilie vierte Säule 2005), S. 23.

373 Im Jahr 2003; vgl. Zehnder, Andreas (Immobilie vierte Säule 2005), S. 23.

ca. 28,1 %. Zu beachten ist, dass sich durch Wohneigentum auch die Kosten für die Instandhaltung und Reparatur erhöhen. Dadurch das der Eigentümer „... je nach Liquiditätslage ... in eigener Verantwortung über die Instandhaltungs- und Modernisierungsinvestitionen entscheiden kann ...“[374] hat er den Vorteil, dass er „... im Vergleich zum Mieter über eine größere Flexibilität hinsichtlich seiner Ausgaben im Rentenalter ...“[375] verfügt.[376] Nach Andreas Zehnder gilt daher: „Das mietfreie Wohnen im Alter wird zur zweiten Rente.“[377]

Die möglichen Wertsteigerungen sind ein weiterer Grund, im Eigenheim zu leben. Nach einer Studie im Auftrag des Verbandes der Privaten Bausparkassen e.V.[378] ist das „... Eigenheim auch als Wertanlage vorne dabei ...“[379]. Das Ergebnis dieser Studie war – über einen Betrachtungszeitraum der Jahre 1970 bis 2004 –, dass bei Einfamilienhäusern eine Rendite von durchschnittlich 7,38 % erzielt wurde, was nach der Rendite von Aktien (mit 8,31 % Rendite p.a.) die höchste Rendite bedeutet.[380] Die anderen in diesem Vergleich betrachteten Anlageformen – festverzinsliche Wertpapiere (7,36 % Rendite p.a.), Gold (4,68 % Rendite p.a.) und das Sparbuch (4,31 % Rendite p.a.) – erzielten geringere jährliche Renditen.[381] Diese Studie ist allerdings kritisch zu betrachten. Da sie vom Verband der Privaten Bausparkassen e.V. in Auftrag gegeben wurde,[382] der daran interessiert ist, hohe Renditen als „Bauanreiz“ darzustellen,[383] ist von einem Interessenskonflikt auszugehen. Ein wesentlicher, unbestreitbarer Vorteil von Immobilien ist dagegen, dass sie eine Anlage mit nur geringer Volatilität darstellen.[384] Die erzielbare Rendite ist stark abhängig von der Lage der Immobilie, „... denn dies ist

---

374 Eekhoff, Johann; Jankowski, Markus (Immobilie als Altersvorsorge 2001), S. 340.

375 Eekhoff, Johann; Jankowski, Markus (Immobilie als Altersvorsorge 2001), S. 340.

376 Der Wert der höheren Instandhaltungskosten - im Durchschnitt 117 Euro monatlich als Eigentümer im Vergleich zu 11 Euro monatlich als Mieter – relativiert die Ersparnis durch ein Eigenheim nur im geringem Ausmaß. Vgl. zu diesem Absatz Zehnder, Andreas (Immobilie vierte Säule 2005), S. 23-24.

377 Zehnder, Andreas (Immobilie vierte Säule 2005), S. 23; vgl. ausführlich und erweiternd zu diesem Absatz Siepe, Werner (Geld durch Immobilien 1998), S. 54-62.

378 Vgl. Gewos Institut für Stadt-, Regional- und Wohnungsforschung GmbH (Eigenheim als Anlage 2005).

379 O.V. (Eigenheim als Wertanlage 2005), S. 1.

380 Gewos Institut für Stadt-, Regional- und Wohnungsforschung GmbH (Eigenheim als Anlage 2005), S. 11–12.

381 Vgl. zu diesem Absatz o.V. (Eigenheim als Wertanlage 2005), S. 1; vgl. auch Gewos Institut für Stadt-, Regional- und Wohnungsforschung GmbH (Eigenheim als Anlage 2005), S. 23.

382 Vgl. o.V. (Eigenheim als Wertanlage 2005), S. 1.

383 Das Baufinanzierungsgeschäft ist die wesentliche Geschäftstätigkeit der Bausparkasse. „Bausparkassen sind Kreditinstitute, deren Geschäftsbetrieb darauf gerichtet ist, Einlagen von Bausparern (Bauspareinlagen) entgegenzunehmen und aus den angesammelten Beträgen den Bausparern für wohnungswirtschaftliche Maßnahmen Gelddarlehen (Bauspardarlehen) zu gewähren (Bauspargeschäft).“ § 1 BauSparkG.

384 Dabei zeigt sich auch eine geringe Inflationsanfälligkeit. „Beim Eigenheim ist sowohl die geringste Schwankungsbreite zu erkennen als auch zu keinem Zeitpunkt eine negative Rendite.“ O.V. (Eigenheim als Wertanlage 2005), S. 2; vgl. auch Gewos Institut für Stadt-, Regional- und Wohnungsforschung GmbH (Eigenheim als Anlage 2005), S. 24–26.

unveränderbar und bestimmt maßgeblich zukünftige Wertsteigerungen ...“[385] Einer langfristigen Investition in ein Eigenheim unter Renditeaspekten stehen daher „... schwer vorhersehbare Risiken ...“[386] wie „... Bevölkerungsentwicklung, Raumentwicklung und Stadtplanung ...“[387] entgegen.

Im Gegensatz zu der geringen Fungibilität einer Immobilie lässt sich eine entschuldete Immobilie als Sachwert beleihen, d.h., es kann ein, durch die Immobilie abgesicherter, Kredit aufgenommen werden.[388] Durch einen möglichen Teilverkauf der Immobilie – z.B. der Veräußerung einer Einliegerwohnung oder einer Vermietung derselben sind weitere Möglichkeiten vorhanden, liquides Geldvermögen durch das vorhandene Sachvermögen zu generieren. Dies ist in letzter Konsequenz auch durch den vollständigen Verkauf der Immobilie und die Anlage des Geldvermögens möglich.[389]

Weitere Vorteile sind vor allem im emotionalen Bereich zu sehen. Die Immobilie ist vererbbar und der Nutzen von Eigentum ist lange vor dem Rentenalter vorhanden:[390] „Mit der Immobilie wird den Nachkommen aber nicht nur ein Vermögenswert vererbt, sondern auch ein Wert, der mit persönlichen Bindungen und emotionalen Bezügen verbunden ist.“[391]

4.3.2 Nachteile

Die Probleme einer Altersvorsorge durch eine Immobilie können bereits bei dem Aufbau von Immobilienvermögen beginnen. Durch den Wegfall der Förderung von Wohneigentum durch die Eigenheimzulage zum 01.01.2006[392] ist es für viele Haushalte schwieriger geworden, eine Immobilie zu erwerben.[393] Staatliche Förderungen sind nur noch für bestimmte Anlageformen

---

385 Menzel-Salpietro, Kathrin (Haufe Kompass Immobilien 2006), S. 13. Als besondere Anforderungen an einen Standort mit Wertsteigerungspotenzial werden dabei Einkaufsmöglichkeiten, soziales Niveau in der Umgebung, Freizeitmöglichkeiten und Schulen genannt. Vgl. Menzel-Salpietro, Kathrin (Haufe Kompass Immobilien 2006), S. 14

386 Eekhoff, Johann; Jankowski, Markus (Immobilie als Altersvorsorge 2001), S. 340.

387 Eekhoff, Johann; Jankowski, Markus (Immobilie als Altersvorsorge 2001), S. 340.

388 Vgl. zu diesem Absatz Menzel-Salpietro, Kathrin (Haufe Kompass Immobilien 2006), S. 13.

389 Vgl. zu diesem Absatz Schäfer, Rainer (Altersvorsorge durch Wohneigentum 2004), S. 84; die zukünftig bezogene Altersrente muss dabei um die neu anfallenden Mietkosten gekürzt werden, um den effektiven Vorteil zu berechnen. Anbieter solcher „Sofortrenten“ sind Banken und Versicherungen, die – je nach Eintrittsalter - unterschiedlich hohe lebenslange Renten an die versicherte Person bezahlen. „Hier ist häufig eine Rentengarantie über mehrere Jahre integriert, die den Angehörigen im Fall des frühzeitigen Ablebens des Begünstigen zumindest einen teilweisen Gegenwert für die hohe Einmalzahlung sichert.“ Schäfer, Rainer (Altersvorsorge durch Wohneigentum 2004), S. 84.

390 Vgl. dazu Eekhoff, Johann; Jankowski, Markus (Immobilie als Altersvorsorge 2001), S. 340.

391 Eekhoff, Johann; Jankowski, Markus (Immobilie als Altersvorsorge 2001), S. 340.

392 Dies wurde durch das Gesetz zur Abschaffung der Eigenheimzulage beschlossen. Vgl. ausführend Gesetz zur Abschaffung der Eigenheimzulage.

393 Dies ist im Besonderen vor dem Hintergrund zu sehen, dass eigenkapitalschwache Haushalte zur Finanzierung sog. „Eigenheimvorausdarlehen“ aufnehmen durften, um Eigenkapital für die Anschaffungsnebenkos-

möglich.[394] „Wegen der vorgesehenen Begrenzung auf wenige Formen der Geldanlage wird die private Altersvorsorge durch Bildung von Realkapital etwa durch ... Immobilienerwerb insbesondere für die Haushalte erschwert, die neben der geförderten Altersvorsorge keine weiteren Ersparnisse bilden können."[395] Fehlendes Eigenkapital ist demnach eine Einstiegshürde. Werner Siepe beziffert nach der „Goldenen Regel"[396] den Eigenkapitalbedarf an einer Immobilieninvestitition mit mindestens 40 %, nach der „Bronzenen Regel"[397] mit mindestens 20 %. Letzterer Prozentsatz ist erforderlich, um die mit einer Investition in Immobilien verbundenen Nebenkosten abzudecken.[398] Auf Grund dieser Tatsache wird in der Literatur, zumindest für bestimmte Personengruppen, „... Wohneigentumsförderung als Beitrag zur Generationenvorsorge ..."[399] gefordert.[400]

Durch den hohen Fremdmittelbedarf und der Kreditaufnahme ergeben sich Risiken, die eine Rückzahlung der Darlehen und damit den Aufbau eines entschuldeten Eigenheimes gefährden. Besonders Risiken wie Krankheit, Beruf[401] und Familie[402] gefährden die Tilgung der gewährten Baudarlehen.[403] „Hingegen sind ein zu geringer Eigenkapitalanteil und eine Unterschätzung der effektiven monatlichen Belastung weniger relevant geworden, was ... auf ein strikteres Vorgehen der Finanzierungsinstitute ... zurückzuführen ist."[404] Hohe Instandhaltungskosten können die Entschuldung der Immobilie bis zum Renteneintritt gefährden.[405]

---

ten einer Immobilieninvestition zur Verfügung zu haben. Der Förderungsbetrag durch die Eigenheimzulage wurde dabei im Vorfeld in einer Summe – abzüglich Gebühren – ausgezahlt und – durch die jährlich vom Staat zufließende Eigenheimzulage – wieder getilgt. Kritisch äußert sich Jörg Schoder zur Förderung von Immobilienvermögen, der eine Wohneigentumsförderung unter dem Gesichtspunkt der Wohnungsversorgungsquote beschreibt als „... nicht mehr legitimierbar ..." Schoder, Jörg (Wohnimmobilien und Altersvorsorge 2005).

394 Vgl. ausführend *Kapitel 3.*

395 Eekhoff, Johann; Jankowski, Markus (Immobilie als Altersvorsorge 2001), S. 340.

396 Siepe, Werner (Geld durch Immobilien 1998), S. 82.

397 Siepe, Werner (Geld durch Immobilien 1998), S. 83.

398 Die Baunebenkosten können einen beachtlichen Bestandteil der Gesamtinvestition ausmachen. Wesentliche Positionen sind dabei bspw. Maklerkosten (zwischen 3 % und 6 % zzgl. Mehrwertsteuer), Notargebühren (ca. 1,5–2 % des Kaufpreises), Grunderwerbsteuer (3,5 % des Kaufpreises), Erschließungskosten, Außenanlagen usw. Vgl. Buschmann, Kathrin u.a. (Baufinanzierung 2004), S. 30–35. Dieser Sachverhalt wird bestätigt von Werner Wallau: „... Das übliche Eigenkapital in Höhe von 20 % ..." Wallau, Werner (Immobilien auf Rentenbasis 2000), S. 95.

399 Raffelhüschen, Bernd; Schoder Jörg (Integration genossenschaftlichem Wohnen 2005), S. 16.

400 Bernd Raffelhüschen und Jörg Schoder fordern eine Wohneigentumsförderung vor allem für Familien. Vgl. dazu ausführend Raffelhüschen, Bernd; Schoder Jörg (Integration genossenschaftlichem Wohnen 2005).

401 Arbeitslosigkeit und Berufsunfähigkeit des Hauptverdieners eines Haushalts.

402 Bspw. ist hier die eheliche Scheidung der Darlehensnehmer und, als Folge daraus, die Aufteilung des Vermögens bzw. der Schulden zu erwähnen.

403 Vgl. zu diesem Absatz Menzel-Salpietro, Kathrin (Haufe Kompass Immobilien 2006), S. 13.

404 O.V. (Zahlungsschwierigkeiten 2004), S. 1.

405 In einer Aufstellung der Sparkasse Krefeld zeigt sich, dass bereits nach kurzer Zeit (> 5 Jahre) erste Renovierungen nötig sein können. Mittel- und langfristige Renovierungen (z.B. Heizung, Fenster etc.) sind meist mit erheblichem finanziellen Aufwand verbunden. Vgl. Sparkasse Krefeld (Modernisierungs-Maßnahmen o.J.), S. 1–3.

Die reguläre Rückzahlungsdauer beträgt bspw. – bei einer angenommenen annuitätischen Tilgung[406] des Darlehens von 1 % pro Jahr und einem Zinssatz von 5 % – bereits ca. 37 Jahre.[407] Um diese Zeit zu verkürzen, ist entweder eine höhere Tilgung oder freiwillige Sonderzahlungen erforderlich.[408]

Ein weiterer Nachteil ist die – je nach Lage und Bedarf – schlechte Veräußerbarkeit einer Immobilie.[409] Diese wird direkt durch die jeweilige Nachfrage bestimmt. Bei Änderungen in der Lebenssituation des Eigenheimbesitzers[410] ist eine Immobilie nur selten direkt veräußerbar. „Sieht man von der Beteiligung in Immobilienfonds einmal ab, so haben Immobilien eine deutlich geringere Fungibilität als andere Kapitalanlagen …"[411].

4.4 Zwischenfazit

Die dargestellten Vor- und Nachteile zeigen, dass eine Anlage in Immobilien als Form der Altersvorsorge nicht uneingeschränkt zu empfehlen ist. Entscheidend ist, dass die Immobilie beim Renteneintritt schuldenfrei ist.[412] Deshalb ist genau zu prüfen, ob der finanzielle Aufwand in der Finanzierungsphase „bezahlbar" ist. Ferner ist der Einsatz von Eigenkapital i.d.R. eine zwingende Voraussetzung.[413] Darüber hinaus ist eine sorgfältige Planung bezüglich Lage und Ausstattung der Immobilie erforderlich, um von zukünftigen Wertsteigerungen zu profitieren.[414] Die Möglichkeit, einen Teil der selbst genutzten Immobilie zu vermieten,[415] schafft weitere Flexibilität.[416] Eine zusätzliche Alternative ist die Verrentung der Immobilie im Alter durch eine *Leibrente* bzw. – in den USA – durch den *Reverse Mortgage*. Eine systematische Analyse dieser Möglichkeiten wird in den folgenden Kapiteln durchgeführt.

---

406 Vgl. *Anlage 2.*

407 Vgl. Fachinstitut für Immobilienwirtschaft (Tilgung 2001).

408 Sonderzahlungen sind während der Zinsbindung des Darlehens (i.d.R. zwischen 5 Jahre und 15 Jahren) nur nach vorheriger vertraglicher Vereinbarung möglich. Zum jeweiligem Ablauf der Zinsbindung sind Sonderzahlungen in unbegrenzter Höhe möglich. Dies entspricht einer ordentlichen Teilkündigung nach § 489 BGB.

409 Vgl. Menzel-Salpietro, Kathrin (Haufe Kompass Immobilien 2006), S. 13.

410 Bspw. ein Arbeitsplatzwechsel.

411 Maier, Friedbert (Immobilie als Baustein 2000), S. 41.

412 Vgl. Fischer, Robert (Haufe Kompass Rente 2006), S. 13; vgl. auch Siepe, Werner (Geld durch Immobilien 1998), S. 56–57.

413 Während in Deutschland von einem Eigenkapital i.H.v. ca. 20 % ausgegangen werden muss, ist dies in den USA i.d.R. nicht erforderlich. Vgl. Haimann, Richard (Eigenheim ohne Eigenkapital 2005).

414 Während die Lage eines unbeweglichen Wirtschaftsgutes nicht verändert werden kann, kann die Ausstattung meist nur unter erheblichem finanziellem Aufwand verändert werden. Zu der Ausstattung gehören u.a. die Aufteilung der Räume, Himmelsrichtung der Räume, ökologische Aspekte etc. Vgl. Menzel-Salpietro, Kathrin (Haufe Kompass Immobilien 2006), S. 14.

415 Einliegerwohnungen bzw. Wohnungen in einem Mehrfamilienhaus sind dafür besonders geeignet. Vgl. Menzel-Salpietro, Kathrin (Haufe Kompass Immobilien 2006), S. 14.

416 Vgl. zu diesem Absatz Menzel-Salpietro, Kathrin (Haufe Kompass Immobilien 2006), S. 11–14.

5 Die Leibrente

5.1 Begriffsdefinition und Grundlagen

Bisher wurde gezeigt, dass der Aufbau von Immobilienvermögen bei vielen Menschen einen hohen Stellenwert im Rahmen der Altersvorsorge besitzt.[417] Neben den bereits genannten Vor- und Nachteilen der Nutzung einer Immobilie bis zum Lebensende und der Option des Verkaufs der Immobilie und Anlage des Verkaufserlöses ist die Leibrente die dritte wesentliche Nutzungsmöglichkeit.[418] „Wer kurz vor der Rente steht, hat meist nicht mehr viel Zeit, um Alternativen zu finden. Da scheint der Ausweg, aus der eigenen Immobilie Kapital zu schlagen, plausibel.“[419] Eine Definition von Leibrente ist wie folgt:

„Leibrenten sind kontinuierlich und in gleicher Höhe wiederkehrende Bezüge (inflationsbedingte, vertraglich vereinbarte Erhöhungen sind dabei unerheblich), die auf das Leben einer bestimmten Person bzw. Personengemeinschaft bezogen sind und mit deren Tod enden. Leibrenten entstehen u.a. durch den Verkauf einer Immobilie gegen Zahlung einer Leibrente.“[420]

Der Begriff „… „Leib“ bedeutet althochdeutsch „Leben“…“[421] und verdeutlicht, dass die Bezüge, die ein Eigentümer in der Form einer Leibrente erhält, an die Lebensdauer der Bezugsperson gebunden sind.[422] Mit dem Tod erlischt die Zahlungsverpflichtung auf Grund der Leibrente. Da das Lebensalter nicht vorausgesagt werden kann, ist im Bezug zu Leibrentenverträgen die Aussage verbreitet: „Leibrenten sind Glücksverträge.“[423] Gesetzlich geregelt sind Leibrenten im Bürgerlichen Gesetzbuch, § 759 bis § 761 BGB. Nach einem Urteil des BFH vom 29. März 1962 ist „… der Begriff Leibrente …“[424] auch im Einkommenssteuerrecht „… nach den Grundsätzen des bürgerlichen Rechts zu bestimmen ...“[425]. Die Funktion der Leibrente ist die finanzielle Versorgung der Bezugsperson. Dabei ist zu beachten, dass die Zahlungsverpflichtung nach § 759 BGB nur in Geld oder in vertretbaren Sachen als Leibrente

---

417 Vgl. *Kapitel 4.*
418 Vgl. Schäfer, Rainer (Altersvorsorge durch Wohneigentum 2004), S. 81–82; vgl. *Kapitel 4.2.2.*
419 Rosengart, Anja (Haus gegen Rente 2005), S. 2.
420 Eigene Definition. Die einzelnen Bestandteile dieser Definition werden im Folgenden analysiert.
421 Wallau, Werner (Immobilien verrenten 2001), S. 2.
422 Vgl. § 759 Abs. 1 BGB. „… „Leibrenten“ sind nach allgemeiner Auffassung Renten (wiederkehrende Zahlungen), die für die Dauer der Lebenszeit einer Bezugsperson gezahlt werden …“ BFH v. 15.07.1991, BStBl. 1992 II, S. 83.
423 Hohl, Horst; Komarek, Alexander (Steuerleitfaden 2003), S. 71.
424 BFH v. 29.03.1962, BStBl. 1962 III, S. 304.
425 BFH v. 29.03.1962, BStBl. 1962 III, S. 304.

geschuldet werden kann.[426] Vertretbare Sachen nach § 91 BGB sind bewegliche Sachen, die im Verkehr nach Maß, Zahl oder Gewicht bestimmt werden und wertmäßig gleich sind. Die regelmäßig wiederkehrenden Zahlungen einer Leibrente müssen dabei das „... Merkmal der Gleichmäßigkeit ...“[427] erfüllen, und in der Höhe der Leistung identisch sein.[428] Diese Voraussetzung stellt das wichtigste Unterscheidungsmerkmal zu den – ebenfalls zu den wiederkehrenden Leistungen zählenden – *dauernden Lasten* und *sonstigen wiederkehrenden Leistungen* dar.[429] Wertsicherungs- bzw. Währungsklauseln, die – gekoppelt an einen Lebenshaltungsindex – für eine Erhöhung auf Grund von inflationären Steigerungen der Bezugsgröße sorgen, sind für die Leibrente unschädlich einsetzbar.[430] Da das Steuerrecht an privatrechtliche Vorgänge und Gestaltungen anknüpft, ist es sofern es dem wirtschaftlichen Gehalt der Beziehung entspricht, gemäß den zivilrechtlichen Bestimmungen auszulegen. Mithin ist das Erfordernis der Schriftlichkeit nach § 761 BGB bei der Gestaltung der Leibrentenverträge unbedingt beachtlich.[431] Besondere Gestaltungsformen, wie z.B. die sog. *befristete Leibrente*, sind möglich.[432]

5.2 Abgrenzung zwischen Leibrente und Zeitrente

Im Gegensatz zur Leibrente ist die Zeitrente eine regelmäßig wiederkehrende Zahlung über eine bestimmte Laufzeit. Zeitrenten sind nicht von der Lebenszeit einer Bezugsperson abhängig, sondern werden über die vertraglich festgelegte Dauer geschuldet.[433] Die Zeitrente ist von Ihrer Bedeutung her vergleichbar mit einer Kaufpreiszahlung in Raten, wobei eine Verzin-

---

426 „Ausgangspunkt für die Abgrenzung von Leibrenten und dauernden Lasten ist der bürgerlich-rechtliche Begriff der Leibrente (§ 759 BGB), dessen Voraussetzungen nur erfüllt sind, wenn aufgrund eines dem Berechtigten eingeräumten Stammrechts regelmäßig wiederkehrende Leistungen in Geld oder vertretbaren Sachen in bestimmter Höhe erbracht werden.“ BFH v. 20.05.1980, BStBl. 1980 II, S. 574.

427 BFH v. 20.05.1980, BStBl. 1980 II, S. 574; mit dem Merkmal der Gleichmäßigkeit wird der feste Umfang der Leistungen bezeichnet.

428 „Der bisherigen Rechtsprechung ist darin zu folgen, dass der steuerrechtliche Begriff der Leibrente gleich bleibende Leistungen/ Bezüge voraussetzt.“ BFH v. 15.07.1991, BStBl. 1992 II, S. 83.

429 Vgl. Abb. 9.

430 „Die Gleichmäßigkeit der Rentenleistungen wird nach der ständigen Rechtsprechung des BFH nicht schon dadurch ausgeschlossen, daß die Vertragsparteien in dem Übertragungsvertrag eine Wertsicherungsklausel vereinbart haben. Dadurch bleibt die Voraussehbarkeit der Rentenleistungen erhalten. Die Gleichmäßigkeit des inneren Werts der Rente wird verstärkt.“ BFH v. 28.01.1986, BStBl. 1986 II, S. 349.

431 Vgl. § 761 S. 1 BGB.

432 Bei der *befristeten Leibrente* unterscheidet man zwischen der *abgekürzten Leibrente* und der *verlängerten Leibrente*. Bei der *abgekürzten Leibrente* endet die Leistungsverpflichtung entweder nach einer festgelegten Laufzeit oder bei Tod des Bezogenen vor Ende der festgelegten Laufzeit. „In diesem Fall wird auch keine weitere Zahlung an die Erben geleistet.“ Wallau, Werner (Immobilien auf Rentenbasis 2000), S. 21. Bei der *verlängerten Leibrente* wird eine Mindestlaufzeit festgelegt. Bei Tod des Leibrentenbezogenen vor Ablauf der Mindestlaufzeit wird die Rente bis zum Ende der Mindestlaufzeit an eine vertraglich festgelegte Person bzw. Personengruppe gezahlt. Vgl. Wallau, Werner (Immobilien auf Rentenbasis 2000), S. 21–22.

433 Vgl. zu diesem Absatz Wallau, Werner (Immobilien auf Rentenbasis 2000), S. 11.

sung des noch offenen Betrages erfolgt.[434] „Bei Zeitrenten fehlt der Wagnischarakter, der für Leibrenten typisch ist.“[435] Eine Zeitrente kann auch durch eine Wertsicherungsklausel gegen Inflation abgesichert werden. Dabei ist zu beachten, dass eine Wertsicherungsklausel erst vereinbart werden darf, wenn die Laufzeit einer Zeitrente größer als 10 Jahre ist.[436] Damit steuerlich bei dem Berechtigten eine Zeitrente vorliegt, ist ebenfalls eine Mindestlaufzeit von zehn Jahren erforderlich.[437] Ergänzend fasst *Anlage 11* die wesentlichen Unterschiede zwischen Zeitrenten und Leibrenten zusammen.[438]

5.3 Steuerliche Betrachtung der Leibrente

5.3.1 Grundlagen der steuerlichen Behandlung

Zu den Überschusseinkunftsarten gem. § 2 Abs. 2 Nr. 2 EStG gehören die „Sonstigen Einkünfte“ im Sinne des § 22 EStG.[439] Diese ermitteln sich nach den Überschüssen der Einnahmen gem. § 8 EStG vermindert um die abzugsfähigen Werbungskosten.[440] Die Einnahmen mindern sich gem. § 9 a S. 1 Nr. 3 EStG mindestens um den Werbungskostenpauschbetrag i.H.v. 102 Euro.[441]

Die *sonstigen Einkünfte* untergliedern sich in *Einkünfte aus wiederkehrenden Bezügen* (§ 22 Nr. 1 EStG), *Einkünfte aus Unterhaltsleistungen* (§ 22 Nr. 1 a EStG), *Einkünfte aus privaten Veräußerungsgeschäften* (§ 22 Nr. 2 EStG), *Einkünfte aus sonstigen Leistungen* (§ 22 Nr. 3 EStG), *Einkünfte aus Abgeordnetenbezügen* (§ 22 Nr. 4 EStG) sowie *Einkünfte aus Altersvorsorgeverträgen* (§ 22 Nr. 5 EStG).[442] Zu den *Einkünften aus wiederkehrenden Bezügen* (§ 22 Nr. 1 EStG) gehört die Leibrente. Charakteristisch für wiederkehrende Bezüge sind die periodischen Wiederholungen von Zahlungen.[443] Einkünfte aus wiederkehrenden Bezügen, wie in *Abb. 9* dargestellt, sind unterteilbar in *Leibrenten und andere Leistungen, dauernde Lasten* und *Sonstige wiederkehrende Bezüge.* Die für diese Untersuchung relevanten Leibrenten sind den *Leibrenten u.a. Leistungen* zuzuordnen.[444]

---

434 Vgl. Wallau, Werner (Immobilien auf Rentenbasis 2000), S. 11.
435 Wallau, Werner (Zeitrente 2002).
436 Vgl. § 3 PrKV.
437 Vgl. BFH v. 10.10.1963, BStBl. 1963 III, S. 563.
438 Vgl. *Anlage 11.*
439 Vgl. § 2 Abs. 1 S. 1 Nr. 7 EStG.
440 Vgl. § 2 Abs. 2 Nr. 2. Werbungskosten sind gem. § 9 EStG „... Aufwendungen zur Erwerbung, Sicherung und Erhaltung der Einnahmen ...“ § 9 Abs. 1 EStG.
441 Bei Nachweis von höheren Werbungskosten sind diese steuerlich abziehbar. Vgl. § 9 a S. 1 Nr. 3 EStG.
442 Vgl. § 22 EStG; vgl. auch Kußmaul, Heinz (Steuerlehre 2006), S. 273.
443 Vgl. u.a. BFH v. 15.07.1991, BStBl. 1992 II, S. 83.
444 Zu den Renten gehören die Zeitrenten (vgl. *Kapitel 5.2*) sowie Kombinationen aus Leib- und Zeitrente.

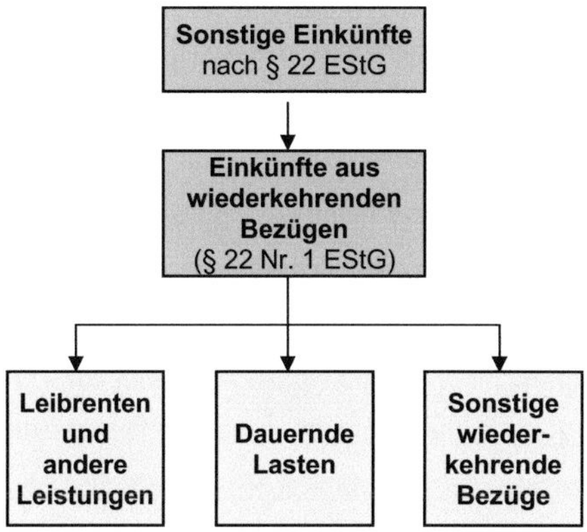

Abb. 9: Leibrenten im System der „sonstigen Einkünfte" nach §§ 22, 23 EStG[445]

Die Leibrente ist von einer *dauernden Last* und den *sonstigen wiederkehrenden Bezügen* durch die gleichmäßige Höhe der Zahlungen abgrenzbar: „Renten und dauernde Lasten unterscheiden sich in erster Linie darin, dass Renten gleich bleibende Leistungen sind, während bei dauernden Lasten die Möglichkeit der Abänderung der Leistungen der Höhe nach vorbehalten ist."[446] Eine der Grundlagen dafür war die Feststellung im Urteil des BFH vom 10. Mai 1980: „Keine Leibrenten, sondern dauernde Lasten liegen daher vor, wenn den Leistungen das Merkmal der Gleichmäßigkeit fehlt."[447] Neben den nicht regelmäßig und gleichmäßig zu erbringenden Leistungen ist es bei einer *dauernden Last* auch möglich, gem. der Aussagen in dem BFH-Urteil vom 04. April 1977, Sachleistungen statt Geldleistungen zu erbringen, was für Leibrenten ausgeschlossen ist.[448] *Sonstige wiederkehrende Bezüge* sind nach Friedbert Maier z.B. ein Realsplitting nach § 10 Abs. 1 Nr. 1 i.V.m. § 22 Nr. 1 a EStG.[449]

Anlage 12 zeigt die nachdem AltEinkG[450] neue Einteilung der Leibrenten. Es werden dabei *Renten/Leistungen aus der Basisversorgung*[451] und *sonstige Renten/Leistungen*[452] unterschieden.

---

445 Modifiziert entnommen aus Kußmaul, Heinz (Steuerlehre 2006), S. 237.

446 Augsten, Ursula u.a. (Ratgeber zur Altersvorsorge 2004), S. 343.

447 BFH v. 20.05.1980, BStBl. 1980 II, S. 574.

448 Vgl. BFH v. 04.04.1986, BStBl. 1989 II, S. 780; vgl. *Kapitel 5.1.*

449 Vgl. Maier, Friedbert (Immobilie als Baustein 2000), S. 217, i.V.m. BMF-Schreiben v. 23.12.1996, BStBl. 1996 I, S. 1508–1515.

450 Gesetz zur Neuordnung der einkommensteuerrechtlichen Behandlung von Altersvorsorgeaufwendungen und Altersbezügen (Alterseinkünftegesetz – AltEinkG).

Private Renten außerhalb der speziell genannten *Renten/ Leistungen aus der Basisversorgung* werden in die nachgelagerte Besteuerung des § 22 Nr. 1 S. 3 a) Doppelbuchstabe aa EStG nur dann einbezogen, wenn es sich um Verträge handelt, die die Voraussetzungen des § 10 Abs. 1 Nr. 2 b EStG n.F.[453] erfüllen.[454] *Sonstige Renten/ Leistungen* außerhalb der Basisversorgung (Neuverträge, die nicht die Vorraussetzungen des § 10 Abs. 1 Nr. 2 b EStG erfüllen oder Altverträge i.S.d. § 10 Abs. 1 Nr. 3 b EStG) unterliegen der Ertragsanteilsbesteuerung.[455] „Bei diesen Rentenversicherungen gilt also weiterhin die sog. vorgelagerte Besteuerung, d.h. die Beträge werden aus versteuertem Einkommen (kein Sonderausgabenabzug, keine Steuerfreiheit der Beiträge, keine „Riester-Förderung") geleistet."[456] Hintergrund dieser Regelung ist, dass neben der Auszahlung des Zinsanteils es auch zu einem Rückfluss von dem eingezahlten und im Vorfeld versteuerten Kapital kommt. Dieses Kapital soll kein zweites Mal versteuert werden. Die Leibrente aus Immobilien gehört zu den *sonstigen Renten/ Leistungen* und unterliegt damit der Ertragsanteilsbesteuerung.

Um den steuerpflichtigen Anteil des Immobilienwertes gegen wiederkehrende Leistungen auf Lebenszeit zu bestimmen, muss zunächst der Barwert der Leibrente ermittelt werden. Das Ziel dieser Untersuchung ist die Feststellung, ob ein entgeltliches, teilentgeltliches oder unentgeltliches Geschäft vorliegt. Nach dem BMF-Schreiben vom 23.12.1996 liegt ein entgeltliches Geschäft vor, „... wenn die Beteiligten Leistung und Gegenleistung nach kaufmännischen Gesichtspunkten abgewogen haben und subjektiv von der Gleichwertigkeit beiderseitiger Leistungen ausgehen durften ..."[457]. Eine Übertragung eines Grundstücks unter Fremden ist daher i.d.R. nur entgeltlich möglich, da beide Seiten vor dem Vertragsabschluss die jeweilige Vorteilhaftigkeit abwägen. Die Teilentgeltlichkeit ist nach dem BMF-Schreiben vom 23.12.1996 bei einer Differenz von Bar- und Grundstückswert gegeben.[458] Der den Grundstückswert übersteigende Teil des Barwerts ist eine Zuwendung i.S.d. § 12 Nr. 2 EStG und daher einkommensteuerlich nicht zu beachten.[459] Je nach Feststellung von Entgeltlichkeit,

---

451 Gem. § 22 Nr. 1 S. 3 a) Doppelbuchstabe aa) EStG.

452 Gem. § 22 Nr. 1 S. 3 a) Doppelbuchstabe bb) EStG.

453 D.h. ab dem Jahr 2005.

454 Vgl. zu diesem Absatz Hofmann, Kurt; Simon, Winfried; Wawers, Ordulf (Alterseinkünftegesetz 2005), S. 76–78.

455 Im Sinne von § 22 Nr. 1 S. 3 a) Doppelbuchstabe bb S. 4 EStG.

456 Kußmaul, Heinz (Steuerlehre 2006), S. 274.

457 BMF-Schreiben v. 23.12.1996, BStBl. 1996 I, Rz. 42, S. 1513; vgl. dazu BMF-Schreiben v. 16.09.2004, BStBl. 2004 I, Rz. 50, S. 930.

458 Vgl. BMF-Schreiben v. 23.12.1996, BStBl. 1996 I, Rz. 42, S. 1513.

459 Vgl. BMF-Schreiben v. 23.12.1996, BStBl. 1996 I, Rz. 42, S. 1513; i.V.m. § 12 Nr. 2 EStG; vgl. dazu BMF-Schreiben v. 16.09.2004, BStBl. 2004 I, Rz. 50, S. 930. „Ist der Barwert der wiederkehrenden Leistungen mehr als doppelt so hoch wie der Wert des übertragenen Vermögens, liegt insgesamt eine Zuwendung i.S. des § 12 Nr. 2 EStG vor." BMF-Schreiben v. 23.12.1996, BStBl. 1996 I, Rz. 42, S. 1513.

Teilentgeltlichkeit oder Unentgeltlichkeit der Veräußerung ergeben sich unterschiedliche Bemessungsgrundlagen für die Ermittlung von Anschaffungskosten – als Grundlage für Abschreibungen[460] – und Zinsanteil – als Grundlage für einen möglichen Zinsabzug.[461] *Tabelle 3* stellt die verschiedenen Möglichkeiten dar. § 14 BewG i.V.m. Anlage 9 BewG liefert die für die rechnerische Ermittlung des Barwertes entsprechenden Kapitalisierungsfaktoren.[462]

Veräußerung erfolgt	Fallgruppe	Anschaffungskosten als Bemessungsgrundlage für AfA	Zinsabzug
entgeltlich[463]	BW_{Rente}[464] = $BW_{Vermögen}$[465]	Anschaffungskosten = Höhe des Barwertes der wiederkehrenden Leistungen (=BW_{Rente})	gesamte Zinsen (mit Ertragsanteil auf jährliche Rentenzahlung)
teilentgeltlich[466]	BW_{Rente} < $BW_{Vermögen}$	Anschaffungskosten = Höhe des Barwerts der wiederkehrenden Leistungen (=BW_{Rente})	gesamte Zinsen (mit Ertragsanteil auf jährliche Rentenzahlung)
überentgeltlich[467]	BW_{Rente} > $BW_{Vermögen}$	Anschaffungskosten = Höhe des Wertes des übertragenen Vermögens (=$BW_{Vermögen}$)	Zinsen nur in Höhe des Verhältnisses aus $BW_{Vermögen}$ / BW_{Rente}
überentgeltlich[468]	BW_{Rente} > 2x $BW_{Vermögen}$	keine Anschaffungskosten, da unentgeltlicher Vorgang	privat veranlasst, somit keine Abzugsfähigkeit

Tab. 3: Möglichkeiten der Veräußerung eines Grundstücks und die Auswirkung auf Anschaffungskosten und Zinsanteil[469]

---

[460] Bei dem Leibrentenverpflichteten.
[461] Bei dem Leibrentenverpflichteten.
[462] Vgl. § 14 BewG i.V.m. Anlage 9 BewG; vgl. auch Augsten, Ursula u.a. (Ratgeber zur Altersvorsorge 2004), S. 376–377. Alternativ erfolgt die Ermittlung des Barwerts nach „… versicherungsmathematischen Grundsätzen …" Augsten, Ursula u.a. (Ratgeber zur Altersvorsorge 2004), S. 377; vgl. dazu R 32 a S. 1 EStR; hierbei ist anzumerken, dass bei der finanzmathematischen Berechnung die zum jeweiligen Berechnungszeitpunkt gültige Sterbetafel zu verwenden ist; vgl. BMF-Schreiben v. 16.09.2004, BStBl. 2004 I, Rz. 50, S. 930, i.V.m. BFH v. 25.11.1992, BStBl. 1996 II, S. 663.
[463] Vgl. dazu u.a. BMF-Schreiben v. 16.09.2004, BStBl. 2004 I, Rz. 50, S. 930.
[464] BW_{Rente} = Barwert der wiederkehrenden Leistungen.
[465] $BW_{Vermögen}$ = Wert des übertragenen Vermögens.
[466] Vgl. dazu u.a. BMF-Schreiben v. 16.09.2004, BStBl. 2004 I, Rz. 50, S. 930.
[467] Vgl. dazu u.a. BMF-Schreiben v. 16.09.2004, BStBl. 2004 I, Rz. 50, S. 930.
[468] Vgl. dazu u.a. BMF-Schreiben v. 16.09.2004, BStBl. 2004 I, Rz. 50, S. 930.
[469] Modifiziert und berichtigt angelehnt an Augsten, Ursula u.a. (Ratgeber zur Altersvorsorge 2004), S. 378.

Die Zahlungen als Grundlage des Barwertes werden in einen Kapitalanteil und in einen Zinsanteil aufgeteilt.[470] Der Zinsanteil bildet die Grundlage der Ertragsanteilsbesteuerung. Während der Kapitalanteil nicht steuerpflichtig ist, ist der Zinsanteil als „Sonstige Einnahme" bei dem Leibrentenberechtigten zu versteuern. „Der in den Rentenzahlungen enthaltene Zinsanteil ergibt sich daraus, dass der Leibrentenberechtigte auf eine sofortige Zahlung durch den Käufer verzichtet. Er stundet damit dem Käufer den Kaufpreis. Dafür verlangt der Veräußerer einen Zins, der in den Rentenzahlungen enthalten ist."[471] Der prozentuale Ertragsanteil, der den Zinsanteil im angesparten Kapital darstellt, ist gesetzlich festgelegt und bemisst sich nach dem vollendeten Lebensjahr des Rentenempfängers beim Beginn der Rente.[472] Über die Laufzeit der Leibrente, d.h. bis zum Todesfall des Bezogenen, bleibt der Ertragsanteil gleich.[473] Kritisch bei der Ertragsanteilsbesteuerung ist anzumerken, dass sie keine geschlechterneutrale Besteuerung ist: Die höhere Lebenserwartung von Frauen[474] im Vergleich zu Männern, die sich z.B. auch in den bei Frauen gegenüber Männern höheren Barwertfaktoren nach Anlage 9 i.V.m § 14 BewG auswirkt, führt bei der Ertragsanteilsbesteuerung, dessen Ertragsanteile unabhängig von Geschlechtern festgelegt sind,[475] zu einem Vorteil für Frauen und einem Nachteil für Männer.[476]

Verfassungsrechtlich unbedenklich und allgemein anerkannt ist die Möglichkeit des Staates durch neue Gesetze auf bestehende Rechtslagen und Rechtsverhältnisse einzuwirken, um so handlungsfähig zu bleiben und die Rechtsordnung anpassungsfähig zu halten. Entsprechend dem juristischen Systemgedanken ist vom Gesetzgeber jedoch ein an systemtragenden Prinzipien folgerichtig entwickeltes Steuersystem einzufordern. Hierzu gehört auch die Beachtung des „Korrespondenzprinzips", welches die vollumfängliche Besteuerung der Leibrente lediglich als theoretische Möglichkeit erscheinen lässt. Nach dem *Korrespondenzprinzip* sollen die Einkommen nur einmal besteuert werden, „... d.h. dass die Aufwendungen

470 „Als Ertrag des Rentenrechts gilt für die gesamte Dauer des Rentenbezugs der Unterschiedsbetrag zwischen dem Jahresbetrag der Rente und dem Betrag, der sich bei gleichmäßiger Verteilung des Kapitalwerts der Rente auf ihre voraussichtliche Laufzeit ergibt; dabei ist der Kapitalwert nach dieser Laufzeit zu berechnen." § 22 Nr. 1 S. 3 a) Doppelbuchstabe bb S. 3 EStG; vgl. auch Augsten, Ursula u.a. (Ratgeber zur Altersvorsorge 2004), S. 377.

471 Augsten, Ursula u.a. (Ratgeber zur Altersvorsorge 2004), S. 213.

472 Die einzelnen Werte sind in § 22 Nr. 1 S. 3 a) Doppelbuchstabe bb S. 4 EStG festgelegt. Vgl. *Anlage 13.*

473 Zukünftige Erhöhungen, auf Grund einer wertsichernden Steigerung wegen Inflation, werden ebenfalls mit dem ursprünglichen Ertragsanteil besteuert. Wallau, Werner (Immobilien verrenten 2001), S. 22.

474 Die durchschnittliche Lebenserwartung von Frauen im Vergleich zu der durchschnittlichen Lebenserwartung von Männern ist im Vergleichsalter von z.B. 65 Jahren um 3,51 Jahre höher. Vgl. Statistisches Bundesamt (Aktuelle Sterbetafeln 2005).

475 Vgl. *Anlage 13.*

476 Zu beachten ist: „Für die Gemeinschaft als statistisches Kollektiv kommt es zum Ausgleich." Treisch, Corinna (Leibrentenversicherung 1997), S. 708.

zum Erwerb des Vermögens vorher als Sonderausgaben abziehbar waren ..."[477]. Einer vollen Versteuerung der Leibrente würde in diesem Fall eine volle Absetzbarkeit der Tilgungsbeiträge bei dem Aufbau von Immobilienvermögen vorausgehen.

Für den Käufer der Immobilie ist die Leibrente nach § 12 Nr. 2 EStG eine nicht abzugsfähige Ausgabe, da sie eine Zuwendung „... aufgrund einer freiwillig begründeten Rechtspflicht ..."[478] darstellt. „Der Ertragsanteil ist für den Privatkäufer mit den Hypothekenzinsen vergleichbar."[479] Eine Ausnahme besteht hinsichtlich eines Verpflichtungsgrundes für Versorgungsleibrenten gegen übertragenes Vermögen[480] zwischen (bestimmten) Mitgliedern einer Familie.[481] In diesem Fall korrespondiert die Besteuerung der Leibrente mit dem Ertragsanteil nach § 22 Nr. 1 S. 3 a) Doppelbuchstabe bb EStG bei dem Leibrentenempfänger mit einem Sonderausgabenabzug des Ertragsanteils nach § 10 Abs. 1 Nr. 1 a EStG[482] bei dem Leibrentenzahler.

5.3.2 Kritik der steuerlichen Behandlung beim Zahlungsverpflichteten

Ausgangspunkt der steuerlichen Betrachtung ist wie in *Kapitel 5.3.1* dargestellt der Barwert. Nach dem BFH-Urteil vom 09. Februar 1994 ist dieser Barwert dann auch „... Bemessungsgrundlage für die Absetzungen für Abnutzung, Sonderabschreibungen und erhöhte Abschreibungen ..."[483]. Bei der steuerlichen Berücksichtigung des Barwerts ist es allerdings von Bedeutung, ob das von dem Zahlungsverpflichteten erworbene Grundstück[484] Einkünfte erzielt oder nicht.[485] „Der Zinsanteil von Renten darf bei selbst genutzten Immobilien grundsätzlich nicht steuerlich geltend gemacht werden."[486] Dient das erworbene Grundstück der Erzielung von Einkünften, ist der in den jeweiligen periodischen Zahlungen enthaltene

---

477 Wallau, Werner (Immobilien verrenten 2001), S. 23.

478 § 12 Nr. 2 EStG.

479 Wallau, Werner (Immobilien verrenten 2001), S. 23.

480 „Eine Vermögensübergabe gegen Versorgungsleistungen ist gegeben, wenn eine existenzsichernde und ertragbringende Wirtschaftseinheit des Privat- und/oder Betriebsvermögens übertragen wird, deren Erträge ausreichen, um die wiederkehrenden Leistungen zu erbringen." BMF-Schreiben v. 16.09.2004, BStBl. 2004 I, Rz. 7, S. 924.

481 Gem. BFH-Urteil vom 26.11.2003 muss der Empfänger zum sog. „Generationennachfolge-Verbund" gehören. Vgl. BFH v. 26.11.2003, BStBl. 2004 II, S. 820, i.V.m. dem BMF-Schreiben vom 16.09.2004 umfasst der Generationennachfolge-Verbund nur „... gegenüber dem Erblasser pflichtteilsberechtigte Personen ..." BFH v. 26.11.2003, BStBl. 2004 II, S. 820; BMF-Schreiben v. 16.09.2004, BStBl. 2004 I, S. 922–932.

482 In bestimmten Fällen ist auch ein Abzug von Werbungskosten nach § 9 Abs. 1 Nr. 1 EStG möglich.

483 Augsten, Ursula u.a. (Ratgeber zur Altersvorsorge 2004), S. 213, i.V.m. BFH v. 09.02.1995, BStBl. 1995 II, S. 47–54.

484 Grundstück gem. § 94 BGB.

485 Vgl. Tab. 4.

486 Wallau, Werner (Immobilien verrenten 2001), S. 23; vgl. Vgl. BFH v. 25.11.1992, BStBl. 1996 II, S. 666.

Zinsanteil als Werbungskosten abziehbar.[487] Nur mit dem Hintergrund der Erzielung von Einkünften aus der Immobilie sind die Anschaffungskosten Bemessungsgrundlage für AfA, Sonder-AfA und erhöhte AfA.[488] Die verschiedenen Möglichkeiten einer steuerlichen Berücksichtigung werden in *Tabelle 4* dargestellt. Eine *indirekte* Förderung von privaten Immobilienvermögen durch eine Steuerbegünstigung ist daher nicht gegeben.

Steuerliche Behandlung von	den Anschaffungskosten	dem Zinsanteil
Grundstück **dient nicht** der Erzielung von Einkünften	einkommensteuerlich *nicht* zu beachten	Grundsätzlich vom Zahlungsverpflichteten *nicht* steuerlich absetzbar
Grundstück **dient** der Erzielung von Einkünften	Barwert der Rente dient als Bemessungsgrundlage für AfA, Sonder-AfA, erhöhte AfA	als Werbungskosten vom Zahlungsverpflichteten einkommensteuerlich absetzbar

Tab. 4: Steuerliche Behandlung von Anschaffungskosten und Zinsanteil[489]

5.3.3 Kritik der steuerlichen Behandlung beim Zahlungsempfänger

Bei der Veräußerung von Immobilien gegen eine lebenslange Rentenzahlung können unter Umständen die Voraussetzungen eines privaten Veräußerungsgeschäfts i.S.d. § 23 Abs. 1 Nr. 1 EStG vorliegen. Dies ist der Fall, wenn innerhalb einer 10-jährigen Spekulationsfrist das Grundstück bzw. die Immobilie übertragen wird.[490] Als Ergebnis muss der Veräußerungsgewinn nach § 22 Nr. 2 EStG – *Einkünfte aus privaten Veräußerungsgeschäften* – als „sonstige Einkünfte" versteuert werden.[491] „Als Gewinn aus privaten Veräußerungsgeschäften ist letztendlich der Unterschiedsbetrag, der sich aus der Gegenüberstellung des Barwerts der wiederkehrenden Leistungen und den Anschaffungskosten ergibt, zu versteuern."[492] Da der Gewinn nicht direkt erzielt wird, sondern erst ab dem Zeitpunkt, an dem die – um den Zinsan-

[487] Vgl. BFH v. 09.02.1994, BStBl. 1995 II, S. 47–54.
[488] Vgl. ausführend und ergänzend § 7 EStG.
[489] Modifiziert entnommen aus Augsten, Ursula u.a. (Ratgeber zur Altersvorsorge 2004), S. 379.
[490] Eine Ausnahme besteht für Immobilien, die zu eigenen Wohnzwecken innerhalb bestimmter Fristen gedient haben. Vgl. § 23 Abs. 1 Nr. 1 S. 3 EStG.
[491] Vgl. zu diesem Absatz Augsten, Ursula u.a. (Ratgeber zur Altersvorsorge 2004), S. 379.
[492] Augsten, Ursula u.a. (Ratgeber zur Altersvorsorge 2004), S. 379.

teil gekürzten – Rentenzahlungen die Anschaffungskosten übersteigen, ist auch erst ab diesem Zeitpunkt anteilig der Gewinnanteil zu versteuern.[493]

Wie zuvor dargestellt, ist der Zinsanteil je nach Lebensalter der Bezugsperson unterschiedlich und gesetzlich in § 22 Nr. 1 S. 3 a) Doppelbuchstabe bb S. 4 EStG festgelegt. Dabei wirkt sich auf die Bemessungsgrundlage positiv aus, dass die Ertragsanteile ab dem Jahr 2005 reduziert sind.[494] Durch diese Reduzierung ergeben sich, auch für bereits bestehende Renten, Steuerspareffekte im Vergleich zu den vorherigen Jahren.[495] Das Beispiel in *Anlage 14* verdeutlicht den geringeren zu versteuernden Betrag im Jahr 2005 gegenüber dem Jahr 2004 auf Grund der im Jahr 2005 reduzierten Ertragsanteile.[496]

Im Jahr 2006 sind nur Einkommensteuern zu bezahlen, wenn das zu versteuernde Einkommen der betrachteten Person den Grundfreibetrag von 7.664 Euro übersteigt.[497] Beispielsweise kann ein Leibrentenempfänger ohne Berücksichtigung von weiteren Einkünften und steuerlichen Vergünstigungen, der das 65. Lebensjahr vollendet hat, unter Verwendung des Ertragsanteilsatzes von 18 %[498] insgesamt ca. 42.577 EUR Rente beziehen, ohne dass ein Einkommensteuerabzug erfolgt.[499]

5.4 Vorteilhaftigkeitsanalyse einer Leibrente als Form der finanziellen Altersvorsorge

5.4.1 Analyse möglicher Vorteile als Verkäufer einer Immobilie

Nach Werner Wallau[500] verbindet „... speziell der Verkauf auf Leibrentenbasis ..."[501] eine „... gesicherte Altersversorgung bis zum Lebensende ..."[502] mit „... einem höheren Einkommen und einer entsprechenden Verbesserung des Lebensstandards ..."[503]. Speziell für Wohneigentumsbesitzer ohne direkte Erben ist die Möglichkeit, „Sachkapital" in „Liquidität"

493 Vgl. Beispiel in *Anlage 16* i.V.m. § 23 Abs. 1 Nr. 1 EStG. Der Gewinn aus privaten Veräußerungsgeschäften ist nach § 23 Abs. 3 S. 6 EStG erst steuerpflichtig, wenn der Gesamtgewinn im Kalenderjahr 511,99 Euro übersteigt.

494 Die Ertragsanteile konnten in ihrem Wert auf Grund der Trennung von anderen Leibrenten – als Beispiel die gesetzliche Rentenversicherung – reduziert werden. Vgl. § 22 Nr. 1 EStG a.F.

495 Bei einem Rentenbeginnalter von 65 Jahren wurde bis zum Jahr 2004 noch ein Ertragsanteil von 27 % verwendet. Ab dem Jahr 2005 gilt die neue Ertragsanteilstabelle, die für ein Rentenbeginnalter von 65 Jahren nur noch einen Ertragsanteil von 18% vorschreibt. Vgl. *Anlage 13* und das Beispiel in *Anlage 14*.

496 Vgl. § 22 Nr. 1 S. 3 a) EStG.

497 Vgl. § 32a Abs. 1 S. 2 Nr. 1 EStG. Für ein Ehepaar mit gemeinsamer Veranlagung beträgt dieser Wert nach § 32a Abs. 5 EStG 15.328 Euro.

498 Vgl. § 22 Nr. 1 S. 3 a) Doppelbuchstabe bb S. 4 EStG.

499 Eigene Berechnung.

500 Werner Wallau ist selbstständig tätig im Immobilien-Consulting und als Gutachter für Immobilienbewertung. Vgl. Wallau, Werner (Immobilien auf Rentenbasis 2000), S. 2.

501 Wallau, Werner (Immobilien auf Rentenbasis 2000), S. 8.

502 Wallau, Werner (Immobilien auf Rentenbasis 2000), S. 8.

503 Wallau, Werner (Immobilien auf Rentenbasis 2000), S. 8.

umzuwandeln, eine interessante Möglichkeit der finanziellen Altersvorsorge. „Andernfalls hinterlässt man der Nachwelt einen Wert, den man vielleicht selbst zu Lebzeiten hätte gebrauchen können."[504] Darüber hinaus werden in der Literatur die folgenden Vorteile genannt:

1. *Die lebenslange Rentenzahlung:* Im Gegensatz zu einem Verkauf der Immobilie gegen Einmalzahlung und anschließendem Verbrauch des Geldes wird bei der Leibrente eine lebenslange Rentenzahlung vereinbart.[505] Diese endet erst mit dem Tod der letzten bezugsberechtigten Person.[506] Übersteigt das erreichte Lebensalter die statistische Lebensdauer, die die Grundlage zur Berechnung der Leibrente ist, erhält der Verkäufer der Immobilie eine den Verkehrswert übertreffende Gegenleistung.[507] Zu beachten ist allerdings, dass auch bei einer – im Vergleich mit den statistischen Mittelwerten – wesentlich kürzerer Lebensdauer die Rentenzahlung endet.[508]
2. *Die Absicherung gegen Kaufkraftverluste:* Eine besondere Bedeutung hat für Leibrenten die nach dem BFH-Urteil vom 28.01.1986 für die Beurteilung der Leibrente unschädliche Vereinbarung einer Wertsicherungsklausel[509] zum Schutz vor inflationären Preissteigerungen. Dadurch wird die Kaufkraft der Rente abgesichert. Zur Identifikation von Preissteigerungen wird der *Verbraucherpreisindex für Deutschland*, veröffentlicht durch das Statistische Bundesamt,[510] verwendet.[511] Im Vergleich mit den Rentensteigerungen der gesetzlichen Rentenversicherung,[512] die durch den im Jahr 2004 eingeführten Nachhaltigkeitsfaktor unsicherer wurden, sind Rentensteigerungen direkt an Preissteigerungen gebunden. Werner Wallau verdeutlicht, dass im Vergleich

---

504 Wallau, Werner (Immobilien auf Rentenbasis 2000), S. 8.

505 „Der Verkauf auf Leibrentenbasis hat für den Verkäufer den Vorteil, dass das Vermögen genau zum Lebensende aufgebraucht ist, und nicht vorher im hohen Alter, wenn man besonders auf die regelmäßige Einnahme angewiesen ist." Wallau, Werner (Immobilien verrenten 2001), S. 2.

506 Vgl. § 2 Abs. 2 in *Anlage 17*. Gewöhnlich wird die *Leibrente* nach dem Alter der jüngsten bezogenen Person kalkuliert. Da allerdings vom Alter die Ertragsanteile nach § 22 Nr. 1 S. 3 a) Doppelbuchstabe bb S. 4 EStG abhängen – je jünger die Bezugsperson ist, desto höher ist der Ertragsanteil – , ist auch bei Ehepaaren die Vereinbarung von zwei getrennten Renten möglich.

507 Vgl. zu diesem Absatz Wallau, Werner (Immobilien auf Rentenbasis 2000), S. 9–10.

508 Eine Möglichkeit zur Absicherung des Verkäufers ist, eine Mindestlaufzeit zu vereinbaren. Vgl. *Anlage 17*.

509 Vgl. BFH v. 28.01.1986, BStBl. 1986 II, S. 349.

510 Vgl. Statistisches Bundesamt (Jahrbuch 2005), S. 508–512.

511 Vgl. Wallau, Werner (Immobilien auf Rentenbasis 2000), S. 8. Die Bewertung erfolgt dabei in Punkten, ausgehend von einem Basisjahr. Das jeweils aktuelle Basisjahr – im Moment das Jahr 2000 – wird mit 100 Punkten bewertet. Zukünftige Steigerungen (= X) werden dann mit „100 + X" dargestellt. Vgl. Statistisches Bundesamt (Jahrbuch 2005), S. 508–512. Bei einer Überschreitung eines vorher vertraglich festgelegten gestaffelten Grenzpunktes (z.B. 100 + 10%) wird die empfangene Rente um einen festgelegten Prozentsatz vertraglich erhöht. Vgl. § 2 Abs. 4 in *Anlage 17*.

512 Vgl. ausführend *Kapitel 2*.

zur gesetzlichen Rentenversicherung „... die Wertstabilität ... durch die Kopplung an den Verbraucherpreisindex sogar besser ...“[513] ist.[514]

Kritisch ist allerdings anzumerken, dass die Genehmigung für eine Wertsicherungsklausel erst durch das Bundesamt für Wirtschaft und Ausfuhrkontrolle erteilt werden muss. Nach § 2 Abs. 1 S. 1 PreisAngG darf „... der Betrag von Geldschulden... nicht unmittelbar und selbstständig durch den Preis oder Wert von anderen Gütern oder Leistungen bestimmt werden ...“[515]. Dieses Indexierungsverbot wird für Leibrenten unter der Bedingung, dass sowohl eine Wertsteigerung als auch ein Wertverlust des Index bei der Berechnung der Rentenhöhe berücksichtigt werden,[516] nach § 3 Abs. 1 Nr. 1 a) PrKV aufgehoben. Es ist daher nicht möglich, nur Preissteigerungen vertraglich zu fixieren, sondern es müssen – in gleichem Maße – auch Preissenkungen berücksichtigt werden.[517]

3. *Die größere Anzahl von potenziellen Hauskäufern:* Der Verkauf einer Immobilie gegen Rentenzahlung erfolgt ohne Eigenkapitalvoraussetzungen. Zuvor wurde gezeigt, dass die Eigenkapitalvoraussetzungen bei Banken sehr hoch sein können und damit eine Eintrittsschwelle zum Erwerb von Immobilien darstellen.[518] „... die Finanzierung auf Rentenbasis ist für den Käufer ohne Eigenkapital vielleicht die einzige Möglichkeit zum Erwerb ...“[519] von Wohneigentum. Ebenso ist der Verkauf gegen Rentenzahlung eine weitere Möglichkeit, baufällige bzw. renovierungsbedürftige Objekte zu verkaufen, da die Renovierung vom neuen Eigentümer in Eigenleistung erbracht werden kann.[520]
4. *Gesteigerte Rendite für vermietete Objekte:* Durch den Verkauf eines Renditeobjekts gegen Zahlung einer Leibrente wird ein höherer monatlicher Geldbezug aus dem Objekt geschaffen. „Der Grund auch hier: Zusätzlich zu den Zinsen (vergleichbar mit den Nettomieteinnahmen) wird der Wert der Immobilie auf ihre statistische Lebenserwar-

[513] Wallau, Werner (Immobilien verrenten 2001), S. 2.
[514] „Es ergibt sich im Prinzip aus Verkäufersicht die Verzinsung Nominal = Real!“ Wallau, Werner (Immobilien verrenten 2001), S. 16.
[515] § 2 Abs. 1 S. 1 PreisAngG.
[516] „Preisklauseln werden nicht genehmigt, wenn sie eine Vertragspartei unangemessen benachteiligen.“ § 2 Abs. 2 PrKV.
[517] Vgl. § 2 Abs. 4 in *Anlage 17* i.V.m. § 3 Abs. 1 Nr. 1 a) PrKV.
[518] Vgl. zu diesem Absatz Wallau, Werner (Immobilien auf Rentenbasis 2000), S. 10.
[519] Wallau, Werner (Immobilien auf Rentenbasis 2000), S. 10.
[520] Speziell für Handwerker, die eine hohe Eigenleistung bei Renovierungsarbeiten erbringen können, auf Grund geringer Einkommen aber wenig Eigenkapital besitzen, ist diese Variante eine Möglichkeit, Immobilieneigentum zu erwerben. Vgl. zu diesem Absatz Wallau, Werner (Immobilien auf Rentenbasis 2000), S. 10.

tung verteilt.“[521] Des Weiteren ist positiv zu vermerken, dass die mit der Vermietung von Wohnungen verbundenen Schwierigkeiten wie z.B. Leerstände, Renovierungen etc. zukünftig von dem neuen Eigentümer der Immobilie zu tragen sind.[522]

5. *Die Ertragsanteilsbesteuerung:* Wie bereits in *Kapitel 5.3.3* dargestellt, unterliegen die Rentenzahlungen beim Empfänger der Ertragsanteilsbesteuerung. Durch diese Besteuerung ergeben sich Vorteile im Vergleich zu *Einkünften aus Vermietung und Verpachtung*[523] sowie *Einkünften aus Kapitalvermögen*[524], die als Alternativen *vor* der Veräußerung der Immobilie gegen Leibrente in Frage kommen.[525] Letztere erhöhen in vollem Umfang das zu versteuernde Einkommen. Bei einer Leibrente wird das zu versteuernde Einkommen nur durch den Ertragsanteil erhöht.[526]

5.4.2 Analyse möglicher Vorteile für Käufer einer Immobilie

Neben den in *Kapitel 5.4.1* genannten Vorteilen für Verkäufer, ergeben sich auch einige Vorteile für Käufer einer Immobilie gegen Rentenzahlung:

1. *Es fallen keine Banknebenkosten an*: Ein Kaufvertrag zwischen Käufer und Verkäufer wird direkt zwischen den beiden Parteien schriftlich[527] und notariell[528] geschlossen. Dadurch entfällt die Suche nach einem Kreditgeber. Weitere Kreditkosten,[529] die den Kaufpreis erhöhen, fallen nicht an.[530]
2. *Kein Eigenkapitalbedarf*; In *Kapitel 4.3.2* wurde gezeigt, dass zum Erwerb einer Immobilie bzw. eines Grundstücks i.d.R. zwischen 20 % und 40 % des Kaufpreises als Eigenkapital vorhanden sein müssen. Durch diese Bedingung, da Eigenkapital den Banken dabei als ein Sicherheitspuffer zwischen Kauf- bzw. Baupreis und einem mög-

---

521 Wallau, Werner (Immobilien auf Rentenbasis 2000), S. 11.

522 Wallau, Werner (Immobilien auf Rentenbasis 2000), S. 11.

523 Gem. § 2 Abs. 1 Nr. 6 EStG.

524 Gem. § 2 Abs. 1 Nr. 5 EStG.

525 Wird die Immobilie als Renditeobjekt verwendet, so sind die Einnahmen aus der Vermietung von Wohneigentum als Einkünfte aus Vermietung und Verpachtung nach § 2 Abs. 1 Nr. 6 EStG zu versteuern. Wird die Immobilie verkauft und der Ertrag angelegt, so ergeben sich *Einkünfte aus Kapitalvermögen* nach § 2 Abs. 1 Nr. 5 EStG.

526 Vgl. dazu *Anlage 13* und *Anlage 14* i.V.m. § 22 Nr. 1 S. 3 a) Doppelbuchstabe bb S. 4 EStG.

527 Gem. § 761 S. 1 BGB.

528 „Ein Vertrag, durch den sich der eine Teil verpflichtet, das Eigentum an einem Grundstück zu übertragen oder zu erwerben, bedarf der notariellen Beurkundung.“ § 311 b Abs. 1 S. 1 BGB.

529 Kreditkosten sind z.B. die Bearbeitungsgebühren (i.d.R. zwischen 0,5 % und 1 % der Darlehenssumme).

530 Kritisch anzumerken bleibt, dass auch bei dem Kauf gegen Rentenzahlung die normalen Nebenkosten anfallen. Diese Nebenkosten sind vor allem die Grunderwerbsteuer (3,5 % vom Kaufpreis), Notargebühren und Grundbucheintragungen (ca. 1,5 % vom Kaufpreis) sowie die evtl. anfallende Maklerprovision (i.d.R. 3 % zuzüglich MwSt.) und individuelle Umzugs- bzw. Renovierungskosten. Vgl. ergänzend Wallau, Werner (Immobilien auf Rentenbasis 2000), S. 97.

lichen Erlös im Rahmen einer Zwangsversteigerung dient, wird ein Teil der potenziell interessierten Personen aus finanziellen Gründen ausgeschlossen. Bei der Leibrente ist i.d.R. kein Eigenkapital erforderlich.[531] Dadurch ergibt sich im Besonderen für jüngere Menschen, eine Personengruppe zwischen 25 und 35 Jahren, die Möglichkeit, schon frühzeitig eine Immobilie zu erwerben.[532] Von Vorteil ist dabei auch die frühzeitige Partizipation an den möglichen Wertsteigerungen der Immobilie.[533] Dieser Vorteil ist analog zu dem Vorteil einer erweiterten potenziellen Käufergruppe für den Immobilienverkäufer zu sehen.[534]

5.5 Vertragsgestaltung und Absicherung der Forderungen und Leistungen

5.5.1 Grundlagen

Neben den in *Kapitel 5.4* genannten Vorteilen eines Immobilienverkaufs gegen Leibrentenzahlung ist zu beachten, dass die Leibrente kein risikoloses Geschäft ist. Sowohl für Verkäufer als auch für Käufer gibt es spezifische Risiken, die, so weit möglich, abgesichert werden sollten. Für den Verkäufer ist es wichtig, die Vertragsvereinbarungen abgesichert zu wissen. Dies bedeutet, Sicherheit hinsichtlich der Rentenzahlung und Rentenhöhe sowie bezüglich der Laufzeit der Renten zu haben. Für den Käufer besteht das Risiko, dass die Lebensdauer der Bezugsperson(en) weit über dem statistischen Durchschnittsalter liegen kann.[535] Eine Absicherung ist daher für beide Seiten notwendig.[536] Während – wie im Folgenden gezeigt wird – es möglich ist, das Risiko für Verkäufer durch vertragliche Gestaltungen zu reduzieren, bleibt der Wagnischarakter einer Leibrente für den Käufer erhalten.[537] *Anlage 17* zeigt ein Beispiel eines schriftlich[538] und notariell[539] abgeschlossenen Leibrentenvertrags.[540] Die Absicherung

---

531 Vgl. zu diesem Absatz Wallau, Werner (Immobilien auf Rentenbasis 2000), S. 95. „Das übliche Eigenkapital in Höhe von 20 % des Beleihungswertes muss zum Renten-Kauf nicht vorhanden sein …“ Wallau, Werner (Immobilien auf Rentenbasis 2000), S. 95.

532 Wallau, Werner (Immobilien auf Rentenbasis 2000), S. 95; so auch o.V. (Immobilienkauf 2005).

533 Vgl. zu diesem Absatz Wallau, Werner (Immobilien auf Rentenbasis 2000), S. 95–96.

534 Vgl. *Kapitel 5.4.1.*

535 Wallau, Werner (Immobilien auf Rentenbasis 2000), S. 17.

536 Auf die Absicherung wird besonders von Werner Wallau („… Aber: es ist für Verkäufer kein risikoloser Weg …“ Wallau, Werner [Immobilien auf Rentenbasis 2000], S. 16.) und von Michael Bandering hingewiesen. Vgl. Bandering, Michael (Finanzierung einmal anders 2004), S.33–34; Notar Dr. Dr. Stephan Philipp Forst empfiehlt darüber hinaus eine Absicherung auch bei Veräußerungen einer Immobilie gegen Rentenzahlungen innerhalb der Familie. Vgl. Forst, Stephan Philipp (Immobilien 2003).

537 Die einzige Möglichkeit, das Langlebigkeitsrisiko zu mindern, ist, die – auf Grund der Tatsache von steigenden Lebenserwartungen – auf Basis der Sterbetafeln ermittelte, Rente vertraglich von Anfang an zu reduzieren bzw. bei Eintritt von festgelegten Ereignissen eine Minderung vertraglich zu vereinbaren. Vgl. dazu bspw. § 2 Abs. 3 in *Anhang 17.*

538 Vgl. § 761 S. 1 BGB.

der Rentenzahlung und einem – eventuellen – Wohnrecht[541] erfolgen dabei durch Eintragungen in Abteilung 2 des Grundbuchs.[542]

5.5.2 Absicherung der Leibrente und Abgrenzung zu der Rentenschuld

Die Absicherung des Verkäufers erfolgt durch eine Eintragung seiner Ansprüche als Reallast.[543] Gesetzlich bestimmt ist die Reallast in den §§ 1105–1112 BGB. In § 1105 Abs. 1 S. 1 BGB ist die Reallast näher definiert: „Ein Grundstück kann in der Weise belastet werden, dass an denjenigen, zu dessen Gunsten die Belastung erfolgt, wiederkehrende Leistungen aus dem Grundstück zu entrichten sind (Reallast).“[544] Abzugrenzen ist die Reallast von der ähnlichen Rentenschuld, die in § 1199 BGB festgelegt ist: „Eine Grundschuld kann in der Weise bestellt werden, dass in regelmäßig wiederkehrenden Terminen eine bestimmte Geldsumme aus dem Grundstück zu zahlen ist (Rentenschuld).“[545] Die wesentlichen Unterschiede sind dabei:[546]

- Die Rentenschuld verlangt nach § 1199 Abs. 2 BGB die Eintragung einer festen Ablösesumme. Diese ist bei der Reallast nicht einzutragen.[547]
- Die Ablösung führt zum Erlöschen der Reallast nach § 875 Abs. 1, § 876 BGB. Die Rentenschuld geht dagegen auf den Eigentümer über gem. § 1143 BGB i.V.m. § 1192 Abs.1 BGB über.
- Im Gegensatz zur Rentenschuld haftet der Eigentümer bei der Reallast nach § 1108 BGB nicht nur mit dem belasteten Grundstück, sondern auch persönlich.[548]

---

539 Vgl. § 311 b Abs. 1 S. 1 BGB.

540 Die wesentlichen Vereinbarungen zur Absicherung werden dabei in § 2 bis § 4 von *Anlage 17* beispielhaft dargestellt. Vgl. hierzu Lübeck Steuerberater-Gruppe (Musterverträge 2006).

541 Vgl. Kapitel 5.5.4.

542 Das Grundbuch ist ein öffentliches Register, in dem alle Grundstücke und die daran bestehenden Rechte verzeichnet sind. Es wird vom Grundbuchamt – einer Abteilung des Amtsgerichts – geführt; vgl. § 1 Abs. 1 GBO. Zu beachten ist, dass die Wirksamkeit von eintragungsfähigen Rechten die vorherige Eintragung in das Grundbuch voraussetzt; vgl. § 873 Abs. 1 BGB. In Abteilung 2 des Grundbuchs werden alle Lasten und Beschränkungen, die auf dem Grundstück ruhen, eingetragen – mit Ausnahme der Grundpfandrechte. Grundpfandrechte sind die Hypothek (vgl. § 1113 ff. BGB), die Grundschuld (vgl. § 1191 ff. BGB) sowie die Rentenschuld (vgl. § 1199 ff. BGB).

543 Die Reallast wird dabei anderen Eintragungsmöglichkeiten vorgezogen. Vgl. dazu Wallau, Werner (Immobilien verrenten 2001), S. 20. „Diese Grundstücksbelastung sichert einem Leibrentenberechtigten wiederkehrende Leistungen aus dem Grundstück.“ Wallau, Werner (Immobilien verrenten 2001), S. 20; vgl. ergänzend Haus & Grund Landesverband Bremen e.V. (Grundstücksverkauf 2003).

544 § 1105 Abs. 1 S. 1 BGB.

545 § 1199 Abs. 1 BGB.

546 Vgl. dazu Bassenge, Peter u.a. (Palandt Bürgerliches Gesetzbuch 2006), S. 1502–1506.

547 Vgl. dazu Bassenge, Peter u.a. (Palandt Bürgerliches Gesetzbuch 2006), S. 1502.

548 Es besteht allerdings die Möglichkeit, die persönliche Haftung vertraglich auszuschließen. Vgl. Bassenge, Peter u.a. (Palandt Bürgerliches Gesetzbuch 2006), S. 1504–1505.

Neben der persönlichen Haftung ergibt sich nach § 1108 Abs. 2 BGB sowie nach § 109 BGB ein besonderer Schutz für den Verkäufer: „Wird das Grundstück geteilt, so haften die Eigentümer der einzelnen Teile als Gesamtschuldner.“[549] Daraus folgt ein besonderer Schutz des Leibrentenberechtigten, da die Verpflichtung der Zahlung für den neuen (Teil-)Eigentümer des Grundstücks weiter besteht.[550]

5.5.3 Absicherung bei Zahlungsunfähigkeit des Rentenzahlers

Aus § 1107 BGB folgt eine dingliche Haftung des Leibrentenverpflichteten unter Anwendung der für eine Hypothekenforderung geltenden Vorschriften.[551] Die Geltendmachung des dinglichen Anspruchs wird durch die Zwangsvollstreckung[552] bzw. Zwangsverwaltung[553] vollzogen.[554] „Eine mögliche Zwangsvollstreckung wird erleichtert, wenn sich der neue Grundstückseigentümer im Kaufvertrag der sofortigen Zwangsvollstreckung ... unterwirft.“[555] Gesetzliche Grundlage für die Möglichkeit der sofortigen Zwangsvollstreckung in das Grundstück sind dabei die nach § 794 Abs.1 Nr.5 ZPO[556] gesetzlichen Vorschriften.[557] Eine besondere Bedeutung für die Verteilung des Erlöses aus einer Zwangsversteigerung liegt in dem Verhältnis der Eintragungen in dem Grundbuch zueinander. Die Rechte werden gem. § 17 GBO nach ihrem zeitlichen Eingang beim Grundbuchamt eingetragen. Die Reihenfolge der Eintragungen bestimmt daher das Rangverhältnis und die Reihenfolge der Befriedigung aus einer Zwangsvollstreckung.[558] Zum Schutz des Wohnungsverkäufers ist die Reallast an

549 § 1108 Abs. 2 BGB.

550 Vgl. Wallau, Werner (Immobilien verrenten 2001), S. 20; „...Es entsteht Gesamtreallast und jeder Eigentümer haftet persönlich als Gesamtschuldner...“ Bassenge, Peter u.a. (Palandt Bürgerliches Gesetzbuch 2006), S. 1505, i.V.m. § 421 ff. BGB.

551 Vgl. ausführend § 1107 BGB.

552 Zwangsweise Verwirklichung eines Anspruchs von Gläubiger gegen Schuldner durch staatliche Organe. Die Voraussetzungen für eine Zwangsvollstreckung sind in § 750 Abs. 1 ZPO geregelt.

553 Im Gegensatz zur Zwangsversteigerung wird bei der Zwangsverwaltung keine Verwertung der Immobilie durch Verkauf angestrebt, sondern es werden die regelmäßigen Einnahmen aus der Immobilie durch einen Zwangsverwalter zur Tilgung der Verbindlichkeiten verwendet. Vgl. Gesetz über die Zwangsversteigerung und die Zwangsverwaltung (ZVG).

554 Vgl. Bassenge, Peter u.a. (Palandt Bürgerliches Gesetzbuch 2006), S. 1504; i.V.m. § 1147 BGB, § 1148 BGB sowie § 1150 BGB unter Beachtung der Vorschriften von § 268 BGB; eine Belastung des Grundstücks erlischt nach § 1181 durch Befriedigung der Ansprüche.

555 Wallau, Werner (Immobilien verrenten 2001), S. 21; vgl. dazu § 4 in Anlage 17; vgl. ebenso Haus & Grund Landesverband Bremen e.V. (Grundstücksverkauf 2003).

556 „Die Zwangsvollstreckung findet ferner statt ... aus Urkunden ... die von einem deutschen Notar ... aufgenommen sind ... sofern die Urkunde über einen Anspruch errichtet ist ... und der Schuldner sich in der Urkunde wegen des zu bezeichnenden Anspruches der sofortigen Zwangsvollstreckung unterworfen hat.“ § 794 Abs. 1 Nr. 5 ZPO.

557 In diesem Fall auf Grund der Verpflichtung nach §§ 1107, 1147 BGB.

558 „Das Rangverhältnis unter mehreren Rechten, mit denen ein Grundstück belastet ist, bestimmt sich, wenn die Rechte in derselben Abteilung des Grundbuchs eingetragen sind, nach der Reihenfolge der Eintragungen.“ § 879 Abs. 1 S. 1 BGB; darüber hinaus gilt bei Rechten in verschiedenen Abteilungen: „Sind die

erster Stelle einzutragen.[559] Eine besondere Bedeutung hat der Rang im Falle einer Zwangsversteigerung eines nachrangigen Gläubigers. Nach § 44 ZVG werden nur solche Gebote zugelassen, durch die „... vorhergehenden Rechte sowie die aus dem Versteigerungserlös zu entnehmenden Kosten des Verfahrens gedeckt werden (geringstes Gebot).“[560] Ein nachrangiger Gläubiger kann nicht die vorrangigen Rechtspositionen beeinflussen. Dadurch ist der Leibrentenberechtigte auch im Falle einer Zwangsversteigerung abgesichert. Dementsprechend besteht ein Risiko durch den Eintrag der Reallast im Rang *nach* anderen Rechten. Betreibt ein vorrangiger Gläubiger die Zwangsversteigerung, hängt ein möglicher Erlös auf Grund der Reallast zugunsten des Leibrentenberechtigten von dem erzielten Versteigerungserlös ab.[561] „Der Gegenwert der Reallast geht in eine Geldforderung über, in deren Höhe lediglich ein Befriedigungsrecht am Erlös besteht, so dass auch Teile der Forderung ausfallen können, wenn der Erlös nicht hoch genug ist.“[562] Die Reallast erlischt in diesem Fall. Eine Möglichkeit besteht für den Leibrentenberechtigten, nach § 59 ZVG einen Einschluss der Reallast in das geringste Gebot gem. § 44 ZVG zu verlangen.[563] Lehnt der vorrangige Gläubiger dies ab, wird nach § 59 Abs. 2 ZVG „... das Grundstück mit der verlangten Abweichung und ohne sie ...“[564] angeboten.[565] Das Ergebnis ist: „Falls die Versteigerungsalternative mit Reallast zu einem Ergebnis führt, das die Forderung des vorrangigen Gläubigers voll abdeckt, wird der Zuschlag für dieses Gebot erteilt und die Reallast bleibt bestehen.“[566] Eine im ersten Rang bzw. im Rang vor dem die Zwangsversteigerung betreibenden Recht stehende Reallast bleibt nach einer Zwangsversteigerung bestehen. Die Rentenlast geht auf den Erwerber gem. § 56 ZVG über: „Von dem Zuschlag an gebühren dem Ersteher die Nutzungen und er trägt die Lasten.“[567]

Nach Michael Bandering ist die Eintragung einer Reallast an erster Stelle kritisch zu betrachten. Die Kritik stützt sich vor allem auf die zukünftige Möglichkeit des Käufers der Immobilie, ein durch Grundpfandrechte abgesichertes Darlehen bei einem Kreditinstitut zu erhalten. Das Darlehen ist meistens hinsichtlich einer evtl. Einmalzahlung an den Leibrentenberechtigten bzw. für

Rechte in verschiedenen Abteilungen eingetragen, so hat das unter Angabe eines früheren Tages eingetragene Recht den Vorrang; Rechte, die unter Angabe desselben Tages eingetragen sind, haben den gleichen Rang.“ § 879 Abs. 1 S. 2 BGB.

559 Vgl. Wallau, Werner (Immobilien verrenten 2001), S. 21.
560 § 44 Abs. 1 ZVG.
561 Vgl. zu diesem Absatz Wallau, Werner (Immobilien verrenten 2001), S. 21.
562 Wallau, Werner (Immobilien verrenten 2001), S. 21.
563 § 59 Abs. 1 ZVG.
564 § 59 Abs. 2 ZVG.
565 Vgl. Wallau, Werner (Immobilien verrenten 2001), S. 22.
566 Wallau, Werner (Immobilien verrenten 2001), S. 22.
567 § 56 ZVG.

Renovierungsarbeiten erforderlich. Für ein Kreditinstitut ist – angesichts des Wagnischarakters der Leibrente und der damit verbundenen Unbestimmbarkeit der Laufzeit der Reallast – eine Eintragung hinter der Reallast mit einem „... schwer kalkulierbaren Laufzeitrisiko ...“[568] verbunden. Kreditinstitute verlangen daher – nach § 880 BGB – eine Rangänderung zu Gunsten ihres einzutragenden Rechts. „Diesen Rangrücktritt wiederum lehnen Leibrentenberechtigte meist ab, um ihre gesicherte Rechtsposition nicht zu gefährden. Dem neuen Eigentümer aber steht kein Anspruch auf Rangrücktritt zu.“[569] Der neue Eigentümer sollte daher bereits beim Kauf einen Rangvorbehalt nach § 880 BGB eintragen lassen.[570] Die Ablehnung des Verkäufers, einen Rangvorbehalt in das Grundbuch einzutragen, führt häufig zu dem Scheitern der Verhandlungen über den Verkauf einer Immobilie gegen Rentenzahlungen.[571]

5.5.4 Absicherung des Wohnrechts

Kritisch zu betrachten ist eine Absicherung des lebenslangen Wohnrechts als Reallast für den Leibrentenempfänger.[572] Hinsichtlich des Wohnrechts sichert die Reallast nur „... die Bereitstellung einer Wohnung mit festgelegten Standards und Eigenschaften ...“[573], nicht jedoch eine „... speziell gewünschte Wohnung ...“[574]. Die ursprüngliche Wohnung muss deshalb „... vertraglich gesichert ...“[575] werden.[576] Eine Alternative ist die Absicherung des Wohnrechts durch eine Eintragung eines Wohnrechts in das Grundbuch nach § 1093 BGB als beschränkte persönliche Dienstbarkeit.[577] Im Gegensatz zur Reallast wird hier ein eindeutig spezifisches Grundstück gesichert.[578] Dabei ist allerdings anzumerken, dass dieses Recht durch Untergang des Gebäudes[579] gelöscht wird,[580] was als wesentlicher Nachteil gegenüber der Reallast gilt.

---

568 Bandering, Michael (Finanzierung einmal anders 2004), S. 33.

569 Bandering, Michael (Finanzierung einmal anders 2004), S. 33; vgl. dazu ausführend Wallau, Werner (Immobilien auf Rentenbasis 2000), S. 87–88.

570 Nach Michael Bandering ist dieser Zeitpunkt günstig, da der Verkäufer bei Vertragsverhandlungen i.d.R. zu Zugeständnissen bereit ist. Vgl. Bandering, Michael (Finanzierung einmal anders 2004), S. 33.

571 Vgl. zu diesem Absatz Bandering, Michael (Finanzierung einmal anders 2004), S. 33–34; Wallau, Werner (Immobilien auf Rentenbasis 2000), S. 86–88.

572 Vgl. Wallau, Werner (Immobilien verrenten 2001), S. 21.

573 Wallau, Werner (Immobilien verrenten 2001), S. 21.

574 Wallau, Werner (Immobilien verrenten 2001), S. 21; vgl. ergänzend § 1111 BGB.

575 Wallau, Werner (Immobilien verrenten 2001), S. 21.

576 Kritisch ist dabei Werner Wallau: „Diese Sicherung gilt aber nicht gegenüber den Rechtsnachfolgern, so dass diese auch eine andere Wohnung zur Verfügung stellen könnten.“ Wallau, Werner (Immobilien verrenten 2001), S. 21.

577 „Als beschränkte persönliche Dienstbarkeit kann auch das Recht bestellt werden, ein Gebäude oder einen Teil eines Gebäudes unter Ausschluss des Eigentümers als Wohnung zu benutzen.“ § 1093 Abs. 1 S. 1 BGB.

578 Vgl. dazu ausführend Bassenge, Peter u.a. (Palandt Bürgerliches Gesetzbuch 2006), S. 1495–1496.

579 Bspw. im Brandfall oder durch sonstige äußere Einflüsse. Vgl. Wallau, Werner (Immobilien verrenten 2001), S. 21.

580 Vgl. Wallau, Werner (Immobilien verrenten 2001), S. 21.

Nach Peter Bassenge u.a. besteht eine Wiederaufbaupflicht nur nach einer gesonderten Vereinbarung.[581] Diese Vereinbarung muss ebenfalls in dem Grundbuch durch Eintragung gesichert werden.[582] „Zusätzlich muss hier also die schuldrechtliche Verpflichtung zur Wiedereinräumung des Wohnrechtes nach dem Wiederaufbau des Hauses hinzukommen, die auch als Reallast eingetragen werden kann."[583] Im Gegensatz zur Reallast hat der Eigentümer keine Pflicht zur Gebäudeunterhaltung.[584] Lediglich der Wohnungsberechtigte ist gesetzlich – nach § 1090 Abs. 2 BGB i.V.m. § 1020 S. 2 BGB zur schonenden Ausübung seines Wohnrechts verpflichtet.[585] Eine vertragliche Unterhaltungsverpflichtung des Eigentümers gegenüber dem Wohnungsberechtigten ist daher ebenfalls notwendig.[586] Auf Grund fehlender Alternativen und der problematischen Absicherung des Wohnrechts nach § 1093 BGB wird i.d.R. auch das Wohnrecht durch die Reallast abgesichert.[587]

5.5.5 Absicherung gegen einen Weiterverkauf der Immobilie durch den neuen Eigentümer

Ein weiteres Risiko besteht für den Leibrentenberechtigten in der Weiterveräußerung der Immobilie durch den neuen Eigentümer. Ein Weiterverkauf kann nicht verhindert werden. Es besteht auch nicht die Möglichkeit, gegen einen bestimmten Käufer zu intervenieren.[588] Für den Veräußernden gilt lediglich folgende Maßgabe: „Bei einem eventuellen Weiterverkauf der Immobilie muss der Wert dieser Verpflichtung, mit der dann noch verbleibenden Lebenserwartung des oder der Rentenberechtigten, im Verkaufspreis berücksichtigt werden."[589] Eine Absicherung für den Leibrentenberechtigten besteht in der Möglichkeit der Eintragung eines Vorkaufsrechts nach § 1094 ff. BGB. Dadurch hat der Leibrentenberechtigte die Möglichkeit, vor Abschluss eines Vertrages zwischen Eigentümer und neuem Käufer der Wohnimmobilie zu gleichen Konditionen wie der neue Käufer einzutreten.[590]

---

581 Vgl. Bassenge, Peter u.a. (Palandt Bürgerliches Gesetzbuch 2006), S. 1497, Rz. 19.

582 Gem. § 873 Abs. 1 BGB.

583 Wallau, Werner (Immobilien verrenten 2001), S. 21; ebenso Peter Bassenge u.a., die anmerken dass die Wiederaufbaupflicht durch Reallast und Neubestellungsanspruch durch Vormerkung sicherbar ist. Vgl. dazu ausführend Bassenge, Peter u.a. (Palandt Bürgerliches Gesetzbuch 2006), S. 1497, Rz. 19.

584 Eine Dienstbarkeit verpflichtet nicht zu einer aktiven Handlung. Vgl. Bassenge, Peter u.a. (Palandt Bürgerliches Gesetzbuch 2006), S. 1496, Rz. 10–11.

585 Vgl. dazu ausführend § 1020 S. 1 BGB i.V.m. § 1090 Abs. II BGB.

586 Vgl. zu diesem Absatz ausführend Bassenge, Peter u.a. (Palandt Bürgerliches Gesetzbuch 2006), S. 1496, Rz. 10–11.

587 Vgl. dazu Wallau, Werner (Immobilien verrenten 2001), S. 21.

588 Anzumerken ist, dass es die Möglichkeit gibt, eine Klausel bzgl. Einreden bei einem Weiterverkauf im Grundbuch eintragen zu lassen. Vgl. dazu Wallau, Werner (Immobilien auf Rentenbasis 2000), S. 84.

589 Wallau, Werner (Immobilien verrenten 2001), S. 20.

590 Vgl. zu diesem Absatz Wallau, Werner (Immobilien auf Rentenbasis 2000), S. 84.

5.6 Ermittlung des Wertes der Leibrente

Ausgangspunkt für die Ermittlung der Rente als Erlös aus dem Verkauf eines Grundstücks ist die Bestimmung des Verkehrswertes der Immobilie[591] durch ein Verkehrswertgutachten.[592] Das Verkehrswertgutachten liefert allerdings nur einen Ansatzpunkt für die letztliche Bestimmung des Verkaufspreises. Da der Verkauf einer Immobilie direkt zwischen Käufer und Verkäufer erfolgt,[593] ist die Durchführung eines Immobilienverkaufs von der Kompromissbereitschaft der beiden Parteien maßgeblich abhängig.[594] Daher gilt: „Ziel ist es letztendlich einen Preis zu finden, den beide Parteien akzeptieren.“[595] Hinsichtlich der weiteren den Wert der Leibrente beeinflussenden Größen[596] gilt der Zusammenhang: „Je höher das Alter … und je höher der Zinsfuß ist, desto niedriger fällt der Versicherungsbarwert aus und desto höher ist die Leibrente, die sich aus dem eingesetzten Kapital ergibt.“[597]

Wert des Wohnrechts	=	monatlicher Betrag der Miete
		x 12
		x Leibrentenfaktor
Zu verrentender Betrag	=	Vereinbarter Kaufpreis
		./. Wert des Wohnrechts
		./. Einmalzahlung
monatliche Leibrente	=	zu verrentender Betrag
		/ 12
		/ Leibrentenfaktor

Abb. 10: Schematische Darstellung der Berechnung einer monatlich zu zahlenden Leibrente[598]

---

[591] Der Verkehrswert ist in § 194 BauGB geregelt. Demnach ist der Verkehrswert der Wert, der „… im gewöhnlichen Geschäftsverkehr … zu erzielen wäre.“ § 194 BauGB.

[592] Vgl. ausführend Wallau, Werner (Immobilien auf Rentenbasis 2000), S. 28–31.

[593] Es wird dabei keine Bank benötigt.

[594] Auf Grund dieses Verhandlungsprozesses bei einem privaten Verkauf einer Immobilie gegen Zahlung einer Rente wird im BMF-Schreiben v. 23.12.1996 für den Verkauf eines Grundstücks zwischen Fremden die „Entgeltlichkeit“ angenommen. Vgl. BMF-Schreiben v. 23.12.1996, BStBl. 1996 I, Rz. 42, S. 1513.

[595] Wallau, Werner (Immobilien auf Rentenbasis 2000), S. 26.

[596] Diese sind das Alter der Bezugspersonen, die durchschnittliche Lebenserwartung, der Rentenzins und die Rentenhöhe.

[597] Statistisches Bundesamt (Versicherungsbarwerte für Leibrenten 2006), S. 11.

[598] Modifiziert entnommen aus Wallau, Werner (Immobilien verrenten 2001), S. 7; *Anlage 7* zeigt dazu ein Beispiel.

Das in *Abbildung 10* dargestellte Schema ist für die Berechnung der Leibrente anwendbar.

Die Bewertung einer entgeltlichen Grundstücksübertragung erfolgt in Höhe des Barwerts der wiederkehrenden Leistung, der sich entweder nach § 14 Abs. 1 BewG i.V.m. Anlage 9 BewG oder nach versicherungsmathematischen Grundsätzen gem. R 32 a EStR 2003 ermittelt. Grundsätzlich gilt der juristische Grundsatz „*lex specialis derogat legi generali*“[599] wobei zu berücksichtigen ist, dass die Einkommensteuerrichtlinie keinen Gesetzescharakter hat. Eine Anwendung der Einkommensteuerrichtlinie als *Lex specialis* gegenüber dem Bewertungsgesetz kann jedoch aus § 6 a EStG abgeleitet werden, wonach die Pensionsrückstellungen ebenfalls nach versicherungsmathematischen Grundsätzen ermittelt werden. In der Einkommensteuerrichtlinie 2003 wird explizit auf das Wahlrecht der beiden dargestellten Optionen verwiesen. Da bei der versicherungsmathematischen Berechnung die aktuellen Sterbetafeln 2002/2004[600] und verschiedene Zinssätze verwendet werden,[601] ist eine solche Berechnung nach Meinung des Autors zu bevorzugen. Zur Vereinfachung der versicherungsmathematischen Berechnungen des Barwertes werden die vom Statistischen Bundesamt veröffentlichten[602] Leibrentenfaktoren[603] verwendet. Der Leibrentenfaktor ist die Kalkulationsgrundlage für lebenslange periodisch wiederkehrende Rentenzahlungen. Die Höhe des Leibrentenfaktors wird durch das Alter der bezogenen Person[604] und den Rechnungszins[605] bestimmt. Zu dem Leibrentenfaktor ist kritisch anzumerken, dass er ein „statischer Faktor“ ist. Die Berechnung beruht auf der jeweils aktuellen Sterbetafel. Verändert sich die Sterbetafel – z.B. angesichts einer steigenden Lebenserwartung – bleibt die vereinbarte Rente auf Grund des verwendeten Leibrentenfaktors trotzdem konstant.[606] Dies kann für den Immobilienverkäufer von Nachteil sein.

---

599 Ein spezielles Recht (*Lex specialis*) geht einem allgemeinen Recht (*Lex generalis*) vor.

600 Die Sterbetafeln werden auch durch das Statistische Bundesamt veröffentlicht. Vgl. Statistisches Bundesamt (Aktuelle Sterbetafeln 2005).

601 Die Kapitalisierungsfaktoren im Bewertungsgesetz gehen sind nur für einen Zinssatz berechnet. „Der Kapitalwert ist … unter Berücksichtigung von Zwischenzinsen und Zinseszinsen mit 5,5 vom Hundert errechnet worden.“ Anlage 9 (zu § 14 BewG).

602 Vgl. Statistisches Bundesamt (Versicherungsbarwerte für Leibrenten 2006).

603 Andere Bezeichnungen dafür sind u.a. „Leibrentenbarwertfaktor“ und „Kapitalisierungsfaktor“. Vgl. Statistisches Bundesamt (Versicherungsbarwerte für Leibrenten 2006), S. 4; die Bezeichnungen werden in dieser Arbeit inhaltsgleich verwendet.

604 Je höher das Alter des Bezogenen ist, desto niedriger ist der Leibrentenfaktor. Vgl. Tabellen in Statistisches Bundesamt (Versicherungsbarwerte für Leibrenten 2006); daraus folgt, dass je höher das Alter ist, desto höher sind die Rentenzahlungen. Vgl. Wallau, Werner (Immobilien auf Rentenbasis 2000), S. 41.

605 Je höher der Rechnungszins ist, desto niedriger ist der Leibrentenfaktor. Vgl. Tabellen in Statistisches Bundesamt (Versicherungsbarwerte für Leibrenten 2006); daraus folgt, dass je höher der Zins ist, desto höher sind die Rentenzahlungen sind. Vgl. Wallau, Werner (Immobilien auf Rentenbasis 2000), S. 41.

606 Vgl. Statistisches Bundesamt (Versicherungsbarwerte für Leibrenten 2006), S. 4; vgl. ebenso Haus & Grund Landesverband Bremen e.V. (Grundstücksverkauf 2003).

Die Zahlungen erfolgen i.d.R. vorschüssig,[607] und unter Zugrundelegung des versicherungsmathematischen Alters,[608] das vom regulären Lebensalter abweichen kann.

Der Rechnungszins ist eine weitere wichtige Größe, die in den Verhandlungen zwischen Käufer und Verkäufer festgelegt wird. Im Interesse des Verkäufers liegt ein hoher Zins, da dies die Rentenzahlungen erhöht. Umgekehrt ist für einen Käufer ein niedriger Zins von Interesse, um möglichst geringe monatliche Zahlungen zu erhalten.[609] Nach Eike Schulz gilt sogar: „Der wichtigste Punkt, auf den Erwerber unbedingt achten sollten, ist, dass der Rentenzins unter den üblichen Bankzinsen liegt."[610] Dadurch ergibt sich ein Kostensparpotenzial durch gesparte Zinsen im Vergleich zu Bankzinsen. Kritisch anzumerken ist, dass der Rentenzins nicht der Rendite für den Verkäufer entspricht. „Von der Bruttomiete sind alle durchlaufenden Zahlungen (die Nebenkosten) sowie die Bewirtschaftungskosten und die Instandhaltungsrücklage abzuziehen."[611] Die Beispiele in *Anlage 15* verdeutlichen die Berechnung der Leibrentenzahlungen.

Einen wesentlichen Einfluss auf die Rentenhöhe hat die Berücksichtigung eines lebenslangen Wohnrechts. „Ein Wohn- oder Nutzungsrecht ist wie ein Teil der Rente anzusehen, der nicht ausgezahlt wird."[612] Der Verkehrswert wird im Falle einer Wohnrechtseintragung um den Nutzwert der Immobilie bis zum Lebensende reduziert.[613] Daraus folgt für die Bestimmung der Rentenhöhe:[614]

---

607 Es ist vereinbarungsgemäß auch eine nachschüssige Zahlung möglich; analog zu Mietzahlungen, die ebenfalls im Voraus geleistet werden, wird i.d.R. auch bei der *Leibrente* eine vorschüssige Zahlungsweise der Rente vereinbart. Vgl. bspw. § 2 Abs. 1 in *Anlage 17.*

608 Das versicherungsmathematische Alter am Berechnungsstichtag – der Tag des vertraglichen Übergangs der Immobilie, nicht der Vertragsabschluss – ist ein auf- bzw. abgerundetes Lebensalter. Beträgt das Lebensalter X + >6 Monate wird aufgerundet, bei X + < 6 Monate wird abgerundet. (X ist dabei ein beliebiges Lebensalter, da die *Leibrente* nicht an Altersgrenzen gebunden ist). Bei Verbindungsrenten, bspw. von einem Ehepaar, werden beide Alter getrennt nach dieser Maßgabe versicherungsmathematisch berechnet, anschließend wird die Differenz ermittelt. Ist bspw. der Berechnungsstichtag der 31.12.2005 und das Geburtsdatum des Ehemannes der 15.06.1950 (= versicherungsmathematisches Alter: 56 J.), das der Ehefrau der 15.07.1950 (= versicherungsmathematisches Alter: 55 J.), so beträgt der Altersunterschied ein Jahr, obwohl er eigentlich nur einen Monat beträgt. Da das Alter einen Einfluss auf die Höhe der Leibrentenfaktoren hat, ist der Berechnungsstichtag genau zu prüfen, um keine Nachteile aus dem versicherungsmathematischen Alter zu erhalten. Vgl. ausführend Wallau, Werner (Immobilien auf Rentenbasis 2000), S. 39–40.

609 Es sollte ein langfristiger Durchschnittszins genommen werden. Dies ist besonders vor dem Hintergrund zu sehen, dass der Zins nicht – wie bei einer Baufinanzierung – einer Zinsbindung unterliegt, sondern lebenslang gezahlt wird. Vgl. ausführend Wallau, Werner (Immobilien verrenten 2001), S. 18.

610 Schulze, Eike (Immobilien verrenten 2004), S. 68; kritisch hierzu äußert sich Werner Wallau in der Zeitschrift Impulse: „Doch wichtiger als die Verzinsung ist, dass sich der Hausbesitzer die lebenslange Rente und das Wohnrecht im Grundbuch an erster Stelle eintragen lässt." Horn, Karl Werner (Lebenslange Rente 2004), S. 130.

611 Wallau, Werner (Immobilien auf Rentenbasis 2000), S. 42.

612 Wallau, Werner (Immobilien auf Rentenbasis 2000), S. 34.

613 Vgl. Wallau, Werner (Immobilien auf Rentenbasis 2000), S. 34.

614 Vgl. Wallau, Werner (Immobilien auf Rentenbasis 2000), S. 34–35.

1. Ist mit dem Wohnrecht gleichzeitig eine – über ein normales Mietverhältnis hinausgehende – Reparatur- und Instandhaltungsvereinbarung geschlossen, verringert sich der Wert des Wohnrechts und es erhöht sich der Rentenanspruch.
2. Im umgekehrten Fall wird eine vollständige Reparatur- und Instandhaltungspflicht des Eigentümers durch den Wagnischarakters der Leibrente und der Unbestimmtheit der Dauer für eine Kürzung des Leibrentenanspruchs sorgen.

Beide Punkte bedürfen allerdings der vertraglichen Festlegung und basieren auf individuellen Vereinbarungen zwischen Käufer und Verkäufer. Der Wert eines Wohnrechts ermittelt sich dabei nach der zu erzielenden Miete eines Objektes.[615] Das folgende Beispiel zeigt den Unterschied beim Verkauf einer Wohnung mit und ohne Wohnrecht:

Beispiel: Verkäufer: männlich, Alter: 70 Jahre[616], Verkaufspreis: 200.000 EUR, Wert des Wohnrechts: 1.000 EUR p. Monat, Rechnungszins: 4 %, monatlich vorschüssige Zahlung, Berechnung analog *Abb. 10.*

Berechnung:

1. Verkauf ohne Wohnrecht

Zu verrentender Betrag	:	200.000 EUR	
Leibrentenfaktor (70J./ 4%)[617]	:	9,521	
Jährliche Leibrente	:	200.000 EUR / (9,521 * 12)	**=1750,52 EUR**

2. Verkauf mit Wohnrecht

Verkaufspreis	:	200.000 EUR	
Wert des Wohnrechts	:	(1.000 EUR * 12) * 9,521	= 114.252 EUR
Zu verrentender Betrag	:	200.000 EUR – 114.252 EUR	= 85.748 EUR
Jährliche Leibrente	:	85.748 EUR / (9,521 * 12)	= **750,52 EUR**

Abb. 11: Beispiel – Auswirkungen des Wohnrechts auf die Leibrentehöhe[618]

Die erheblich verminderte Rentenzahlung ergibt sich durch eine Kürzung der ursprünglichen Rente um den Wert des monatlichen Wohnrechts.[619] *Anlage 18* zeigt abschließend die Berechnung einer verbundenen Leibrente mit Wertanpassung bei Tod einer bezogenen Person.[620]

---

[615] Die Höhe der Miete ist – auf Grund der Vertragsfreiheit von Mieten – frei festlegbar. Eine Orientierung zu der Festlegung der Miete bietet der Mietspiegel (vgl. § 558 d BGB). Vgl. ausführend o.V. (Mietspiegel 2006).
[616] Versicherungsmathematisches Alter.
[617] Statistisches Bundesamt (Versicherungsbarwerte für Leibrenten 2006), S. 44.
[618] Eigene Darstellung und Berechnung.

5.7 Zusammenfassung und Zwischenfazit

In diesem Kapitel wurde die Leibrente analysiert, die sich durch ihren Wagnischarakter von der Zeitrente unterscheidet.[621] Das Chancen-Risiko-Verhältnis ist für den Verkäufer und den Käufer einer Immobilie auf Leibrentenbasis ausgeglichen.[622] Die Rentenhöhe wird i.d.R. durch versicherungsmathematischen Berechnungen ermittelt. Von Käufer und Verkäufer wird dabei – neben dem Rechnungszins – der Verkaufspreis der Immobilie verhandelt. Verkehrswerte liefern hierbei eine erste Orientierung.[623]

Der Leibrentenberechtigte profitiert im Besonderen von der lebenslangen Zahlung der Leibrente, verbunden mit einer Wertsicherungsklausel als Inflationsschutz. Dem steht der Vorteil aus Käufersicht gegenüber, auch ohne Eigenkapital eine Immobilie „finanzieren" zu können.[624] Kritisch ist allerdings die Absicherung der vereinbarten Vertragsbedingungen zu sehen, welche in der Form einer Reallast durch Eintragungen in das Grundbuch erfolgen.[625]

Neben den emotionalen Gründen[626] sprechen auch rationale Gründe gegen eine Leibrente:[627] Eine zu niedrige Zusatzrente bei Vereinbarung eines Wohnrechts, die Gefahr des „Verschleuderns"[628] der Immobilie bei frühzeitigem Tod und der Verlust des Eigentums sowie das Vertragspartnerrisiko[629] sind hier beispielhaft zu nennen.[630]

619 „Für den Käufer hat das Haus mit Wohnrecht einen weit geringeren Wert. Die Nutzung ist vorerst stark vermindert. Er hat nur das zukünftige Nutzungsrecht, für das er jetzt bereits einen Betrag zahlt." Wallau, Werner (Immobilien auf Rentenbasis 2000), S. 36.

620 Vgl. *Anlage 18*.

621 Vgl. *Kapitel 5.2*.

622 „Dem Risiko „früher Tod" steht die gleiche Chance gegenüber, die ausdrücklich gewünscht ist: garantierte Rente bis ans Lebensende, egal wie alt man wird." Wallau, Werner (Immobilien verrenten 2001), S. 15.

623 Vgl *Kapitel 5.6*.

624 Vgl. *Kapitel 5.4*. Gerade für jüngere Menschen und Menschen mit geringeren Einkommen bietet sich durch die Leibrente eine interessante Möglichkeit, Immobilieneigentum zu erwerben..

625 Vgl. *Kapitel 5.5.1*. Für den Verkäufer gilt daher: „Oberstes Gebot: Der Käufer für das Objekt muss vertrauenswürdig und solvent sein. Denn für den Immobilieneigentümer ist eine langfristige Bindung und ein reibungsloser Ablauf der Zahlungen der entscheidende Knackpunkt beim Leibrentengeschäft." Schulze, Eike (Immobilien verrenten 2004), S. 68.

626 In diesem Zusammenhang ist vor allem der Verlust der eigenen Immobilie von Bedeutung.

627 Zur Rationalität von Handlungen im Bezug zu spezifischen ökonomischen Fragestellungen sei hier, erweiternd zu dieser Analyse, auf die Untersuchungen und Effekte des *Behavorial Finance* verwiesen. Vgl. ausführend Kiehling, Hartmut (Behavioral Finance 2001), S. 97 ff.

628 „Der Leibrentenberechtigte sieht aufgrund seines möglicherweise frühen Todes die Immobilie als verschleudert an." Krepold, Hans-Michael (Immobilienrente als neues Geschäftsfeld 2004), S. 44.

629 Vgl. Krepold, Hans-Michael (Immobilienrente als neues Geschäftsfeld 2004), S. 43–44.

630 Eine über die rational begründbaren Nachteile hinausgehende Erklärung für die geringe Verbreitung der Leibrente in Deutschland ist nach Horst-Peter Wickel: „Das Versilbern der eigenen Immobilie passt bislang nicht zur deutschen Mentalität …" Wickel, Horst Peter (Eigenheim umwandeln 2003). Kritisch wird ergänzt: „… ob die Erben nicht oft die gepflegten Schmuckstücke schnellstmöglich verkaufen, fragt kein Mensch …" Wickel, Horst Peter (Eigenheim umwandeln 2003).

6 Der Reverse Mortgage

6.1 Grundlagen des Reverse Mortgage

6.1.1 Begriffsdefinition von Reverse Mortgage

Das amerikanische Kreditmodell *Reverse Mortgage* wird in Deutschland mit dem Begriff „umgekehrte Hypothek" bezeichnet. Im Gegensatz zu einer Hypothek, die man abbezahlt um ein Haus zu finanzieren, beleiht man bei einer „umgekehrten Hypothek" wieder eine schuldenfreie Immobilie.[631] *Abb. 12* verdeutlicht diesen Unterschied durch einen Vergleich der „Hypothek" mit der „umgekehrten Hypothek" – dem *Reverse Mortgage* – im Zeitablauf.[632] *Anlage 19* stellt beispielhaft einen Verlauf des *Reverse-Mortgage*-Darlehens dar.[633]

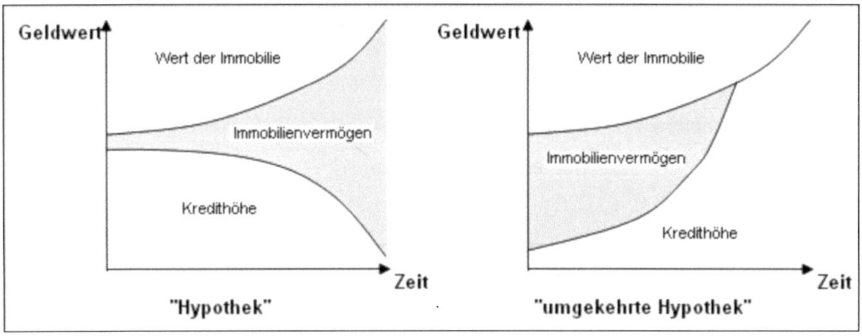

Abb. 12: Vergleich der „Hypothek" mit einer „umgekehrter Hypothek" [634]

Während bei einer Hypothek mit jeder monatlichen Zahlung der Wert des Immobilienvermögens – auf Grund geringerer Verschuldung der Immobilie – steigt, verringert sich der Wert des Immobilienvermögens einer entschuldeten Immobilie durch die Auszahlung von Kreditbeträgen.[635] Eine Definition nach Steve Lawson des *Reverse Mortgage* ist wie folgt:

---

[631] Die Immobilie muss nicht vollständig schuldenfrei sein; eine geringe Restschuld kann über den Auszahlungsbetrag des *Reverse Mortgage* abgelöst werden. Es gilt dabei: „The value of the home must be greater than any debts on the home." Lawson, Steve (Essentials 2004), S. 83.

[632] Zu beachten ist, dass sowohl bei der Hypothek als auch bei der umgekehrten Hypothek der Wert der Immobilie im Zeitablauf steigt. Die Wertsteigerungen sind dabei maßgeblich von der Lage und Infrastruktur einer Immobilie abhängig. Vgl. dazu *Kapitel 4.3.1.*

[633] Vgl. *Anlage 19.*

[634] Modifiziert entnommen aus AARP (Home Made Money 2006), S. 45.

[635] „The loans are called „reverse" because borrowers receive payments from lenders instead of making monthly payments to lenders." Levition, Roberta (Decision-Making 2001), S. 2; vgl. zu diesem Abschnitt Levition, Roberta (Decision-Making 2001), S. 2; Vgl. auch Pokorny, Jennifer (Mortgages 2005), S. 5.

„Reverse Mortgage – a unique type of government-backed home equity loan that is designed to be repaid when the house is sold."[636]

Der *Reverse Mortgage* ist ein Kredit, für den Zinsen berechnet werden,[637] der Hausbesitzer muss den Kredit sowie die Zinsschuld aber zu seinen Lebzeiten nicht zurückzahlen. Der Kreditbetrag, die angefallenen Zinsen sowie die Kreditkosten werden bei Tod des Hausbesitzers bzw. einem Verkauf der Immobilie fällig und durch Verwertung der einzigen Sicherheit – die Immobilie – getilgt. Während der Laufzeit des *Reverse Mortgage* sind keine Zahlungen bzw. Tilgungsleistungen erforderlich.[638]

Schon hier ergeben sich erste Parallelen zwischen einem *Reverse Mortgage* und der bereits dargestellten Leibrente mit Wohnrecht: bei beiden geht es um eine Form der finanziellen Altersvorsorge unter der Einbeziehung einer entschuldeten bzw. weitgehend entschuldeten Immobilie. Sie stellen damit eine Möglichkeit dar, die Mietersparnis im Alter durch eine entschuldete Immobilie mit der Erzielung von liquiden Bezügen zu ergänzen.

Vertraglich besteht ein *Reverse Mortgage* aus verschiedenen zweiseitigen Verträgen und einer einseitigen Verpflichtungserklärung: „Die Parteien schließen einen Kreditvertrag (*loan agreement*) ab, der auch die Rahmenbedingungen für den Vertrag zur Hypothekenbestellung und die einseitige Verpflichtungserklärung (*note*) festlegt ... Im loan agreement wird der Versorgungswert der Wohnimmobilie bestimmt, anhand einer Sterbetafel in Bezug zu der zu erwartenden Vertragslaufzeit (Lebenserwartung des Hauseigentümers) gesetzt ..."[639] und, je nach gewählter Auszahlungsform,[640] zur Verfügung gestellt. Zu beachten ist, dass es in verschiedenen Staaten der USA zu Ausnahmen bezüglich der grundsätzlich gültigen Grundlagen kommt.[641] Ein Beispiel hierfür ist der Staat Texas, der nur bestimmte Auszahlungsoptionen eines *Reverse Mortgage* genehmigt.[642]

---

636 Lawson, Steve (Essentials 2004), S. 3.

637 Dabei ist zu beachten, dass die Zinssätze variable Zinssätze sind. Grundlage ist ein Index, dessen Zinsvorgabe um eine Marge erhöht wird. Auf Grund dieser Tatsache werden Reverse Mortgages auch „Adjustable Rate Mortgages" – kurz „ARM" – genannt. Vgl. Pokorny, Jennifer (Mortgages 2005), S. 16.

638 Vgl. zu diesem Abschnitt Pokorny, Jennifer (Mortgages 2005), S. 5 und S. 9.

639 Kulms, Rainer (Übertragbarkeit der reverse mortgage 2002), S. 617.

640 Vgl. *Kapitel 6.2.2.1.*

641 Das Vorhandensein verschiedener Gesetze und Regularien steht in der Kritik. In der Literatur wird dies als einer der Gründe für die anfänglich langsame Verbreitung von Reverse-Mortgage-Darlehen angesehen. Vgl. ausführend und ergänzend zu dieser Untersuchung Caplin, Andrew (Reverse Mortgage Market Problems 2000), S.20–22.

642 Im Staat Texas gibt es die meisten Ausnahmen und ergänzende Regelungen für den *Reverse Mortgage*. Vgl. ausführend Ballmann, Tara E. (Reverse Mortgage Handbook 2004), S. 72–73.

6.1.2 Zielgruppen und Verbreitung eines Reverse Mortgage in den USA

Der *Reverse Mortgage* ist ein Modell, um eine Altersarmut für Hausbesitzer zu vermeiden.[643] Eine besondere Bedeutung erlangt der *Reverse Mortgage* durch die Leistung der gesetzlichen Rentenversicherung in den USA. Diese stellt, im Gegensatz zu der Lohnersatzfunktion in Deutschland,[644] nur eine Mindestabsicherung für weite Teile der Gesellschaft dar.[645] Ähnlich dem deutschen Rentenversicherungssystem hat die gesetzliche Altersrenten in den USA, durch umlagefinanzierte Anteile, auch Probleme durch die demografischen Entwicklungen, die in Zukunft zu Leistungskürzungen führen können.[646] Zwei Alternativen zu dem *Reverse-Mortgage*-Darlehen sind der Verkauf der Immobilie[647] oder ein *Sale-Leaseback*-Vertrag.[648] Im Gegensatz zu dem eher geringen Interesse einer Immobilienverrentung in Deutschland[649] erkennt man die starke Akzeptanz in den USA an der steigenden Verbreitung und Inanspruchnahme der Möglichkeit, eine Immobilie zu „verrenten". Am Beispiel des *Home Equity Conversion Mortgage*[650], der mit über 90 % aller *Reverse Mortgages* den größten Marktanteil besitzt,[651] lässt sich die zunehmende Bedeutung erkennen: Waren im Geschäftsjahr 1991,[652] ein Jahr nach Einführung des *Reverse Mortgage*,[653] erst 389 Kredite genehmigt, ist diese Zahl von 7.982 Krediten im Jahr 1999 bis auf 43.131 Kredite im Jahr 2005 gestiegen. Allein im Februar 2006 wurden 5.841 Kredite genehmigt.[654] Das Potenzial für *Reverse-Mortgage*-Darlehen in den USA ist enorm: Über 32 Millionen Amerikaner sind über 65 Jahre alt, drei

---

643 Vgl. ausführend Kutty, Nandinee (Who Can Gain 1999), S. 8ff. Nach Rainer Kulms ist der *Reverse Mortgage* eine Möglichkeit, „... um auf Mängel in den staatlichen Kranken- und Rentenversicherungssystemen zu reagieren." Kulms, Rainer (Übertragbarkeit der reverse mortgage 2002), S. 615; vgl. ebenso Kutty, Nandinee (Who Can Gain 1999), S. 8.

644 Vgl. ausführend *Kapitel 2.*

645 Vgl. Verband Deutscher Rentenversicherungsträger (Rentenversicherung Vergleich 1989), S. 203–204.

646 Vgl. ausführend Steinmeyer, Heinz-Dietrich (USA vor Krise 1998), S. 12–13.

647 Vgl. ausführend Hammond, Celeste (Financial Planning), S. 169.

648 Vgl. ausführend Hammond, Celeste (Financial Planning), S. 169–171; „The basic transaction involves the homeowner selling the house to an investor who leases it back to the elderly person under a lifetime lease." Hammond, Celeste (Financial Planning), S. 170; vgl. ergänzend Nauts, Charles (Sale-Leaseback 1997), S. 39–43.

649 Nach einer Umfrage des Icon-Instituts unter 1.000 Männern und Frauen im Alter zwischen 16 und 70 Lebensjahren zeigen nur 3 % der Befragten Interesse an dem Modell Hausrente bzw. *Reverse Mortgage.* Vgl. Schäfer, Rainer (Altersvorsorge durch Wohneigentum 2004), S. 91; die Gründe dafür sind nach Rainer Schäfer wie folgt: „Dass sich nur ganze 3 Prozent hierfür interessieren, könnte auch mit der geringen Bekanntheit des Modells und fehlenden Angeboten zusammenhängen." Schäfer, Rainer (Altersvorsorge durch Wohneigentum 2004), S. 91.

650 In den folgenden Kapiteln wird die gebräuchliche Kurzform „HECM" verwendet.

651 Vgl. National Reverse Mortgage Lenders Association (Annual Volume Mortgages 2006).

652 Ein Geschäftsjahr beginnt am 01.Oktober des vorherigen Jahres und endet am 30. September des angegebenen Jahres. Vgl. National Reverse Mortgage Lenders Association (Annual Volume Mortgages 2006).

653 Der *Reverse Mortgage* in der Form des HECM wurde am 24.Juli 1989 eingeführt. Vgl. LaFay, Bob; Barrell, Doris (Senior Homeowners 2003), S. 2.

654 Vgl. ausführend National Reverse Mortgage Lenders Association (Annual Volume Mortgages 2006).

Viertel dieser Gruppe besitzen ein Eigenheim und dieses Eigenheim ist bei zwei Dritteln vollständig schuldenfrei.[655]

Zur steigenden Verbreitung haben umfassende staatliche Beratungsprogramme vom HUD[656] und nicht-staatliche Beratungsprogramme wie die des AARP[657] beigetragen. Eines der Ziele der Beratungsprogramme war das Vorurteil zu beseitigen, dass eine Kreditaufnahme in Form eines *Reverse Mortgage* gleichzusetzen ist mit dem Verlust des Eigentums an der Immobilie.[658] In der Regel wird das zur Absicherung des Kredits dienende Haus nach dem Tod der *Reverse-Mortgage*-Berechtigten zur Ablösung des Kredits verwendet. Dies widerspricht möglicherweise dem Wunsch des Immobilienbesitzers, seinen Erben einen Wert zu hinterlassen. Allerdings haben die Erben die Möglichkeit, den bestehenden Kredit abzulösen und dadurch die Immobilie zu behalten. Des Weiteren wird eine mögliche Differenz zwischen Verkaufserlös der Immobilie und Kreditschuld des *Reverse Mortgage* an die Erben ausbezahlt.[659]

Die Zielgruppe des *Reverse Mortgage* sind ältere Menschen – ein *Reverse Mortgage* Darlehen ist frühestens ab dem 60. Lebensjahr erhältlich[660] – die mit den Worten „... house rich, but cash poor ...“[661] beschrieben werden. Das Eintrittsalter und das Wachstumspotenzial stehen dabei, nach einer Aussage des GDV[662], nicht im Widerspruch zueinander: „Der Umstand, dass diese Zielgruppe im Zuge der demographischen Entwicklung an Bedeutung gewinnt, könnte daher dafür sprechen, dass für dieses Altersvorsorgeprodukt in Zukunft mit Zuwächsen gerechnet werden kann.“[663]

---

655 Vgl. Kaplan, Richard (Can Reverse Mortgage Meet Income Needs 1997), S. 161.

656 „HUD“ ist die Abkürzung des „U.S. Department of Housing and Urban Development“.

657 Die nicht-staatliche „American Association of Retired Persons“ (AARP) setzt sich für die Rechte von Menschen oberhalb des 50. Lebensjahres ein. Vgl. ausführend o.V. (AARP o.J.).

658 Vgl. o.V. (Reverse Mortgages are gaining popularity 2003).

659 „... if you have willed the house to your beneficiaries at your death, then your beneficiaries can either pay off your loan with other funds or sell the house to pay the lender the balance of the loan ...“ o.V. (Reverse Mortgage 2003), S. 8; „Usually the house is sold to repay the loan.“ Levition, Roberta (Decision-Making 2001), S. 2; „Reverse Mortgages directly conflicted with the desire to leave a legacy.“ Levition, Roberta (Decision-Making 2001), S. 9; vgl. ergänzend Levition, Roberta (Decision-Making 2001), S. 8–10; vgl. ebenso AARP (Home Made Money 2006), S. 27–28; vgl. ebenso Lawson, Steve (Essentials 2004), S. 30–31; vgl. ebenso Pokorny, Jennifer (Mortgages 2005), S. 10–11.

660 Das Einstiegsalter ist nach dem Real Property Law (RPL) im Staat New York mit 60 Jahren vorgegeben. Vgl. Sec. 280 Nr. 1 (e) RPL. Das beliebteste Modell des *Reverse Mortgage,* der HECM, sowie die in *Kapitel 6.2.2.2* und *Kapitel 6.2.2.3* dargestellten Modelle „Home Keeper“ und „Cash Account“ sind – in allen Staaten, in denen diese angeboten werden – erst ab dem 62. Lebensjahr möglich. Vgl. AARP (Home Made Money 2006), S. 8.

661 Lawson, Steve (Essentials 2004), S. 20.

662 „GDV“ ist die Abkürzung für den Gesamtverband der Deutschen Versicherungswirtschaft e.V.

663 Ruprecht, Wilhelm; Wolgast Michael (Märkte für Altersvorsorge 2004), S. 50.

6.1.3 Steuerliche Auswirkungen eines Reverse Mortgage

Im Gegensatz zu der Ertragsanteilsbesteuerung bei der Leibrente[664] sind Zahlungen, die ein Hauseigentümer auf Grund eines *Reverse Mortgages* erhält, grundsätzlich steuerfrei.[665] Steuerlicher Hintergrund dabei ist, dass ein Hausbesitzer ein Vermögen ausbezahlt bekommt, das ihm bereits in Form von Sachkapital gehört und deshalb nicht zu den Einkünften zählt.[666] Aus diesem Grund werden durch die Zahlungen eines *Reverse Mortgages*, die staatlichen und – teilweise zu versteuernden – Rentenprogramme wie z.B. *Social Security*[667] und *Medicare*[668] – nicht mit einem höheren Prozentsatz auf Grund eines höheren Einkommens versteuert.[669] Kritisch anzumerken ist, dass – entgegen pauschaler Aussagen von einigen Anbietern – der Bezug eines *Reverse Mortgage* sehr wohl Auswirkungen auf staatliche Leistungen haben kann.[670] Betroffen sind die staatlichen Programme, die ausschließlich für Bedürftige vorgesehen sind. Beispiele dieser Programme sind u.a. *Supplemental Social Security* (SSI)[671], *Medicaid*[672] sowie *food stamps*[673]. In diesem Fall *kann* es durch den Bezug von zusätzlichen Zahlungen auf Grund eines *Reverse Mortgage* zu Kürzungen der Leistungen aus den jeweiligen Programmen kommen.[674] Da die Voraussetzungen und Kürzungen in den verschiedenen

---

664 Vgl. *Kapitel 5.3.*

665 Vgl. Ballmann, Tara E. (Reverse Mortgage Handbook 2004), S. 15–16; vgl. Lawson, Steve (Essentials 2004), S. 27.

666 „Therefore, you are not actually earning income from the reverse mortgage." Ballmann, Tara E. (Reverse Mortgage Handbook 2004), S. 15.

667 *Social Security* ist die staatliche Rentenversicherung der USA. Wichtigste Leistungen des *Social-Security*-Programms sind die Altersrente (Old Age Insurance – OAI), die Witwen- und Waisenrente (Survivors Insurance – SI) und die Behindertenrente (Disability Insurance – DI). Vgl. ausführend und ergänzend Social Security Administration (Survivors Benefits 2004); Social Security Administration (Retirement Benefits 2004); Social Security Administration (Disability Benefits 2006).

668 *Medicare* ist die öffentliche staatliche Krankenversicherung i.d.R. für alle Amerikaner ab dem 65. Lebensjahr. Vgl. ergänzend und erläuternd U.S. Department of Health and Human Services (Medicare 2006).

669 Vgl. Ballmann, Tara E. (Reverse Mortgage Handbook 2004), S. 15; „In addition, any income received will not push you into a higher tax bracket or push you aver the limits that would cause your Social Security to be taxed." Lawson, Steve (Essentials 2004), S. 27.

670 Als Beispiel sei hier der Anbieter „RLCA" – Residential Loan Centers of America, inc. – genannt. Vgl. Residential Loan Centers of America, inc. (Reverse Mortgage introduction 2004).

671 Staatliches Programm zur Grundabsicherung von Nahrung und Wohnung für Menschen mit sehr niedrigem bzw. keinem Einkommen. Vgl. ausführend Social Security Administration (Supplement Security Income 2006).

672 „Medicaid" ist eine Krankenabsicherung für einen restriktiv festgelegten Personenkreis mit sehr niedrigem Einkommen. Kennzeichnend ist, dass Medicaid die Behandlungskosten direkt an die jeweiligen Institutionen, z.B. Ärzte und Krankenhäuser, abführt. Vgl. ausführend U.S. Department of Health and Human Services (Medicaid 2005).

673 Staatliches Programm zur Versorgung von einkommensschwachen Familien mit Grundnahrungsmitteln. Vgl. ausführend U.S. Department of Agriculture – Food and Nutrition Service (Food Stamps o.J.).

674 Dies ist im Besonderen dann der Fall, wenn die Zahlungen aus einem *Reverse Mortgage* nicht in dem jeweiligen Monat, in dem sie dem Eigentümer zugeflossen sind, verbraucht wurden. Vgl. Ballmann, Tara E. (Reverse Mortgage Handbook 2004), S. 15.

Staaten der USA unterschiedlich sind, ist hier ein individuelles Beratungsgespräch notwendig.[675]

Auch hier ist kritisch anzumerken, dass eine objektive Beratung sichergestellt werden muss. Die steigende Verwendung von *Reverse Mortgages* führt zu erheblichen Einsparungen der Ausgaben der sozialen staatlichen Hilfsprogramme. Dies führt, nach Meinung des Autors, zu einem Interessenskonflikt bei der Beratung eines Wohnungseigentümers bezüglich Pro- und Contra eines *Reverse Mortgages* durch eine staatliche Beratungsstelle.[676] Es zeigt sich daher, dass bei dem *Reverse Mortgage* der Meinungsbildung durch unabhängige Beratungsstellen eine hohe Priorität eingeräumt werden muss. Da die Vermittlung eines *Reverse Mortgage* Darlehen ein finanziell lukratives Geschäft sein kann,[677] und eine Unabhängigkeit der Beratung nicht grundsätzlich gewährleistet ist, obliegt die Meinungsbildung den Anstrengungen der Interessenten. Da der *Reverse Mortgage* ein hohes Einstiegsalter voraussetzt[678] ist daher die Frage zu stellen, in wie weit Interessenten in der Lage sind, sich unabhängig, z.B. durch Quellen im Internet, zu informieren oder in wie weit sie abhängig von der Meinungsbildung durch eine Beratungsstelle sind.

6.1.4 Risiken und Absicherung für die Darlehensnehmer und Darlehensgeber

Ein *Reverse Mortgage* ist ein sog. „non-recourse"-Darlehen, also ein Darlehen ohne Rückgriffsmöglichkeit.[679] Dies bedeutet, dass nur der Gegenwert aus der Veräußerung der Immobilie zur Tilgung des Kredits sowie zur Bezahlung aller Kosten und kumulierten Zinsen ver-

---

675 Zu beachten ist, dass ein Beratungsgespräch ein wichtiger Bestandteil des Genehmigungsprozesses zur Vergabe eines HECM-*Reverse-Mortgage* ist. Die Beratung wird durch ein „Certificate of HECM Counseling" dokumentiert. Dabei unterschreibt der von der HUD zugelassene Berater, dass er den Kunden auf die möglichen Auswirkungen auf soziale Programme hingewiesen hat. Vgl. Kelly, Tom (New Reverse Mortgage Formula 2005), S. 51–53.

676 Ein Beispiel ist die Studie des *National Council on the Aging*. Dabei wurde u.a. – je nach Wachstumsrate der *Reverse-Mortgage*-Darlehen – eine Ersparnis des *Medicaid* Hilfeprogrammes im Jahr 2020 mit bis zu 8,65 % der heutigen Ausgaben ermittelt. Vgl. ausführend Stucki, Barbara (Use of Reverse Mortgage for Long-Term Care 2005), S. 35–36; „In this tight fiscal environment, home equity could play an important role in reducing government expenditures for long-term care." Stucki, Barbara (Use of Reverse Mortgage for Long-Term Care 2005), S. 35.

677 Dies sind sog. „Third-Party Costs". Vgl. Kelly, Tom (New Reverse Mortgage Formula 2005), S. 59.

678 Vgl. *Kapitel 6.1.2.*

679 Eine Erklärung von „non-recourse"-Darlehen nach Steve Lawson ist wie folgt: „Even if the house is not worth enough to pay back the loan, the lender cannot repossess other assets or seek payment from the heirs." Lawson, Steve (Essentials 2004), S. 29.

wendet werden darf.[680] Für das kreditgebende Institut ergeben sich dadurch folgende Risiken:[681]

1. *Langlebigkeitsrisiko des Kreditnehmers:* Die Summe der erhaltenen Zahlungen übersteigt den Wert der Immobilie.
2. *Preisverfall der Immobilie:* Die Immobilie ist – entgegen der Schätzung bei Kreditvergabe – weniger wert bzw. im Wert gesunken.
3. *Struktureller Preisverfall:* Risiken auf Grund eines strukturellen Verfalls der Immobilienpreise in bestimmten Regionen bzw. am Markt.

Eine Risiko- und Ausfallversicherung zur Absicherung der genannten Risiken wird durch die Federal Housing Administration (FHA)[682] für ein spezielles *Reverse-Mortgage*-Modell, dem *Home Equity Conversion Mortgage* (HECM), bereitgestellt.[683] Die gesetzliche Grundlage ist Title 12 USC § 1708–1711.[684] „Kreditgeber, die vom HUD geprüft sind und mit HUD zusammenarbeiten, bauen die Bürgschaft in ihr Angebot ein."[685] Besonders zu erwähnen ist, dass auch ein „Aufzehren" der Immobilie durch die Zinsen von der FHA abgesichert ist.[686] „Das Kreditinstitut ist berechtigt, seine Rechte aus dem Kreditvertrag und der Hypothek an die HECM-Versicherung zu übertragen, sobald die an den Hauseigentümer ausgezahlten Renten 98 % des vertraglich festgelegten Versorgungswerts der Immobilie erreicht haben.[687] Erweiternd zu der Absicherung des Darlehengebers ist bei dem HECM auch der Kreditnehmer durch die FHA abgesichert. Bei Insolvenz des Darlehengebers werden die Zahlungen durch die FHA übernommen. Neuer Darlehengeber ist dann das *federal government*, bestehend aus HUD und FHA.[688] Der maximal absicherbare Wert ist indirekt durch die gebietsabhängigen *Reverse-Mortgage*-Grenzen bestimmt.[689] Durch den Grad der Absicherung gegen Verlustrisiken des Anbieters und des Nachfragers nach der Vergabe des Kredites ist der

---

680 Vgl. zu diesem Absatz Pokorny, Jennifer (Mortgages 2005), S. 10–11.

681 Vgl. ausführend zu diesem Absatz Krepold, Hans-Michael (Immobilienrente als neues Geschäftsfeld 2004), S. 41.

682 Die *Federal Housing Administration* (FHA) ist eine Unterorganisation der staatlichen Regierungsbehörde *Department of Housing and Urban Developing* (HUD).

683 Vgl. Pokorny, Jennifer (Mortgages 2005), S. 7; vgl. zum gesetzlichen Hintergrund Title 12 USC § 1708; vgl. U.S. House of Representatives (U.S. Code 2005 Title 12).

684 Vgl. U.S. House of Representatives (U.S. Code 2005 Title 12).

685 Wallau, Werner (Reverse Mortgage 2002).

686 „Entsprechendes gilt, wenn steigende Kreditzinsen den Wert der Immobilie schneller aufzehren, als die Parteien bei Vertragsschluss angenommen haben." Kulms, Rainer (Übertragbarkeit der reverse mortgage 2002), S. 616; ebenso Rodda, David; Herbert, Christopher; Lam, Hin-Kin (Evaluation Report 2000), S. 8.

687 Kulms, Rainer (Übertragbarkeit der reverse mortgage 2002), S. 616.

688 Vgl. Lawson, Steve (Essentials 2004), S. 30.

689 Vgl. Kulms, Rainer (Übertragbarkeit der reverse mortgage 2002), S. 616; die Grenzen werden jährlich festgelegt. Vgl. *Kapitel 6.2.2.1.*

HECM-*Reverse-Mortgage* von anderen – der Leibrente ähnlichen – Verrentungsmöglichkeiten einer Immobilie abzugrenzen.[690] Kritisch anzumerken ist, dass eine solche staatliche Ausfallversicherung ausschließlich durch den Kreditnehmer bezahlt werden muss. Die Kosten einer solchen MIP – „mortgage insurance premium“ – betragen 2 % des niedrigeren Betrags von *Property Appraised Value*[691] und *Maximum Claim Amount.*[692] Die Kreditkosten können mitfinanziert werden, sie reduzieren dadurch aber den Auszahlungsbetrag.[693]

6.2 Darstellung der wichtigsten Reverse Mortgage Modelle

6.2.1 Grundlagen

Es gibt drei verschiedene Arten von *Reverse-Mortgage*-Darlehen in den USA:

- *Der single-purpose reverse mortgage*: Single-purpose-Kredite sind – je nach Staat der USA – unterschiedliche Förderungsprogramme, die an einen speziellen Verwendungszweck gebunden sind. Der Verwendungszweck ist fest vorgeschrieben und je nach Förderprogramm verschieden. Beispiele sind u.a. Förderprogramme für Hausreparaturen oder Hauserweiterungen. Es handelt sich hierbei um Zuschüsse, nicht um komplette Finanzierungen.[694] Eine Rückzahlung ist, solange man in dem bezogenen Haus wohnt, i.d.R. nicht notwendig.[695]
- *Der federally insured reverse mortgage*: Staatlich abgesicherte Kredite sind die am häufigsten abgeschlossenen Kredite.[696] Der *Reverse Mortgage* ist abgesichert durch die Federal Housing Administration (FHA).[697] Absicherung bedeutet in diesem Zusammenhang, dass das Langlebigkeitsrisiko des Eigentümers für den Kreditgeber *und* das Insolvenzrisiko des Anbieters zum Schutz des Eigentümers durch die FHA übernommen werden. Das *Reverse-Mortgage*-Darlehen ist mit dem Namen *„Home Equity Conversion Mortgage“* (HECM) bekannt, und wird von vielen FHA lizenzierten Kreditinstituten und

690 Ein Beispiel ist das Angebot von „HOME“, das mit der Zeitrente in Deutschland vergleichbar ist, und nicht staatlich abgesichert wird. Ein Vorteil liegt in der Kostenersparnis, die zu höheren monatlichen Zahlungen führt. „FHA insurance, which eliminates to risk to lenders of longer than predicted life expectancy, make HECMs considerably more expensive than HOME mortgages.“ Levition, Roberta (Decision-Making 2001), S. 3.

691 Geschätzter Wert der Immobilie.

692 Gebietsabhängiges Kreditlimit.

693 Vgl. Pokorny, Jennifer (Mortgages 2005), S. 61.

694 Vgl. zu diesem Absatz LaFay, Bob; Barrell, Doris (Senior Homeowners 2003), S. VI.

695 „Typically, no payment is required for as long as you live in your home.“ Pokorny, Jennifer (Mortgages 2005), S. 42.

696 Vgl. *Kapitel 6.2.2.1.*

697 Die Federal Housing Administration (FHA) ist eine Abteilung des U.S. Department of Housing and Urban Development (HUD). Vgl. ausführlich Lawson, Steve (Essentials 2004), S. 36.

Vermittlern angeboten. Die Höhe des Kredites ist – je nach Standort der Immobilie – von der FHA begrenzt.[698]

- *Der proprietary reverse mortgage*: Von privaten Gesellschaften ohne Absicherung durch die FHA angebotene *Reverse Mortgages*. Kennzeichnend für private Angebote ist die wesentlich höhere maximale Summe, die aus Immobilien bezahlt wird – verbunden mit meistens höheren Kosten für die Kreditbereitstellung.[699] Ein Beispiel hierfür ist der *Cash Account Plan* von dem Anbieter Financial Freedom.[700]

Im folgenden Kapitel werden drei *Reverse-Mortgage*-Modelle dargestellt. Auf Grund der geringen Relevanz privater Angebote – diese haben nur einen Marktanteil von ca. 5 %[701] – wird der Schwerpunkt der Untersuchung auf den staatlich abgesicherten *Reverse Mortgage* – den HECM – gelegt.[702]

6.2.2 Darstellung drei verschiedener Reverse Mortgage Modelle

6.2.2.1 Der „Home Equity Conversion Mortgage" (HECM)

Das HECM-Darlehen ist das älteste und verbreitetste[703] am Markt erhältliche *Reverse-Mortgage*-Produkt. Es ist gleichzeitig der einzige *federal insured reverse mortgage.*[704] Zwingende Voraussetzung für eine Genehmigung eines staatlich abgesicherten *Reverse Mortgage* ist die Teilnahme an einem „HUD-approved counseling". Nur für das HECM-Darlehen sind ein Beratungsgespräch mit Hinweisen auf Vor- und Nachteile sowie eine Aufschlüsselung der Kosten eine zwingende, zur Genehmigung des Darlehens notwendige Voraussetzung.[705]

Die Kreditsumme ist von verschiedenen Variablen abhängig.[706] Diese sind:

---

698 Vgl. zu diesem Absatz LaFay, Bob; Barrell, Doris (Senior Homeowners 2003), S. VI.

699 Vgl. zu diesem Absatz LaFay, Bob; Barrell, Doris (Senior Homeowners 2003), S. VI.

700 Vgl. *Kapitel 6.2.2.3.*

701 Vgl. u.a. National Reverse Mortgage Lenders Association (Annual Volume Mortgages 2006).

702 *Anlage 20* zeigt, basierend auf den Ausführungen und Erkenntnissen des folgenden *Kapitels 6.2.2.*, die wesentlichen Unterschiede der *Reverse-Mortgage*-Modelle in stichpunktartiger Form.

703 Vgl. *Kapitel 6.2.1.*

704 Vgl. *Kapitel 6.2.1.*

705 Für die speziellen *Reverse-Mortgage*-Varianten „Home Keeper" und „Cash Account" ist dies empfohlen, aber nicht verpflichtend. „Counseling is not required for other types of reverse mortgages, but it is available and recommended." Lawson, Steve (Essentials 2004), S. 70; Rainer Kulms stellt besonders heraus, dass dies dem Verbraucherschutz dient. Vgl. ausführend Kulms, Rainer (Übertragbarkeit der reverse mortgage 2002), S. 616; vgl. ergänzend Rodda, David; Herbert, Christopher; Lam, Hin-Kin (Evaluation Report 2000), S. 5.

706 Vgl. Ballmann, Tara E. (Reverse Mortgage Handbook 2004), S. 34-35; Pokorny, Jennifer (Mortgages 2005), S. 56–57.

- *Das Alter des jüngsten Kreditnehmers*: Mit einem höheren Alter sinkt die statistische Lebenserwartung und es kann eine höhere Rentenzahlung ausbezahlt werden. Kritisch anzumerken ist, dass das Alter der zweiten Person keinen Einfluss auf die Rentenhöhe hat: es wird nur das Alter des jüngsten Kreditnehmers berücksichtigt. Speziell für Ehepaare mit großem Altersunterschied kann es hier zu Nachteilen im Vergleich zu einer gemeinsamen Berechnung kommen.[707]
- *Der geschätzte Wert des Hauses bzw. das maximale Kreditlimit der Region*:[708] Das maximale Kreditlimit wird jedes Jahr gebietsabhängig bestimmt. Im Jahr 2006 beträgt die Spanne von 200.160 \$–362.790 \$.[709] Dabei ist kritisch anzumerken, dass – auf Grund der gebietsabhängigen Kreditgrenzen – besonders teure Häuser in den von der HUD als ländlich bezeichneten Gebieten (sog. „rural areas“) nur für eine geringe Darlehenssumme qualifiziert sind. Je höher die Diskrepanz zwischen der durchschnittlichen Gebietsbewertung und dem Wert der individuell betrachteten Immobilie ist, umso schlechter ist der maximale Darlehensbetrag im Verhältnis zum Wert der Immobilie.[710]
- *Die erwartete Zinsrate*: Die Verzinsung des HECM-*Reverse-Mortgage* erfolgt durch einen variablen, in der Höhe begrenzten Zinssatz.[711] Eine Auswahlmöglichkeit für den Darlehennehmer besteht bei der Zinsanpassung. Dem Darlehennehmer stehen dabei zwei Wahlmöglichkeiten zur Verfügung: die monatliche oder die jährliche Zinsanpassung. Beide verwenden als Grundlage zur Bestimmung des Zinssatzes die *1-year Treasury bill rate*.[712] Die Entscheidung für die monatliche oder die jährliche Zinsanpassung muss bei Abschluss des *Reverse-Mortgage*-Darlehens getroffen werden und ist nicht mehr abänderbar.[713]

Die monatliche Zinsanpassung verwendet als Grundlage den *1-year-Treasury-bill*-Zinsindex mit einer Marge von 1,5 %. Als Zinsabsicherung ist die maximale Zinshöhe auf den Startzins-

---

707 In diesem Fall kann der sog. „Cash Account“, der in *Kapitel 6.2.2.3* dargestellt wird, zu einer höheren Auszahlung führen. Vgl. Pokorny, Jennifer (Mortgages 2005), S. 57.

708 Der niedrigere Wert im Vergleich der zwei Möglichkeiten wird verwendet. Vgl. Ballmann, Tara E. (Reverse Mortgage Handbook 2004), S. 35.

709 Vgl. Fannie Mae (Loan limits 2005); ebenso U.S. Department of Housing and Urban Development (News Release 2006).

710 Vgl. Pokorny, Jennifer (Mortgages 2005), S. 35. Dies wird von Steve Lawson verdeutlicht: „A home worth \$ 300,000 in an area with a \$ 175,000 limit would be treated as a \$ 175,000 home when making reverse mortgage calculations.“ Lawson, Steve (Essentials 2004), S. 70.

711 Vgl. Kelly, Tom (New Reverse Mortgage Formula 2005), S. 48.

712 *Treasury bills* sind abgezinste Geldmarktpapiere, ausgegeben durch die U.S. Regierung. Vgl. ergänzend zu diesem Absatz Kelly, Tom (New Reverse Mortgage Formula 2005), S. 48–49; Pokorny, Jennifer (Mortgages 2005), S. 58–59.

713 „Once you have made your decision on how interest will be charged, it is permanent and unchangeable!“ Ballmann, Tara E. (Reverse Mortgage Handbook 2004), S. 38.

satz bei Abschluss des Darlehensvertrages zuzüglich 10 % begrenzt.[714] Bei der jährlichen Zinsanpassung wird der *1-year-Treasury-bill*-Zinssatz mit einer Marge von 3,1 % erhöht. Die Zinsen sind jährlich – mit maximal 2 % Steigerung – und lebenslänglich – mit einer Zinsobergrenze von + 5 % – gegenüber dem Startzinssatz begrenzt.[715]

Kritisch zu betrachten ist, dass die höhere Absicherung – durch eine jährliche Zinsbegrenzung sowie eine niedrigere Maximalzinshöhe – bei der jährlichen Zinsanpassung mit einer um 1,6 % höheren Marge erkauft wird. Dies wirkt sich negativ auf die Kreditsumme aus.[716] Die monatliche Kreditanpassung wird daher von der Mehrzahl der HECM-Kreditnehmer gewählt.

Die Auszahlungsmethode des Kreditbetrages ist von dem Darlehennehmer frei wählbar und auch im Nachhinein noch wechselbar.[717] So ist gewährleistet, dass sich der *Reverse Mortgage* flexibel an veränderte Lebenssituationen anpassen lässt.[718] Folgende Auszahlungsvarianten sind wählbar:[719]

- *Lump sum*: Teilweise bzw. vollständige Auszahlung der Kreditsumme. Bei teilweiser Auszahlung ist die Restsumme mit anderen Auszahlungsmöglichkeiten frei kombinierbar.[720]
- *Tenure plan*: Lebenslange Rentenzahlung;[721] dies entspricht der Auszahlungsform einer lebenslang zahlbaren *Leibrente*.[722]
- *Term plan*: Monatliche Zahlungen über einen bestimmten festgelegten Zeitraum.[723] Dies entspricht der Auszahlungsform einer „Zeitrente".[724]
- *Line of credit*: Kreditlinie; die Gelder sind jederzeit verfügbar und können bei Bedarf abgerufen werden. Es erfolgen eine Guthabenverzinsung für nicht abgerufene Gelder so-

---

714 Beträgt bspw. der *1-year Treasury bill* 4,5 %, so ergibt sich ein Startzinssatz von 6 %. Während der Laufzeit des *Reverse Mortgage* kann der Zinssatz niemals über 16 % steigen. Kritisch anzumerken ist, dass der Zinssatz damit nur bei starker Inflation abgesichert ist. „Over the last 15 years, loan rates have remaind under 10 percent ..." Pokorny, Jennifer (Mortgages 2005), S. 59; vgl. Federal Reserve Bank of St. Louis (Treasury Bill Rate 2006).

715 Vgl. zu diesem Absatz Pokorny, Jennifer (Mortgages 2005), S. 58–60; Ballmann, Tara E. (Reverse Mortgage Handbook 2004), S. 38.

716 „In most cases, the monthly adjustable rate provides a slightly higher loan amount because the initial interest rate for the monthly adjustment is lower than the annual adjustment rate." Pokorny, Jennifer (Mortgages 2005), S. 59.

717 Ein Wechsel der Auszahlungsvariante ist nur für den nicht ausbezahlten Teil des *Reverse Mortgage* möglich.

718 „At any time through the course of your reverse mortgage, you are allowed to change the disbursement plan ..." Ballmann, Tara E. (Reverse Mortgage Handbook 2004), S. 37.

719 Vgl. ergänzend U.S. Department of Housing and Urban Development (Top Ten 2004).

720 Vgl. zu diesem Absatz Ballmann, Tara E. (Reverse Mortgage Handbook 2004), S. 36.

721 Vgl. Ballmann, Tara E. (Reverse Mortgage Handbook 2004), S. 36–37.

722 Vgl. Kapitel 5.

723 „A monthly payment for a specific time period." Pokorny, Jennifer (Mortgages 2005), S. 63.

724 Vgl. *Kapitel 5.2.*

wie eine Darlehensverzinsung für den Anteil der bereits abgerufenen Gelder. Die Kreditlinie ist die beliebteste Auszahlungsvariante in den USA.[725]

- *Modified Term*: Kombination von *Lump sum* und *Term plan*.[726]
- *Modified Tenure*: Kombination von *Line of Credit* und *Tenure plan*.[727]

Durch diese sechs Varianten ist bei dem HECM-Darlehen, im Vergleich mit den in den folgenden Kapiteln dargestellten „Home Keeper" und „Cash Account" die größte Flexibilität gegeben.

6.2.2.2 Der „Home Keeper" von Fannie Mae

Der „Home Keeper" von Fannie Mae[728] war die erste am Markt erhältliche Alternative zu dem HECM-*Reverse-Mortgage*.[729] Die Unterschiede zwischen dem HECM-Darlehen und dem „Home Keeper" sind gering.[730] Die wesentlichen Produktmerkmale wie die Voraussetzungen der Genehmigung und die vorzeitigen Kündigungsmöglichkeiten sind weit gehend identisch.[731] Das Angebot des „Home Keeper"-Darlehens richtet sich vor allem an Hausbesitzer mit einem hohen Immobilienwert.[732] Wichtigster Unterschied im Vergleich mit dem HECM-Darlehen ist daher auch das höhere *home value limit*, also der maximale Kreditbetrag.[733]

Der „Home Keeper" ist kein *government-insured program*, also kein staatlich abgesichertes Programm. Allerdings ist er ein sog. *government-sponsored program*. Der Unterschied ist für den Kreditnehmer gering. Während die Zahlungen des HECM staatlich garantiert sind, besteht für den „Home Keeper" keine Absicherung der Zahlungen. HUD und FHA sind also

---

725 „A line of credit that can grow in value and that you can draw as needs arise." Pokorny, Jennifer (Mortgages 2005), S. 63; vgl. ergänzend Ballmann, Tara E. (Reverse Mortgage Handbook 2004), S. 36–37.

726 Vgl. ergänzend Ballmann, Tara E. (Reverse Mortgage Handbook 2004), S. 36; Pokorny, Jennifer (Mortgages 2005), S. 63.

727 Vgl. ergänzend Ballmann, Tara E. (Reverse Mortgage Handbook 2004), S. 36; Pokorny, Jennifer (Mortgages 2005), S. 63.

728 Fannie Mae ist der größte Kreditgeber in den USA mit über 58 Millionen Darlehen in der Zeit von 1968 bis 2004. Vgl. ausführend Ballmann, Tara E. (Reverse Mortgage Handbook 2004), S. 43.

729 Vgl. Lawson, Steve (Essentials 2004), S. 70.

730 Es sei hier erwähnt, dass der „Home Keeper" das einzige *Reverse-Mortgage*-Modell ist, bei dem es möglich ist, die Auszahlungssumme als Tilgungssumme für einen Kredit eines neuen Hauses zu verwenden. Dieses „Home Purchase" *Reverse-Mortgage*-Modell auf Basis des „Home Keeper"-Darlehens unterliegt spezifischen Anforderungen und Regularien und wird im Rahmen dieser Arbeit nicht weiter analysiert. Vgl. ausführend Ballmann, Tara E. (Reverse Mortgage Handbook 2004), S. 51–55.

731 Vgl. ausführend Ballmann, Tara E. (Reverse Mortgage Handbook 2004), S. 43–50. „Although the loans are similar, the Home Keeper has its own unique features ... the property restrictions for the Home Keeper are less stringent than FHA's, so some properties may be eligible for the Home Keeper that might otherwise be excluded under FHA guidelines." Pokorny, Jennifer (Mortgages 2005), S. 74.

732 Dabei kann es auch dann zu Vorteilen durch den „Home Keeper" kommen, wenn die Immobilie in einem Gebiet mit relativ niedrigem Kreditlimit von der FHA im Vergleich zu dem Wert der Immobilie gelegen ist. Vgl. Pokorny, Jennifer (Mortgages 2005), S. 84.

733 Vgl. zu diesem Absatz Lawson, Steve (Essentials 2004), S. 70.

nicht gezwungen, auf Grund vertraglicher Garantien bei Finanzproblemen die Zahlungen zu übernehmen.[734] Hinsichtlich des *government-sponsored program* gilt allerdings: „To compensate, the government monitors the stability, safety and soundness of Fannie Mae and makes sure they have adequate capital.“[735] Durch die abgesicherte Zahlungsfähigkeit von Fannie Mae sind daher indirekt auch die Kreditzahlungen aus einem *Reverse Mortgage* abgesichert.[736] Durch den Verzicht auf eine staatliche Absicherung *können* sich Kostenvorteile im Vergleich zu einem FHA-gesicherten Darlehen ergeben.[737]

Ein weiterer, nach Meinung des Autors weitgehend unbedeutender Unterschied ist, dass die Zinsrate – im Gegensatz zu dem HECM-Darlehen – ausschließlich monatlich anpassbar ist und eine jährliche Zinsanpassung nicht zur Wahl steht. Zu beachten ist allerdings, dass auch bei dem HECM-Darlehen größtenteils die monatliche Anpassung gewählt wird, da dies zu einer etwas höheren monatlichen Auszahlung führen kann.[738] Die Zinsrate basiert auf der monatlichen *Certificate of Deposit rate* (CD Index rate) und wird um die Marge von 3,4 % erhöht.[739] Zur Absicherung vor einer inflationären Zinssteigerung ist der Zinssatz auf den bei Kreditaufnahme festgelegten Zinssatz plus 12 Prozent begrenzt.[740]

6.2.2.3 Der „Cash Account " von Financial Freedom

Der „Cash Account“ von Financial Freedom[741] bildet die dritte *Reverse-Mortgage*-Variante. Umgangssprachlich wird das „Cash Account“-Darlehen auch als „jumbo loan“[742] bezeichnet, was auf seinen wichtigste Unterschied zu dem HECM-Darlehen und „Home Keeper“ zurückzuführen ist – nämlich auch hohe Kreditbeträge für „high value“–Immobilien zu vergeben. Die Obergrenze liegt i.d.R. bei einem Immobilienwert von 1.000.000 $, wobei individuelle Verträge für Immobilien, die vom Wert oberhalb dieser Grenze liegen, abgeschlossen werden können.[743]

---

734 Vgl. zu diesem Absatz Lawson, Steve (Essentials 2004), S. 71.

735 Lawson, Steve (Essentials 2004), S. 71.

736 Dies ist vor dem Hintergrund zu sehen, dass Fannie Mae bei vermittelten „Home Keeper“-Krediten die lebenslange Zahlung an die Immobilieneigentümer garantiert. „Should lender fail, Fannie Mae will guarantee payment to borrowers.“ Kelly, Tom (New Reverse Mortgage Formula 2005), S. 56.

737 Vgl. Kelly, Tom (New Reverse Mortgage Formula 2005), S. 54–56.

738 Vgl. zu diesem Absatz Lawson, Steve (Essentials 2004), S. 71.

739 Die Angaben zu der Marge basieren auf dem Jahr 2005; vgl. Pokorny, Jennifer (Mortgages 2005), S. 77–78.

740 Die Zinsobergrenze wird als „cap“ bezeichnet. Ist bspw. der Zinssatz 2,6 %, ergibt sich, zzgl. Marge, eine Zinsrate von 6 %. Die Zinsobergrenze ist damit auf 18 % begrenzt. Vgl. Pokorny, Jennifer (Mortgages 2005), S. 78.

741 Financial Freedom Senior Funding Corporation ist ein Tochterunternehmen der IndyMac Bank, F.S.B. Vgl. ausführend Pokorny, Jennifer (Mortgages 2005), S. 87.

742 Vgl. ergänzend Pokorny, Jennifer (Mortgages 2005), S. 87.

743 Vgl. zu diesem Absatz Lawson, Steve (Essentials 2004), S. 72; bei einem Immobilienwert unter 500.000 $ ist es grundsätzlich günstiger, ein HECM-Darlehen bzw. ein „Home Keeper“-Darlehen abzuschließen. „The

Der „Cash Account“ ist weder *government-insured* noch *government-sponsored.* Es gibt für einen Kreditnehmer keine Möglichkeit, einen ähnlichen Grad der Absicherung wie bei dem HECM-Darlehen oder dem „Home Keeper“ zu erlangen. Die Kreditzahlung wird ausschließlich durch Financial Freedom garantiert, was zu einem Insolvenzrisiko führt. Aus der Tatsache einer fehlenden Versicherung ergeben sich folgende Auswirkungen:[744]

- *Eine Kostenersparnis*: Da für eine staatliche Absicherung nicht bezahlt werden muss, sind die Abschlussgebühren und laufenden Kosten i.d.R. geringer.[745]
- *Die einzige Auszahlungsmöglichkeit ist die Kreditlinie*: Die Kreditlinie bei dem „Cash Account“ ist im Interesse des Kreditnehmers, da dieser direkt Besitz von dem Geld nehmen kann und damit nicht über Jahrzehnte ein Insolvenzrisiko des Kreditgebers tragen muss.[746]
- *Keine Auszahlung des Restwertes der Immobilie im Todesfall*: Dies bedeutet, dass bspw. eine positive Differenz zwischen dem Wert der Immobilie und dem Kreditbetrag zum Todeszeitpunkt nicht an die Erben ausgezahlt wird. Dieser Kritikpunkt überwiegt nach Meinung von Steve Lawson eine mögliche Kostenersparnis.[747]

Während das HECM-Darlehen bei zwei Kreditnehmern nur das Alter des jüngsten Darlehensnehmers als Grundlage zur Berechnung der Kredithöhe verwendet, wird bei dem „Cash Account“ bei zwei Kreditnehmern das Alter beider Kreditnehmer berücksichtigt. Dadurch ergibt sich als Vorteil eine höhere Auszahlung bei zwei Kreditnehmern – besonders wenn diese einen hohen Altersunterschied aufweisen.[748]
Die Zinsrate basiert auf der *Libor rate*[749] und wird um eine Marge i.H.v. 5 % erhöht.[750] Die Zinsobergrenze ist durch eine lebenslange Zinsbegrenzung i.H.v. 6 % über dem ersten Zinssatz festgelegt.[751]

HECM and Home Keeper generally offer a better value for homes under $ 500,000.“ Pokorny, Jennifer (Mortgages 2005), S. 96.

744 Vgl. ergänzend Lawson, Steve (Essentials 2004), S. 72.

745 Zu beachten ist, dass individuelle Vertragsvereinbarungen meist individuelle Kostenvereinbarungen und höhere laufende Kosten enthalten, was die Kostenersparnis relativieren kann. Vgl. Pokorny, Jennifer (Mortgages 2005), S. 91–93.

746 Vgl. Lawson, Steve (Essentials 2004), S. 72.

747 „This offsets the advantage of not having to pay for MIP insurance.“ Lawson, Steve (Essentials 2004), S. 72.

748 Vgl. Lawson, Steve (Essentials 2004), S. 72-73.

749 Die *Libor rate* ist die London InterBank Offered Rate; sie ist die Zinsrate für den Handel zur Geldleihe zwischen Banken. Vgl. Pokorny, Jennifer (Mortgages 2005), S. 89.

750 Aufschlag (= Marge) im Jahr 2005.

751 Vgl. zu diesem Absatz Lawson, Steve (Essentials 2004), S. 73.

Nach Abschluss eines „Cash Account"-Kreditvertrages hat der Darlehennehmer drei Auswahlmöglichkeiten: die *Standard Option, Zero Point*™ Option und die *Simply Zero*™ Option. *Tabelle 5* zeigt die wesentlichen Unterschiede:

	Standard Option	Zero Point™ Option	Simply Zero™ Option[752]
Abschlussgebühren[753]	2 % des Immobilienwertes	0	0
Kreditgebühren[754]	unbegrenzt	Begrenzt auf 3.500 $	0
Auszahlung[755]	Kreditlinie	Kreditlinie; Mindestauszahlung nach Abschluss 75 %	100 % Auszahlung
Zins auf Guthaben	Ja	Ja; auf maximal 25 % der Kreditsumme	Kein Guthaben

Tab. 5: Standard Option, Zero Point™ Option und Simply Zero™ Option als mögliche Varianten des „Cash Account" im Vergleich[756]

Abzuwägen zwischen den Alternativen ist, dass es bei der Ersparnis von Abschlussgebühren von Begin an – auf Grund der hohen Mindestauszahlungen – zu Zinszahlungen auf dem *Reverse Mortgage* kommt.[757] Kritisch anzumerken ist, dass nur, wenn die ausgezahlten Gelder mit einem Zinssatz über dem Zinssatz des *Reverse Mortgage* angelegt werden können, eine vollständige 100%-Auszahlung bzw. fast vollständige 75%-Auszahlung für den Kreditnehmer rentabel ist.[758]

---

752 Vgl. ergänzend Kelly, Tom (New Reverse Mortgage Formula 2005), S. 59-60.

753 Beträgt der Immobilienwert bspw. 1.000.000 $, so sind die Abschlussgebühren 20.000 $.

754 Kreditgebühren sind die sog. „third-party closing costs", z.B. für appraisal, title, credit etc. Vgl. Kelly, Tom (New Reverse Mortgage Formula 2005), S. 59.

755 Mindestauszahlung bzw. Vollauszahlung erfolgt nach der gesetzlichen Widerrufsfrist von 3 Tagen. „Funds are available after the three-day right of rescission." Ballmann, Tara E. (Reverse Mortgage Handbook 2004), S. 57-58.

756 Modifiziert entnommen aus Ballmann, Tara E. (Reverse Mortgage Handbook 2004), S. 58 und Kelly, Tom (New Reverse Mortgage Formula 2005), S. 59–60.

757 Kelly, Tom (New Reverse Mortgage Formula 2005), S. 60.

758 „If they (Anmerkung des Autors: die Darlehensnehmer) can't get at least as much in return as the rate they are paying on their reverse mortgage, there's really no reason to spend the time and effort." Kelly, Tom (New Reverse Mortgage Formula 2005), S. 60.

6.3 Voraussetzungen zur Genehmigung eines Reverse Mortgage

Die Anforderungen an einen Kreditnehmer sind bei allen genannten *Reverse Mortgages* grundsätzlich gleich.[759] Die Voraussetzungen sind im Vergleich zu den Voraussetzungen für ein „normales" Darlehen gering – es existieren z.B. keine Mindest- bzw. Maximaleinkommensvoraussetzungen und es erfolgt keine Überprüfung der finanziellen Bonität auf Grund der Tatsache, dass der *Reverse Mortgage* ein „non-recourse"-Darlehen ist.[760] Neben weiteren – teilweise immobilienspezifischen – Voraussetzungen gibt es nach Meinung des Autors, vier wesentliche Voraussetzungen:[761]

- *Mindestalter 62 Jahre:* Das Mindestalter von 62 Jahren ist auch bei einem gemeinschaftlichen Eigentum einer Immobilie von beiden Kreditnehmern eines *Reverse Mortgage* zwingende Voraussetzung. Kritisch betrachtet ist die Folge, dass ein Wohnungsmiteigentümer unter dem Mindestalter von 62 Jahren auf seine Rechte an der Wohnung verzichten muss, um sich und die Immobilie für einen *Reverse Mortgage* zu qualifizieren.[762]
- *Geeignete Immobilie:* Grundsätzlich sind verschiedene Immobilientypen möglich, z.B. ein Einfamilienhaus, Reihenhaus, Eigentumswohnungen etc.[763] Wichtig dabei ist, dass der Darlehennehmer auch Eigentümer der Immobilie ist[764] und dass die Immobilie überwiegend schuldenfrei ist.[765]
- *Erstwohnsitz:* Die Immobilie muss der Erstwohnsitz des Darlehennehmers sein. Dadurch ergeben sich mehrere Nachteile: Besitzt ein Darlehennehmer mehrere Immobilien, kann nur der Erstwohnsitz zur Darlehensaufnahme verwendet werden, nicht die Immobilie mit dem höchsten Wert. Des Weiteren ist es nicht möglich, mehr als ein *Reverse-Mortgage*-Darlehen zu erhalten, da jede Person nur einen Erstwohnsitz haben kann.[766] Daher sind gerade die Personen benachteiligt, die ihr Vermögen in Immobilien angelegt haben und auf ein Zusatzeinkommen aus der Immobilie angewiesen sind. Für diese Personen ist der *Reverse Mortgage* ist kein geeignetes Instrument, da es die finanziellen Möglichkeiten eines Besitzers von mehreren Immobilien nicht ausreichend ausschöpfen kann.

---

759 Ausnahmen bestehen weitgehend nur auf Grund verschiedener Gesetze in verschiedenen Staaten in den USA.

760 Vgl. Pokorny, Jennifer (Mortgages 2005), S. 10.

761 Vgl. ergänzend LaFay, Bob; Barrell, Doris (Senior Homeowners 2003), S. 4; vgl. ebenso U.S Department of Housing and Urban Development (Top Ten 2004).

762 Vgl. Lawson, Steve (Essentials 2004), S. 82; Pokorny, Jennifer (Mortgages 2005), S. 11.

763 U.a. single family home, owner-occupied residence, qualified condominium, townhouse, manufactured home. Vgl. erläuternd Ballmann, Tara E. (Reverse Mortgage Handbook 2004), S.17; Lawson, Steve (Essentials 2004), S. 79–81.

764 Vgl. Lawson, Steve (Essentials 2004), S. 79–81; vgl. ebenso Ballmann, Tara E. (Reverse Mortgage Handbook 2004), S. 17.

765 Vgl. *Kapitel 6.1.*

766 Lawson, Steve (Essentials 2004), S. 81–82.

- *Persönliche Voraussetzungen*: Persönliche Voraussetzungen sind grundsätzlich bei „normalen“ und „umgekehrten“ Hypotheken gleich. Damit sind vor allem der Ausschluss von Personen mit einem anhängenden Insolvenzverfahren sowie der Ausschluss von straffällig gewordenen Personen gemeint.[767] Der Ausschluss von dem *Reverse-Mortgage*-Programm erfolgt auch, wenn der Immobilienbesitzer in die CAIVRS-[768], LDP-[769] oder GSA-[770] Datenbanken eingetragen ist.

6.4 Analyse der Vor- und Nachteile des Reverse Mortgage

6.4.1 Vorteile

Der Vorteil eines *Reverse Mortgage* ist eng mit dem Ziel der finanziellen Absicherung im Alter verbunden. Das wichtigste Ziel ist, die *finanzielle Unabhängigkeit* im Alter, auch bei steigenden Versorgungskosten zu erhalten.[771] Steigende Versorgungskosten entstehen vor allem durch einen höheren Bedarf an medizinischer Hilfe bei sinkenden Leistungen aus der Krankenkasse: „Another factor forcing seniors to find alternative sources of income, and therefore buttressing the move to reverse mortgages ... is the soaring costs of health care, such as prescriptions, and the costs of long-term care in the home not covered by Medicare.“[772] Um diese Diskrepanz zwischen niedriger Liquidität auf der einen und hohem Immobilienvermögen auf der anderen Seite auszugleichen, bedarf es eines Hilfsmittels, namentlich des *Reverse Mortgage*.

Ein Reverse Mortgage ist eine Variante, die finanzielle Altersvorsorge im Alter zu unterstützen. Dieses Ziel wird durch einen Transfer von Sach- in Geldkapital erreicht. Die *finanzielle Unabhängigkeit* kann – je nach Darlehenssumme und persönlicher Situation – durch einen *Reverse Mortgage* ergänzt bzw. geschaffen werden.[773]

---

767 Vgl. Pokorny, Jennifer (Mortgages 2005), S. 11.

768 Credit Altert Interactive Voice Response System (CAIVRS); staatliche Datenbank zum Schutz vor missbräuchlicher Verwendung staatlich geförderter Programme. Einer Eintragung in diese Datenbank steht einer Genehmigung eines *Reverse Mortgage* entgegen. Vgl. ausführend Ballmann, Tara E. (Reverse Mortgage Handbook 2004), S. 32–33; vgl. ergänzend U.S Department of Housing and Urban Development (CAIVRS 2005).

769 Limited Denial of Participation (LDP) ist eine Datenbank von dem HUD. Eintragungen erfolgen auf Grund von Verstößen gegen vertragliche Verpflichtungen. Vgl. ausführend Ballmann, Tara E. (Reverse Mortgage Handbook 2004), S. 33; vgl. ergänzend Orton, Arthur (LDP List 2006).

770 General Services Administration (GSA); staatliche Datenbank mit – von geförderten Programmen – abzulehnenden Personen. Vgl. ausführend Ballmann, Tara E. (Reverse Mortgage Handbook 2004), S. 33.

771 „Without question, the biggest advantage of a reverse mortgage is the financial independence that it can create. “Lawson, Steve (Essentials 2004), S. 26.

772 O.V. (Reverse Mortgages are gaining popularity 2003), S. 50.

773 Vgl. Lawson, Steve (Essentials 2004), S. 26–27.

Das Ziel „finanzielle Unabhängigkeit“ im Alter zu erreichen, wird bei der Verwendung eines *Reverse Mortgage* durch einige Eigenschaften des *Reverse-Mortgage*-Modells erleichtert. Dies Vorteile sind bspw.:

- Steuerfreies Einkommen[774]
- Keine Rückzahlungsverpflichtung des Darlehens während der Laufzeit[775]
- Nur geringe Anforderungen zur Genehmigung eines *Reverse Mortgage* an den Darlehensnehmer[776]
- Das Darlehen kann nicht vererbt werden[777]

Zusätzlich zu den genannten Produkteigenschaften ergeben sich, auf Grund vertraglicher Verpflichtungen der Anbieter sog. „consumer safeguards“[778] zur Absicherung der Darlehennehmer. „Safeguards were put into place to offer seniors an extra safety measure against illegal or unethical practices by lenders.“[779] Die wichtigsten Absicherungen für den Darlehensnehmer sind:[780]

- Auszahlungsgarantien[781]
- Keine Rückgriffsmöglichkeit durch die Eigenschaft „non-recourse“-Kredit[782]
- Begrenzte Zinssätze dienen dem Schutz vor inflationären Steigerungen[783]
- Verpflichtende Teilnahme an einer Beratung[784]

Die Risiken bzw. Einstiegshürden sind für einen Darlehennehmer durch die genannten Eigenschaften und „Safeguards“ sehr gering. Und glaubt man den Anzeigen und Werbungen der Darlehenvermittler, so ist der *Reverse Mortgage* eine uneingeschränkt zu empfehlende Vorsorgevariante für das Alter. Nach Meinung des Autors hat allerdings schon *Kapitel 6.2* gezeigt, wie wichtig eine unabhängige Beratung ist, denn die erste Einstiegshürde ist die „richtige“ Wahl des *Reverse-Mortgage*-Modells. „Richtig“ bedeutet dabei ein individuelles Abwägen von Vor- bzw. Nachteilen der einzelnen Möglichkeiten eines *Reverse-Mortgage*-Modells im Vergleich mit den anderen Modellen. Die Entscheidungsfindung für die individuell

774 Vgl. ausführend *Kapitel 6.1.3.*
775 Vgl. ausführend *Kapitel 6.1.1.*
776 Vgl. ausführend *Kapitel 6.3.*
777 Vgl. ausführend *Kapitel 6.1.2.*
778 Vgl. Ballmann, Tara E. (Reverse Mortgage Handbook 2004), S. 75.
779 Ballmann, Tara E. (Reverse Mortgage Handbook 2004), S. 75.
780 Vgl. ergänzend U.S. Department of Housing and Urban Development (Top Ten 2004).
781 Bei dem HECM-Darlehen wird die Auszahlung durch die FHA garantiert. Garantiert wird auch die Auszahlung des „Home Keeper“-Darlehens durch Fannie Mae und die Auszahlung des „Cash Account“ durch Financial Freedom, was allerdings nicht gleichzusetzen ist mit einer staatlichen Absicherung. Vgl. *Kapitel 6.2.2.*
782 Vgl. *Kapitel 6.1.1.*
783 Je nach gewähltem *Reverse-Mortgage*-Modell gibt es verschieden hohe Zinsbegrenzungen. Vgl. *Anlage 20.*
784 Gesetzlich verpflichtend bei dem HECM Darlehen.

vorteilhafte Variante des *Reverse Mortgage* wird einerseits durch den gewünschten Grad der Absicherung, andererseits durch die gewünschte Höhe des Darlehens bestimmt. Denn das Darlehen mit der höchstmöglichen Absicherung – das HECM-Darlehen – ist gleichzeitig auch das Darlehen mit den niedrigsten, je nach geografischer Lage unterschiedlichen Kreditgrenzen.

6.4.2 Nachteile

1. *Der mögliche Verlust des Eigenheims zu Lebzeiten*: Der Meinung, ein *Reverse Mortgage* kann zu einem Verlust des Eigenheimes führen, entgegnet Steve Lawson: „Under no circumstances will the reverse mortgage cause you to lose your home.“[785] Durch die staatliche Absicherung und Garantie wird der Darlehengeber vor Verlustrisiken geschützt. Analog zu *Kapitel 6.1.4* besteht die Absicherung des Darlehengebers vor allem in dem Schutz, dass der Gegenwert aus dem Verkauf der als Sicherheit dienenden Immobilie nicht zur Tilgung des Darlehens genügt.[786] Die Immobilie ist daher Grundlage und Sicherheit für die Kredittilgung des Darlehennehmers. Daraus ergibt sich ein für den Darlehengeber hohes Interesse, den Immobilienbesitz des Darlehennehmers abzusichern.[787] Zur Absicherung des Darlehengebers können spezielle Ereignisse den *Reverse Mortgage* vor der geplanten Rückzahlung – also dem Todeszeitpunkt des Immobilienbewohners – fällig werden lassen.[788] „None of the events ... will directly force you out of your home ...“[789], aber: „They are triggering events that would cause the reverse mortgage loan to become due.“[790] In den meisten Fällen kann ein Verlust der Immobilie durch die Begleichung der offenen Beträge aus liquidem Vermögen verhindert werden.[791] Sind allerdings finanzielle Werte nicht bzw. nicht ausreichend vorhanden, ist der Verlust der Immobilie die Folge aus der Rückzahlungsverpflichtung des *Reverse Mortgages*. Die häufigsten Möglichkeiten, die Immobilie zu verlieren, werden im Folgenden kurz dargestellt:[792]

---

785 Lawson, Steve (Essentials 2004), S. 92.

786 „It protects the lender if the value of your home is insufficient to cover the payoff of the loan.“ Lawson, Steve (Essentials 2004), S. 92.

787 „The lender needs to be assured that you will not lose the home for some other reason before the reverse mortgage loan comes due.“ Lawson, Steve (Essentials 2004), S. 92.

788 Diese Ereignisse führen nach Rainer Kulms zu einer vor dem Todeszeitpunkt gelegenen Verwertung der Immobilie durch vertraglich fixierte „Beschleunigungsklauseln“ (acceleration clauses). Vgl. Kulms, Rainer (Übertragbarkeit der reverse mortgage 2002), S. 617.

789 Lawson, Steve (Essentials 2004), S. 92.

790 Lawson, Steve (Essentials 2004), S. 92.

791 Eine Ausnahme ist das Ereignis „Eminent domain“, das im Folgenden ebenfalls kurz vorgestellt wird.

792 Vgl. zu diesem Absatz Lawson, Steve (Essentials 2004), S. 92; vgl. ergänzend zu den folgenden einzelnen Möglichkeiten Ballmann, Tara E. (Reverse Mortgage Handbook 2004), S. 26–29.

- *Failure to pay taxes and insurance:* Da das Eigentum an der Immobilie nicht wechselt, muss der *Reverse-Mortgage*-Kreditnehmer weiterhin die Grundsteuern für Immobilienbesitz bezahlen. Kann der Immobilienbesitzer diese Steuer nicht begleichen, kann es zu einem zwangsweisen Verkauf der Immobilie durch das „local government“ kommen.[793] Eine weitere Verpflichtung für den Kreditnehmer besteht im Abschluss einer Immobilienversicherung gegen Feuerschaden.[794]
- *Bankruptcy:* Eine private Insolvenz bedeutet, dass jegliches Vermögen zum Begleichen von Schulden und Verbindlichkeiten verwendet werden muss. Dies kann einen Verkauf der Immobilie, ein Begleichen des *Reverse Mortgages* und die Verwendung von dem Restbetrag zur Schuldentilgung als Folge haben. Die Gesetze und Verordnungen sind je nach Staat in den USA verschieden.[795] Unter bestimmten Umständen können Immobilien nicht zur Schuldentilgung bei einer Insolvenz des Besitzers verwendet werden.[796]
- *Changing Owner:* Ein Eigentümerwechsel führt zu der Fälligkeit des *Reverse Mortgage*. Gründe für einen Eigentümerwechsel können z.B. in der Veränderung von familiären Verhältnissen, z.B. Eheschließung bzw. Ehescheidung, liegen. Hintergrund dabei ist, dass die Kalkulationen des Kredits sowie der Kreditabsicherung durch die FHA auf den Daten des jüngsten Kreditnehmers beruhen.[797] Dies ist kritisch zu bewerten, da eine zukünftige Veränderung der familiären Situation nicht vorhersehbar ist. Eine sinnvolle Absicherung besteht in der Teilung des Vermögens, um späteren Ausgleichsansprüchen und einer Fälligkeiten des *Reverse Mortgage* zu entgehen.
- *Renting Out:* Eine Untervermietung ist nur dann zulässig, wenn die Immobilie maximal vier Wohneinheiten besitzt und der Hauseigentümer weiterhin seinen ersten Wohnsitz in der Immobilie hat.[798]
- *Eminent Domain:* „Eminent Domain“ bezeichnet die Enteignung der Immobilie durch den Staat mit Auszahlung eines entsprechenden Gegenwertes, dem sog. „... fair mar-

---

793 Vgl. zu diesem Absatz Lawson, Steve (Essentials 2004), S. 93-94; vgl. ergänzend Kuhn, Richard (Disadvantages Reverse Mortgages 1997), S. 159.

794 Die Anforderungen an eine solche Versicherung sind ähnlich der deutschen Wohngebäudeversicherung. Vgl. ergänzend Buschmann, Kathrin u.a. (Baufinanzierung 2004), S. 172; es besteht die Möglichkeit, dass Versicherung und Steuern direkt von dem Darlehensgeber abgeführt werden. „If you have a line of credit and the lender allows it, the tax and insurance costs may be deducted and paid annually. If you have tenure or term payments, the lender can collect one twelfth of the costs each month and pay them when due.“ Pokorny, Jennifer (Mortgages 2005), S. 146.

795 Vgl. Lawson, Steve (Essentials 2004), S. 95.

796 Vgl. ergänzend Lawson, Steve (Essentials 2004), S. 95.

797 Vgl. Lawson, Steve (Essentials 2004), S. 95–96.

798 Vgl. Lawson, Steve (Essentials 2004), S. 97.

ket value of the home …"[799]. Die Zahlung des Staates muss zur Tilgung des *Reverse-Mortgage*-Darlehens verwendet werden.[800]

3. *Die Kosten des Reverse Mortgage:*[801] Wesentlicher Nachteil eines *Reverse Mortgages* sind die hohen Kosten, die durch den Abschluss eines *Reverse-Mortgage*-Vertrages entstehen. Die Kosten sind sog. „Financed Expenses"[802], d.h., diese Kosten müssen nicht zusätzlich von dem Darlehennehmer aufgebracht werden: sie werden allerdings auf den Kreditbetrag addiert bzw. reduzieren die mögliche Auszahlungssumme.[803] Grundsätzlich werden fixe und variable Kosten unterschieden. Während variable Kosten als Bezugsgröße die Kreditsumme haben, werden fixe Kosten unabhängig von der gewährten Kreditsumme verlangt.[804] Die Kosten setzen sich aus verschiedenen Bestandteilen zusammen und können sich, je nach Darlehensgeber und *Reverse-Mortgage*-Modell unterscheiden. Die wesentlichen Kosten (sog. „Closing Costs") sind:[805]
   - *Origination Fee:* Als Origination Fee bezeichnet man die Bearbeitungsgebühr.[806] Die Gebühr beträgt 2 % des Darlehensbetrages, mindestens jedoch 2.000 Dollar.[807]
   - *Mortgage Insurance Premium:* als „Mortgage Insurance Premium" (MIP) wird die von der FHA gewährte staatliche Absicherung für Darlehennehmer und Darlehengeber bezeichnet. Die Kosten werden vollständig von dem Darlehennehmer getragen. Diese betragen 2 % bei Abschluss des *Reverse Mortgage* sowie jährlich weitere 0,5 % der Darlehenssumme.[808]
   - *Appraisal Fee:* Gebühr zur Bewertung der Immobilie durch einen „FHA approved appraiser". Je nach Gebiet und Objekt beträgt diese Gebühr einmalig zwischen 200 $ und 400 $.[809]
   - *Servicing Fees:* Gebühren für Postzustellung, den Transfer fälliger Zahlungen an die FHA usw. Die Gebühr beträgt monatlich ca. 30 $.[810]

---

799 Lawson, Steve (Essentials 2004), S. 98.

800 Vgl. Lawson, Steve (Essentials 2004), S. 98.

801 Vgl. ergänzend Caplin, Andrew (Reverse Mortgage Market Problems 2000).

802 Lawson, Steve (Essentials 2004), S. 38; die *Financed Expenses* werden von Steve Lawson definiert: „Financed Expenses – expenses that are added to the loan amount and not paid out-of-pocket." Lawson, Steve (Essentials 2004), S. 38.

803 Vgl. Lawson, Steve (Essentials 2004), S. 38.

804 Lawson, Steve (Essentials 2004), S. 38.

805 Vgl. ergänzend zu der Aufzählung Pokorny, Jennifer (Mortgages 2005), S. 13-14; Ballmann, Tara E. (Reverse Mortgage Handbook 2004), S. 81-87.

806 „The origination fee pays the lender and their employees for their time spent helping you obtain a reverse mortgage." Lawson, Steve (Essentials 2004), S. 41.

807 Ballmann, Tara E. (Reverse Mortgage Handbook 2004), S. 82; Pokorny, Jennifer (Mortgages 2005), S. 13; Lawson, Steve (Essentials 2004), S. 41.

808 Vgl. zu diesem Absatz Lawson, Steve (Essentials 2004), S. 41–43; Ballmann, Tara E. (Reverse Mortgage Handbook 2004), S. 83–84.

809 Vgl. Lawson, Steve (Essentials 2004), S. 39.

- *Third-Party Costs:* Gebühren, die von dem jeweiligen Kreditvermittler frei festgelegt werden.[811]
- *Fixierte Zinsmargen:* Die Margen auf dem zu Grunde liegenden Index[812] sind bei einem *Reverse-Mortgage*-Darlehen höher als diejenigen auf eine normale Hypothek.[813]
- *Equity-Sharing Fee:* Die Equity-Sharing Fee ist eine spezielle Gebühr des „Home Keeper"-*Reverse-Mortgage.* „To get the greatest loan advances available within the Home Keeper plan, you must agree to pay an extra „equity sharing" fee when the loan is over." Die Gebühr kann bis zu 10 % des zu dem Zeitpunkt der Fälligkeit des Kredites ermittelten Wertes der Immobilie betragen.[814]

Zur Vergleichbarkeit verschiedener *Reverse-Mortgage*-Angebote wird die sog. „*Total Annual Loan Cost*"–Kennziffer[815] berechnet. Bei der Berechnung werden alle anfallenden Kosten eines *Reverse Mortgage* miteinbezogen und diese Kosten in die Zukunft projiziert. Dadurch wird ein dem deutschen „Effektivzins"[816] ähnlicher Kostenvergleich der *Reverse-Mortgage*-Methoden ermöglicht.[817] Zum Vergleich muss die TALC-Kennziffer nach einem Zeitraum von zwei Jahren, am Ende der statistischen Lebenserwartung und zu einem Zeitpunkt 40 % über der statistischen Lebenserwartung berechnet werden.[818] Auf Grund einer Verteilung der fixen Kosten über einen längeren Zeitraum sinkt die TALC-Kennziffer bei dem Vergleich der drei Zeitpunkte mit zunehmenden Jahren.

Die TALC-Kennziffer ist allerdings nicht unkritisch zu sehen. Zur Berechnung der zukünftigen Kredithöhe müssen verschiedene Annahmen getroffen werden. Diese Prognosen erfolgen vor allem bei der zukünftigen Zinsprognose der Kreditzinsen sowie bei einer möglichen Wertsteigerung der Immobilie. Die TALC-Kennziffer kann daher keine eindeutige Einschätzung der zukünftigen Entwicklung liefern.

---

810 Vgl. Lawson, Steve (Essentials 2004), S. 40.

811 Vgl. *Anlage 20.*

812 Der zu Grunde gelegte Index ist je nach *Reverse Mortgage* Modell unterschiedlich. Vgl. *Anlage 20.*

813 Bei einem normalen Hausdarlehen betragen die Zinsaufschläge i.d.R. nur 0,5 % bis 1,5 %. Da die Zinsen frei verhandelbar sind, werden im Rahmen der Zinsverhandlungen zwischen Darlehennehmer und Darlehengeber indirekt auch die Zinsaufschläge individuell festgelegt.

814 Vgl. Scholen, Ken (Reverse Mortgages for Beginners 1998), S. 36–38.

815 Im Folgenden wird die Abkürzung „TALC" verwendet.

816 Der Effektivzins stellt die gesamten Kosten eines Kredits in Form eines jährlichen Zinssatzes dar.

817 Wäre bspw. der Kreditbetrag 100 $ und die Rückzahlung nach einem Jahr 130 $, so würde die TALC-Kennziffer 30 % sein. Wäre im gleichen Beispiel die Rückzahlung erst nach fünf Jahren, so betrüge die TALC-Kennziffer ca. 6 %. Vgl. ergänzend Lawson, Steve (Essentials 2004), S. 43–44.

818 Beträgt bspw. die statistische Lebensdauer eines Reverse-Mortgage-Interessenten zehn Jahre, so muss die TALC-Kennziffer für den Zeitpunkt zwei Jahre, zehn Jahre sowie vierzehn Jahre nach Vertragsabschluss berechnet werden. Vgl. Lawson, Steve (Essentials 2004), S. 44.

Der zweite wesentliche Kritikpunkt ist, nach Ken Scholen, dass es zu sog. „Cost Bubbles" zwischen den Betrachtungszeitpunkten der TALC-Kennziffer kommen kann.[819] Durch die Darstellung zu drei festgelegten Zeitpunkten besteht ein erheblicher Gestaltungsspielraum für die Darlehengeber. Ken Scholen zeigt dies anhand eines Beispiels für den „Home Keeper"-*Reverse-Mortgage*.[820]

Jahre	TALC (in Prozent)
2	18,3
2 + 1 Tag	34,7
6	16,7
12	12,6

Tab. 6: Entwicklung der TALC-Kennziffer am Beispiel des „Home Keeper"-Reverse Mortgage unter der Berücksichtigung von Equity-Sharing-Fee's[821]

Der Kostenaufschlag erfolgt am ersten Tag des dritten Jahres nach Vertragsabschluss eines *Reverse Mortgage*, in diesem Beispiel durch die *Equity-Sharing Fee*.[822] Diese ist am ersten Tag des dritten Jahres nach Vertragsabschluss fällig (d.h. ab diesem Zeitpunkt muss die *Equity-Sharing Fee* bei Fälligkeit des *Reverse Mortgage* bezahlt werden – bei einer Laufzeit unter zwei Jahren nicht), genau einen Tag nach Berechnung der TALC-Kennziffer für den Zeitpunkt „2 Jahre".[823] Wird das Darlehen kurz nach dem Ende des zweiten Jahres fällig,[824] ergeben sich hohe Kosten für den Darlehennehmer, die bei Vertragsabschluss auf Grund der drei festgelegten Zeitpunkte nicht ersichtlich waren.[825] Ein *Reverse Mortgage* ist, auch hinsichtlich solcher „Cost Bubbles", nur eine langfristige Option für einen Immobilienbesit-

---

[819] Vgl. Scholen, Ken (Reverse Mortgages for Beginners 1998), S. 35.

[820] Modellannahmen: Ein Darlehennehmer, Alter: 75 Jahre, Wert der Immobilie: 200.000 $. „Home Keeper"-*Reverse-Mortgage* mit *Equity-Fee*. Vgl. Scholen, Ken (Reverse Mortgages for Beginners 1998), S. 37.

[821] Daten entnommen aus Scholen, Ken (Reverse Mortgages for Beginners 1998), S. 37.

[822] „The fee goes into effect on the first day of the third year of the loan – one day after the short term TALC disclosure." Scholen, Ken (Reverse Mortgages for Beginners 1998), S. 36.

[823] Scholen, Ken (Reverse Mortgages for Beginners 1998), S. 37.

[824] Mögliche Gründe einer Fälligstellung werden in *Kapitel 6.4.2* behandelt.

[825] Scholen, Ken (Reverse Mortgages for Beginners 1998), S. 38.

zer.[826] Langfristig deshalb, da sich mit zunehmendem Zeitablauf die fixen Kosten auf die Laufzeit verteilen und die durchschnittliche Kostenquote gesenkt wird.[827]

Kritisch anzumerken ist allerdings, dass eine Aussage, ob ein *Reverse-Mortgage*-Darlehen „teuer" bzw. „günstig" ist, nach Meinung des Autors nicht getroffen werden kann, da ein *Reverse Mortgage,* trotz verschiedener Anbieter und spezifischen Angeboten am Markt, nicht mit anderen normalen Darlehen vergleichbar ist.[828] Zu beachten ist, dass bei akutem Geldbedarf mögliche Alternativen wie „Single Purpose Mortgages"[829] bzw. normale Hypotheken oftmals „günstiger" den gewünschten Geldbetrag zur Verfügung stellen; allerdings ohne die Möglichkeit, eine lebenslange Rente zu beziehen und ohne monatliche Folgekosten durch die Kreditaufnahme zu haben.

6.5 Zwischenfazit

Der *Reverse Mortgage* ist das amerikanische Modell, finanzielle Altersvorsorge durch Immobilienvermögen zu betreiben. Auf den ersten Blick erscheint ein *Reverse Mortgage* als uneingeschränkt zu empfehlendes Modell: steuerfreies Einkommen, staatliche Absicherung sowie flexible Zahlungsoptionen sind hierbei die Schlagworte. Eine genauere Analyse von Vor- und Nachteilen hat allerdings gezeigt: „But reverse mortgages aren't for everyone ..."[830]. Hohe Kosten, eine relativ geringe Auszahlung[831] und ein möglicher Verlust der Immobilie sind individuell zu berücksichtigen. Dabei gilt: „You want to make sure that what you get is worth what you're paying for it."[832]

---

826 Kritisch hierzu Steven Baer, der herausstellt, dass ein *Reverse Mortgage* auch für kürzere Zeiträume lohnend sein kann: „Nevertheless, a short-term reverse mortgage could make sense to address any of the following situations: improving the home for a higher sales price that will more than cover set-up charges, principal, and finance charges; home health care to delay entry into a nursing home; heavy debt pressures; improving quality of life during a terminal illness; helping relatives in need; or paying medical expenses." Baer, Steven (Turning a home 1997), S. 82.

827 Zu beachten ist, dass Equity-Sharing Fees in der Praxis nur noch selten vorkommen. Darlehen mit einer solchen Gebühr wurden ersetzt durch sog. „SAM – Mortgages", die den Darlehensgeber an Verkaufsgewinnen einer Immobilie partizipieren lassen. Vgl. ausführend PDC (SAM 2005).

828 Jennifer Pokorny formuliert diesen Sachverhalt wie folgt: „It's al lot of money, but let's ask ... compared to what?" Pokorny, Jennifer (Mortgages 2005), S. 13.

829 Vgl. *Kapitel 6.2.1.*

830 O.V. (Reverse Mortgages are gaining popularity 2003).

831 Besonders im Vergleich zu der deutschen Leibrente. Vgl. *Anlage 21.*

832 Dunleavey, M.P. (Debtor beware 2006).

7 Zusammenführung von Leibrente und Reverse Mortgage

7.1 Zusammenfassung und Vergleich der Unterschiede

- *Das Eigentumsverhältnis und die Absicherung:* Ein erster wesentlicher Unterschied zwischen *Reverse Mortgage* und der *Leibrente* betrifft das Eigentumsverhältnis: Während bei einer Leibrente ein Verkauf der Immobilie Grundlage des Leibrentenvertrages ist,[833] wird bei einem *Reverse Mortgage* die Immobilie nur zu der Absicherung des gewährten Kredites verwendet. Bis zu seinem Lebensende bleibt der Immobilienbesitzer nach einer Inanspruchnahme des *Reverse-Mortgage*-Darlehens Eigentümer und Bewohner seiner Immobilie.[834] Während der *Reverse-Mortgage*-Darlehennehmer grundsätzlich nur eine Absicherung seines Darlehensanspruches benötigt,[835] muss der Verkäufer einer Immobilie gegen Leibrentenzahlung wie dargestellt eine Vielzahl an möglichen Ereignissen absichern.[836] Die fehlende Rechtssicherheit verbunden mit dem emotionalen Hindernis, die – teilweise über Jahrzehnte – abbezahlte Immobilie im Alter zu veräußern, ist nach Meinung des Autors ein wichtiger Grund dafür, dass die Leibrente in Deutschland nur eine geringe Rolle am Markt spielt. Diese These wird durch die Tatsache gestützt, dass die Beratungsprogramme[837] in den USA durch die Aufklärung einen wichtigen Beitrag zur Akzeptanz des *Reverse Mortgage* hatten.[838]
- *Das Mindestalter:* Durch das Mindestalter von 62 Jahren bei dem *Reverse-Mortgage*-Darlehen ist die Zielgruppe auf die Rentner beschränkt. Von Vorteil ist hier bei der Leibrente, dass eine solche Altersbeschränkung nicht vorhanden ist. Leibrentenverträge sind ohne Mindestalter, allerdings besteht – wie bei dem *Reverse Mortgage* – ein direkter Zusammenhang von Lebensalter und Rentenhöhe.[839]
- *Die Kosten:* Während die Darlehensgebühren bei dem *Reverse Mortgage*, auch auf Grund der Kosten für die Absicherung von Darlehennehmer und Darlehengeber durch die MIP wesentliche Kritikpunkte sind, hat der Käufer einer Immobilie gegen Leibrentenzahlung

---

833 Vgl. ausführend *Kapitel 5.1.*

834 Ballmann, Tara E. (Reverse Mortgage Handbook 2004), S. 13; die Verwendung der Immobilie als erster Wohnsitz ist zwingende vertragliche Voraussetzung eines *Reverse Mortgages*. Vgl. *Kapitel 6.3.*

835 Hier ist im Besonderen das Insolvenzrisiko abzusichern. Durch den Abschluss eines HECM-Darlehens und der damit verbundenen FHA-Absicherung durch die MIP, ist der Darlehensnehmer vor Verlustrisiken weitgehend abgesichert. Vgl. *Kapitel 6.1.4.*

836 Vgl. *Kapitel 5.5.*

837 Sowohl staatliche als auch nicht-staatliche Beratungsprogramme von HUD und AARP.

838 Ein wichtiges Ziel dieser Programme war die Berichtigung der herrschenden Meinung, analog der Darstellung in *Kapitel 6.1.2*, dass die Kreditaufnahme gleichbedeutend mit einem Eigentumsverlust ist.

839 Vgl. *Kapitel 5.6.*

Kostenvorteile, da keine Bankgebühren anfallen.[840] Da bei dem *Reverse Mortgage* die Immobilie im Eigentum des Darlehennehmers bleibt, hat dieser auch während der Laufzeit die Nebenkosten zu tragen, was eine finanzielle Belastung für ihn bedeutet. Während die Zinsen einer Leibrente anhand langfristiger Durchschnittswerte festgelegt und fixiert werden, sind die Zinsen eines *Reverse Mortgage* variabel mit – im Vergleich zu normalen Kreditzinsen – hohen Margen. Durch die relative hohe Zinsbegrenzung sind die Zinsenaufwendungen bei dem *Reverse Mortgage* nur bedingt kalkulierbar.

- *Flexibilität der Auszahlung:* Damit steuerlich eine *Leibrente* vorliegt, muss die Auszahlung in wiederkehrenden periodischen Zahlungen gleicher Höhe erfolgen. Wesentlicher Vorteil des *Reverse Mortgage* ist dagegen, dass die Kreditzahlungen in bis zu sechs verschiedenen miteinander kombinierbaren Auszahlungsvarianten möglich sind.[841]
- *Voraussetzungen an die Immobilie:* Um sich für einen *Reverse Mortgage* zu qualifizieren, muss eine Immobilie bestimmte Mindestvoraussetzungen erfüllen.[842] Eine *Leibrente* hat keine Mindestvoraussetzungen an die Immobilie: gerade für renovierungsbedürftige Immobilien ergibt sich durch die *Leibrente* eine weitere Verkaufsoption.[843]
- *Steuerliche Betrachtung:* Die Versteuerung einer Leibrente ist sehr komplex. Über diese kritische Analyse hinaus gibt es für die *Leibrente* steuerliche Sonderfälle bei Veräußerung einer Immobilie gegen *Leibrente* als Vorsorgegeschäft innerhalb der Familie sowie bei der Veräußerung eines Betriebes gegen Zahlung einer *Leibrente.* Die Zahlungen eines *Reverse Mortgage* sind steuerfrei, zu beachten ist allerdings eine individuell zu betrachtende Auswirkung auf staatliche Hilfsprogramme für Bedürftige.[844]
- *Wertsteigerungen der Immobilie:* Da der Eigentümer bei dem *Reverse Mortgage* nicht wechselt, profitiert der *Reverse-Mortgage*-Darlehennehmer – im Gegensatz zu dem Verkäufer einer Immobilie gegen Leibrentenzahlung – von dem steigenden Wert seiner Immobilie.[845]

---

840 Vgl. *Kapitel 5.4.2.* Zudem sei an dieser Stelle darauf hingewiesen, dass der Verkäufer einer Immobilie gegen Zahlung einer Leibrente keine Nebenkosten mehr zu zahlen hat, da diese – außer bei einer vertraglichen Abänderung – von dem Immobilieneigentümer getragen werden.

841 Für den Kreditnehmer hat dies den Vorteil, flexibel auf veränderte Lebensumstände reagieren zu können. Vgl. *Anlage 20.*

842 Die Mindestvoraussetzungen betreffen einerseits die Immobilienart (z.B. Einfamilienhaus, Eigentumswohnung etc.), andererseits den baulichen Zustand. Vgl. ergänzend Ballmann, Tara E. (Reverse Mortgage Handbook 2004), S. 33–34.

843 Einkommensschwache Personen, ohne Eigenkapital, haben durch die Leibrente eine Möglichkeit, eine Immobilie zu erwerben. Vgl. Wallau, Werner (Immobilien verrenten 2001), S. 2–3.

844 Vgl. ausführend *Kapitel 6.1.3.*

845 Vgl. *Kapitel 4.3.1*; ergänzend ist zu beachten, dass es bei Immobilien mit hohen Wertsteigerungen möglich ist, zusätzliche Gelder durch Nachfinanzierungen (sog. „second loans“) zu bekommen. „You might want to consider refinancing an older HECM if your property value has increased significantly, as they have recent-

Im Vergleich zu dem *Reverse Mortgage* zeigt sich, dass das deutsche Modell der *Leibrente* viele Vorteile hat.[846]. Zu bedenken ist allerdings die fehlende Absicherung für den Verkäufer einer Immobilie gegen Leibrentenzahlung, da bei der Leibrente keine staatlichen Absicherungen vorhanden sind. Es besteht bei der *Leibrente* immer ein Restrisiko, was nach Meinung des Autors für die geringe Akzeptanz der *Leibrente* in der Bevölkerung mitverantwortlich ist. Für einen Käufer ist – auf Grund der steigenden Lebenserwartungen – die Kalkulation des Immobilienerwerbs als Wagnis zu sehen. Ohne staatliche Absicherung wird nach der Meinung des Autors die Leibrente in Deutschland auch zukünftig, trotz des erhöhten Eigenvorsorgebedarfs,[847] eine nur geringe Rolle spielen. Im folgenden *Kapitel 7.2.* wird deshalb eine Übertragbarkeit des amerikanischen abgesicherten *Reverse-Mortgage*-Modells auf das deutsche System untersucht.

7.2 Analyse der Möglichkeit einer Übertragung der Absicherung des Reverse Mortgage nach Deutschland.

Die in *Kapitel 6.1.4* dargestellten Risiken für ein Kreditinstitut – das Langlebigkeitsrisiko,[848] der Preisverfall eines Grundstückes sowie ein struktureller Verfall der Grundstückspreise – werden durch die FHA in den USA abgesichert. Ohne staatliche Absicherung müssen Alternativen zur Reduzierung der Risiken für die Kreditanbieter gefunden werden, denn für die Darlehengeber gibt es ohne staatliche Garantien keine umfassende Absicherung. Weder die „... Abschläge auf den Versorgungswert noch besondere Sanktionsklauseln ...“[849] bieten nach Rainer Kulms einen vollständigen Schutz vor den Risiken, „... die von dem Langlebigkeitsrisiko und gewandelten Rahmenbedingungen auf dem Immobilienmarkt ausgehen.“[850] Private *Reverse-Mortgage*-Darlehen werden durch eine Bündelung von Forderungen und Sicherungen und durch die Ausgabe von grundpfandrechtlich geschützten Wertpapieren abgesichert: „Das Langlebigkeitsrisiko und die Schwankung des einzelnen Grundstückspreises fängt das Kreditinstitut dadurch auf, indem es eine Vielzahl von Forderungen und Siche-

---

ly in many metropolitan areas. Payments are set at the initial signing date, so older loans may have smaller payments than borrowers can receive today.“ Pokorny, Jennifer (Mortgages 2005), S. 71.

846 Speziell die geringen Nebenkosten sowie nur geringe Voraussetzungen zum Erwerb einer Immobilie auf Leibrentenbasis sind Vorteile dieser Variante der Immobilienverrentung. Ein Vergleich der erzielbaren Renditen als Beispiel in *Anlage 21* bestätigt diesen Sachverhalt.

847 Vgl. ausführend *Kapitel 2.*

848 „Bei einem *reverse mortgage* ist der Hypothekengläubiger grundsätzlich mit dem Langlebigkeitsrisiko belastet. Er bleibt zur Auszahlung von Renten verpflichtet, auch wenn die bisher erbrachten Leistungen den Versorgungswert der vom Eigentümer weiterhin bewohnten Immobilie übersteigen.“ Kulms, Rainer (Übertragbarkeit der reverse mortgage 2002), S. 614.

849 Kulms, Rainer (Übertragbarkeit der reverse mortgage 2002), S. 614–615.

850 Kulms, Rainer (Übertragbarkeit der reverse mortgage 2002), S. 615.

rungen in einem Pool sammelt und grundpfandrechtlich gesicherte Rentenpapiere auf dem Kapitalmarkt ausgibt."[851] Hans-Michael Krepold verneint allerdings die Möglichkeit der Absicherung eines strukturellen Verfalls durch die genannte Methode.[852] Als Beispiel nennt er den Verfall der Grundstückspreise in den neuen Bundesländern verbunden mit einer Abwanderung seit der deutschen Wiedervereinigung i.H.v. 1,1 Millionen Menschen. Das potenzielle Verlustrisiko in diesen Regionen, einen mit strukturellen Problemen verbundenen regionalen Verfall von Immobilienpreisen abzusichern, ist von Kreditinstituten ohne staatliche Garantien nicht finanzierbar.[853] Strukturelle Risiken werden bei dem HECM-Darlehen staatlich abgesichert: Die von der FHA bereitgestellte MIP des HECM-Darlehens bietet für amerikanische Anbieter einen vollständigen Verlustausgleich.[854]

Bisherige Versuche, ein *Reverse-Mortgage*-Modell in Deutschland einzuführen, waren nur bedingt erfolgreich.[855] Der wichtigste Grund für das bisher geringe Interesse an einem solchen Modell, das den Verkauf der Immobilie und die gleichzeitige Anlage des Erlöses in eine sofort beginnende Rentenversicherung vorsieht,[856] war der hohe Bewertungsabschläge und daraus folgend die relativ niedrige Rentenhöhe.[857] Geschäftspolitisch stellt gerade für die Bausparkassen die Verrentung einer Immobilie ein neues attraktives Geschäftsfeld dar. „Eine Neuorientierung ihrer Geschäftsstrategie ist ohnehin erforderlich, da durch die geringe Zahl an Geburten die jüngere Bevölkerungsgruppe als traditionelle Kundschaft der Bausparkassen im Verhältnis zu den „Alten" schrumpft."[858] Zur Nutzung des vorhandenen Potenzials - nach Jens Friedemann haben „... Millionen von Familien ... Grundbesitz und benötigen Hilfe dafür und fachliche Beratung ..."[859] – ist es erforderlich, für die Beteiligten attraktive Angebote mit Rechtssicherheit zu schaffen. Dies ist zum gegenwärtigen Zeitpunkt in Deutschland,

---

851 Krepold, Hans-Michael (Immobilienrente als neues Geschäftsfeld 2004), S. 41; ebenso „However, risk associated with interest rate changes and property value changes from a national real estate downturn is fundamental risk, which cannot be reduced through diversification." Rodda, David; Herbert, Christopher; Lam, Hin-Kin (Evaluation Report 2000), S. 8.

852 Vgl. ebenso Rodda, David; Herbert, Christopher; Lam, Hin-Kin (Evaluation Report 2000), S. 8.

853 Vgl. zu diesem Absatz Krepold, Hans-Michael (Immobilienrente als neues Geschäftsfeld 2004), S. 41.

854 Vgl. Kulms, Rainer (Übertragbarkeit der reverse mortgage 2002), S. 616; „Die HECM-Versicherung ersetzt dann dem Kreditinstitut die bisher von ihm geleisteten Beiträge, zahlt weiter Renten aus, und versucht, sich aus der Hypothek zu befriedigen." Kulms, Rainer (Übertragbarkeit der reverse mortgage 2002), S. 616.

855 Als Beispiel ist das im Jahr 2000, in bestimmten Gebieten Deutschlands testweise eingeführte Verrentungsmodell „Heim und Rente" der Dresdner Bank AG zu erwähnen. Vgl. ausführend Rosengart, Anja (Rente mit Fantasie 2003), S. 2–3.

856 Vgl. VDW (Information 2001), S. 4.

857 Vgl. Stiftung Warentest (Haus gegen Rente 2001).

858 Friedemann, Jens (Entsparmodell für Eigenheim 2000), S. 55.

859 Friedemann, Jens (Entsparmodell für Eigenheim 2000), S. 55.

trotz politischer Befürwortung wie z.B. von Prof. Dr. Bert Rürup, [860] nicht der Fall. Auch zukünftig ist – nach Rainer Schlenke von der Dresdner Bank AG - die Wahrscheinlichkeit der Einführung einer staatlichen Garantie in Deutschland „... angesichts leerer Kassen ...“[861] gering.[862]

Einen weiteren Grund für eine schlechte Übertragbarkeit von dem amerikanischen Modell auf ein deutsches Modell verdeutlicht Bert Rürup. Amerikaner sind es gewohnt, in Eigenverantwortung für Ihre Rente zu sorgen. Für Deutsche hingegen hat die private Altersvorsorge nur ergänzenden Charakter zu der staatlichen Absicherung .Vor diesem Hintergrund erscheint es fraglich, ob ein Modell wie der *Reverse Mortgage*, welches ohne staatliche Förderung in Deutschland auskommen muss, von der breiten Masse angenommen werden kann.[863]

---

860 Vgl. ausführend o.V. (Königsteiner Gespräch 2000).

861 Rosengart, Anja (Rente mit Fantasie 2003), S. 2.

862 Vgl. Rosengart, Anja (Rente mit Fantasie 2003), S. 2; ebenso Ruprecht, Wilhelm; Wolgast Michael (Märkte für Altersvorsorge 2004), S. 51.

863 Vgl. zu diesem Absatz Rürup, Bert; Viermetz, Kurt (Altersvorsorge in Deutschland und USA 2002), S. 24–34.

8 Abschließende Bemerkungen und Fazit

Diese Arbeit analysiert kritisch die Möglichkeiten der finanziellen Altersvorsorge. Es wurde aufgezeigt, dass der finanziellen Altersvorsorge auf Grund demografischer Entwicklungen eine hohe Bedeutung zukommt, denn die gesetzliche Altersvorsorge wird zukünftig für junge Menschen nur noch eine Grundabsicherung bieten können.[864] Die Wege zur Ergänzung der Altersrente sind nach dem Alterseinkünftegesetz 2004 vielfältig. Produkte aller drei Schichten können einen Beitrag zur Absicherung der Rentenzeit bieten. Darüber hinaus wurden zwei Möglichkeiten zur Immobilienverrentung kritisch analysiert. Beide bieten die Option, im Alter ein fehlendes finanzielles Einkommen durch die Verrentung der Immobilie zu generieren. Die Leibrente profitiert von Vorteilen auf Käufer- und Verkäuferseite – allerdings dürfen die dargestellten Nachteile nicht übersehen werden. Bert Rürup verdeutlicht, warum eine Immobilie auch zur Altersvorsorge eingebunden werden sollte: „Altersvorsorge ... besteht darin, das Risiko der Langlebigkeit, also die im Einzelfall unbekannte Zeitspanne zwischen dem Erwerbsleben und dem Tod, einkommensmäßig abzusichern ... Vermögen, welches vererbt wird erfreut die Erben hat aber nicht der Alterssicherung des Verstorbenen gedient."[865]

Ergänzend zu den einzelnen Vor- und Nachteilen der analysierten Produkte liegt ein weiteres Augenmerk auf dem Anleger. Die finanzielle Altersvorsorge ist an ein hohes Maß an Eigenverantwortung gebunden. Dies zeigt sich vor allem darin, dass auf Grund der Dauer eines Vorsorgevertrages ein hohes Maß an Disziplin und Durchhaltevermögen verlangt wird. Bei einer Immobilie scheint dies einfacher zu gelingen – was sich anhand höherer Sparquoten beim Immobiliensparen im Vergleich zu den Sparquoten ohne Immobiliensparen verdeutlichen lässt.[866] In wie weit allerdings eine staatliche Begünstigung zu einer höheren Akzeptanz einer Anlageform führt, bleibt ungeklärt. Nach Bert Rürup gilt, „... dass das Ausnutzen von staatlichen Fördermaßnahmen offensichtlich kein primärer Grund zur Ersparnisbildung ist."[867] Gründe wie Vererbbarkeit und ein Nutzen in der Ansparphase sind dabei wichtiger – Motive wie Vererblichkeit und Nutzen in der Ansparphase sind dabei wichtiger – beides sind Ziele die durch Immobilienvermögen erreicht werden. „Unabhängig von der städtebaulichen, der sozialpolitischen und familienpolitischen sowie der vermögenspolitischen Bedeutung des Eigenheims lässt sich ... der Schluss ziehen, dass ein Eigenheim ... eine ideale Form der

---

864 Vgl. Kapitel 2.

865 Deutscher Herold (System 2006).

866 „...die Sparquoten von Wohnungseigentümern sind insgesamt erheblich größer als von Personen ohne Wohneigentum – bei gleichem Einkommen." Reifner, Udo; Tiffe, Achim (Neue Impulse 2005), S. 27.

867 Rürup, Bert; Viermetz, Kurt (Altersvorsorge in Deutschland und USA 2002), S. 17.

Altersvorsorge ist, weil es einerseits als Vermögensmasse Sicherheit bietet und andererseits schon während des aktiven Berufslebens genutzt und genossen werden kann."[868]

Letztlich gilt für die Altersvorsorge das Zitat von Perikles, einem griechischen Staatsmann des 5. Jahrhunderts: „Es kommt nicht darauf an, die Zukunft richtig vorherzusagen, sondern auf sie vorbereitet zu sein."[869].

[868] Schäfer, Rainer (Altersvorsorge durch Wohneigentum 2004), S. 92.
[869] o.V. (Zitate 2006).

Anhang

Anlage 1: Beitragseinnahmen und Beitragsausgaben der gesetzlichen Rentenversicherung im Jahr 2004[870]

Die beiden Darstellungen zeigen die finanziellen Probleme der gesetzlichen Rentenversicherung im Jahr 2004. Sowohl auf der Einnahmenseite – die Beitragseinnahmen entsprechen nur 73 % der gesamten Summe der Einahmen – als auch auf der Ausgabenseite – für Rentenausgaben werden nur 89 % der gesamten Ausgaben verwendet – lassen sich die Probleme der gesetzlichen Rentenversicherung ablesen. Während zur Finanzierung der Rentenversicherung hohe Bundeszuschüsse erforderlich sind, werden 11 % der gesamten Ausgaben für „Nicht-Rentenleistungen" verwendet.

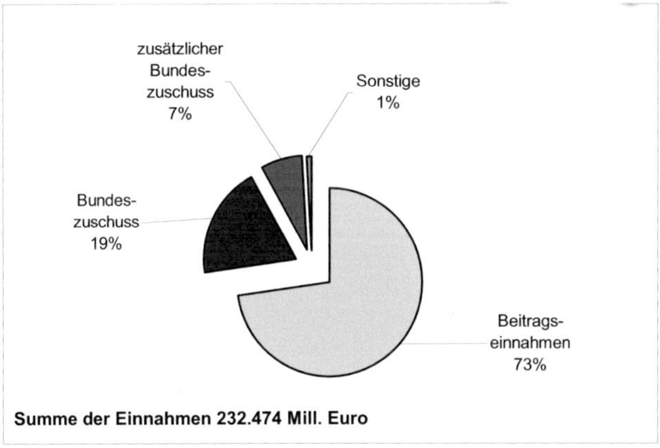

Abb. 13: Aufteilung der Einnahmen der gesetzlichen Rentenversicherung[871]

[870] Eigene Darstellung. Daten entnommen aus Verband Deutscher Rentenversicherungsträger (Rente 2004), S. 29.
[871] Modifiziert entnommen aus Verband Deutscher Rentenversicherungsträger (Rente 2004), S. 29.

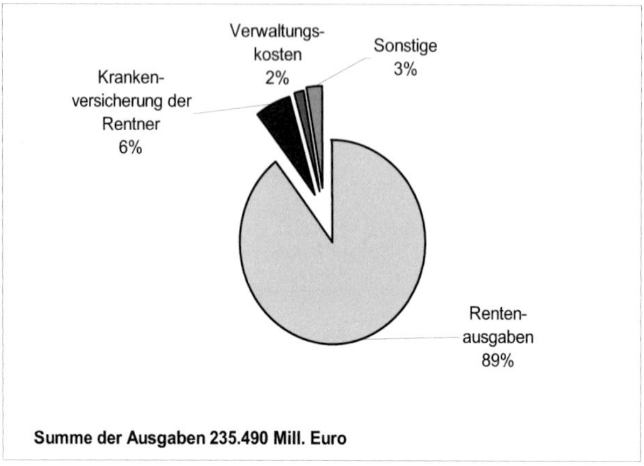

Abb. 14: Aufteilung der Ausgaben der gesetzlichen Rentenversicherung[872]

[872] Modifiziert entnommen aus Verband Deutscher Rentenversicherungsträger (Rente 2004), S. 29.

Anlage 2: Annuitätendarlehen, endfälliges Darlehen und Abzahlungsdarlehen[873]

Das Annuitätendarlehen, dargestellt in *Abb. 15*, ist das „klassische" Darlehen für private Immobilienfinanzierungen. Der Darlehennehmer zahlt – über die Dauer der Zinsfestschreibung – monatlich gleich bleibende Ratenzahlungen, die aus einem Zinsanteil und einem Tilgungsanteil bestehen. Da mit jeder Zahlung die Darlehenssumme reduziert wird,[874] sinkt über die Laufzeit der Zinsanteil und es steigt der Tilgungsanteil der monatlichen Zahlung. Kritisch betrachtet ergibt sich bei dem Annuitätendarlehen ein Zinsanschlussrisiko nach Ablauf der Zinsfestschreibung.[875] Sondertilgungen sind i.d.R. nur begrenzt und nach individueller Vereinbarung möglich.[876]

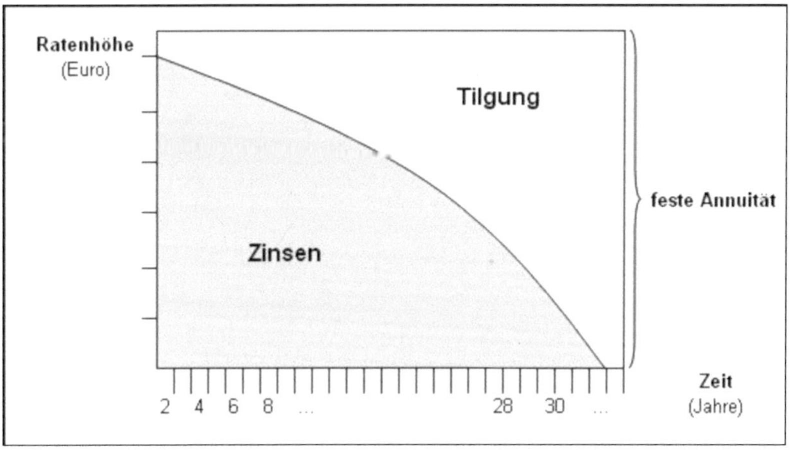

Abb. 15: Das Annuitätendarlehen im Zeitablauf[877]

Bei dem endfällige Darlehen, dargestellt in *Abb. 16*, wird auf Tilgungsleistungen verzichtet. Das Darlehen ist bei Fälligkeit in einer Summe zurückzuzahlen. Das dafür erforderliche Kapital wird, als zusätzliche Belastung neben den monatlichen Zinszahlungen, während der Laufzeit des Darlehens angespart. Gängige Kapitalanlageformen sind z.B. Versicherungen

873 Vgl. Grill, Wolfgang: Perczynski, Hans (Kreditwesen 1999), S. 421–422.

874 Voraussetzung dafür ist eine monatliche Tilgungsverrechnung. Vgl. Grill, Wolfgang: Perczynski, Hans (Kreditwesen 1999), S. 421.

875 In der Regel erfolgt die Zinsfestschreibung für einen Zeitraum von 5–15 Jahren. Individuelle Vereinbarungen sind jedoch möglich.

876 Vgl. zu Nachteilen o.V. (Finanzierung 2005).

877 Modifiziert entnommen aus Buschmann, Kathrin u.a. (Baufinanzierung 2004), S. 41.

und Bausparverträge.[878] Von besonderer Bedeutung ist diese Form der Immobilienfinanzierung, wenn sich die Zinszahlungen steuerlich geltend machen lassen.[879]

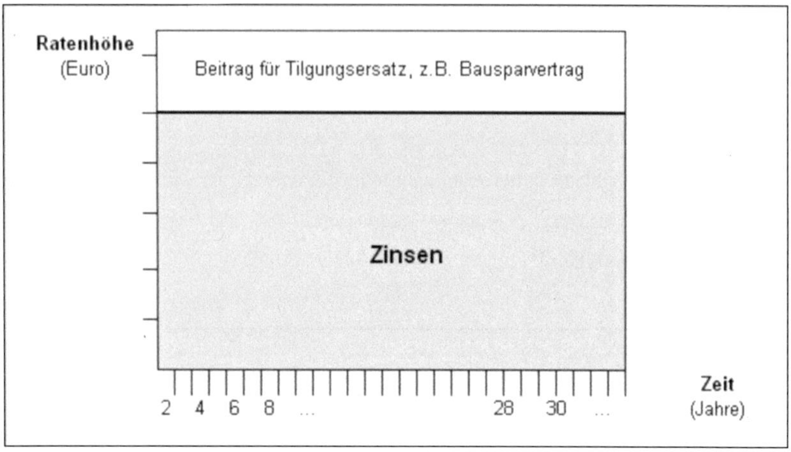

Abb. 16: Das endfällige Darlehen im Zeitablauf[880]

Das Abzahlungsdarlehen, dargestellt in *Abb. 17*, ist die dritte Möglichkeit der Immobilienfinanzierung. Die Tilgungsanteil einer Rate ist über die Laufzeit konstant. Im Vergleich mit dem Annuitätendarlehen ist entweder die Belastung des Kreditnehmers anfänglich erheblich höher oder die Laufzeit wesentlich länger.[881]

In der Praxis werden die genannten Finanzierungsmöglichkeiten im Bausteinprinzip individuell kombiniert und mit Produkten von Bausparkassen und Versicherungen ergänzt.[882]

---

878 Vgl. Buschmann, Kathrin u.a. (Baufinanzierung 2004), S. 44.

879 Als Werbungskosten der Einkünfte aus Vermietung und Verpachtung. Vgl. § 2 Abs.1 Nr. 6 EStG i.V.m. § 2 Abs. 2 Nr. 2 EStG.

880 Modifiziert entnommen aus Buschmann, Kathrin u.a. (Baufinanzierung 2004), S. 43.

881 Vgl. hierzu die mathematischen Berechnungen in Grill, Wolfgang: Perczynski, Hans (Kreditwesen 1999), S. 421–422.

882 Vgl. Buschmann, Kathrin u.a. (Baufinanzierung 2004), S. 43.

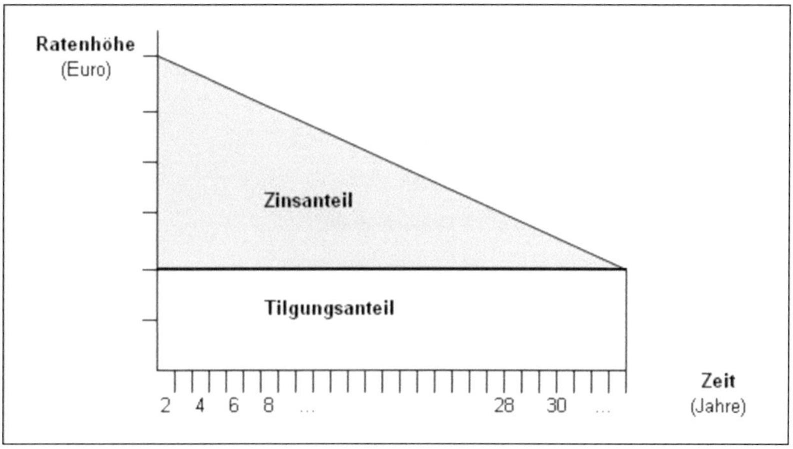

Abb. 17: Das Abzahlungsdarlehen im Zeitablauf[883]

[883] Eigene Darstellung.

Anlage 3: Darstellung der Bestandteile des 3-Schichten-Modells[884]

- **Schicht 1** (Basisversorgung):

  u.a.

  - Gesetzliche Rentenversicherung
  - Berufsständische Versorgungswerke
  - Versorgung der landwirtschaftlichen Alterskasse
  - Kapitalgedeckte Leibrentenversicherung (sog. „Rürup-Rente")

- **Schicht 2** (Zusatzversorgung):

  u.a.:

  - Betriebliche Altersversorgung
    - Direktversicherung
    - Pensionskasse
    - Unterstützungskasse
    - Pensionsfonds
    - Pensionszusage
  - Private kapitalgedeckte Altersversorgung (sog. „Riester-Rente")

- **Schicht 3** (privater Kapital- und Rentenaufbau):

  u.a.:

  - Fondsgebundene Versicherungen
  - Rentenversicherungen mit Kapitalwahlrecht
  - Kapitallebensversicherungen
  - Investmentfondsanteile
  - Aktien
  - Ratensparverträge
  - Immobilien

[884] Modifiziert entnommen aus Deutsche Bank (Fachstudium Zusatzvorsorge 2005), S. 15.

Anlage 4: Aufteilung der Vorsorgebeiträge nach § 10 Abs. 1 EStG

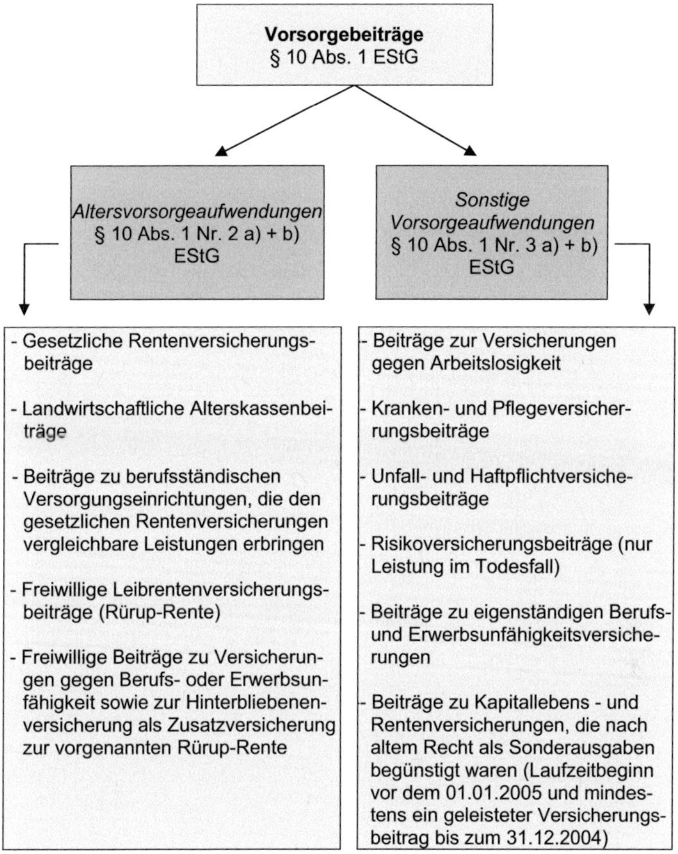

Abb. 18: Aufteilung der Vorsorgebeiträge nach § 10 Abs. 1 EStG[885]

[885] Vgl. ausführend Hofmann, Kurt; Simon, Winfried; Wawers, Ordulf (Alterseinkünftegesetz 2005), S. 8–9; vgl. ebenso BMF-Schreiben v. 24.02.2005, BStBl. 2005 I, S. 429 ff.

<u>Anlage 5:</u> Entwicklung des abzugsfähigen Anteils der Beiträge zur Basisrente

Jahr	Vom Beitrag als Sonderausgaben absetzbar[886]	Maximaler Jahresbeitrag bei Ledigen[887]	Reduzierung des zu versteuern-den Einkommens um max.[888]
2005	60 %	20.000 EUR	**12.000 EUR**
2006	62 %	20.000 EUR	**12.400 EUR**
2007	64 %	20.000 EUR	**12.800 EUR**
2008	66 %	20.000 EUR	**13.200 EUR**
2009	68 %	20.000 EUR	**13.600 EUR**
2010	70 %	20.000 EUR	**14.000 EUR**
2011	72 %	20.000 EUR	**14.400 EUR**
2012	74 %	20.000 EUR	**14.800 EUR**
2013	76 %	20.000 EUR	**15.200 EUR**
2014	78 %	20.000 EUR	**15.600 EUR**
2015	80 %	20.000 EUR	**16.000 EUR**
2016	82 %	20.000 EUR	**16.400 EUR**
2017	84 %	20.000 EUR	**16.800 EUR**
2018	86 %	20.000 EUR	**17.200 EUR**
2019	88 %	20.000 EUR	**17.600 EUR**
2020	90 %	20.000 EUR	**18.000 EUR**
2021	92 %	20.000 EUR	**18.400 EUR**
2022	94 %	20.000 EUR	**18.800 EUR**
2023	96 %	20.000 EUR	**19.200 EUR**
2024	98 %	20.000 EUR	**19.600 EUR**
2025	100 %	20.000 EUR	**20.000 EUR**

Tab. 7: Entwicklung des abzugsfähigen Anteils der Beiträge zur Basisrente[889]

886 Gem. Angaben des § 10 Abs. 3 S. 4 und S. 6 EStG.
887 Bei Ehepaaren verdoppelt sich der Wert. Vgl. § 10 Abs. 3 S. 2 EStG.
888 Bei Ehepaaren verdoppelt sich der Wert. Vgl. § 10 Abs. 3 S. 2 EStG.
889 Modifiziert entnommen aus Deutsche Bank (Fachstudium Basisversorgung 2005), S. 19.

Anlage 6: Beispiel zur steuerlichen Behandlung der Basisrente[890]

Annahmen:

X (männlich, allein stehend), Bruttoarbeitslohn als Arbeitnehmer von 40.000 EUR; der Beitragssatz zur gesetzlichen Rentenversicherung beträgt 19,5 %; Beitrag zur Basisrente: 6.000 EUR p.a, sonstige Vorsorgeaufwendungen: 3.000 EUR p.a.; keine Berücksichtigung der Kirchensteuer.

Berechnung:

Beitrag zur Rentenversicherung = 40.000 EUR * 19,5 %

= 7.800 EUR

Der Beitrag zur Rentenversicherung wird jeweils hälftig von Arbeitnehmer und Arbeitgeber getragen (7.800 EUR/2 = 3.900 EUR).

1. Berechnung des Sonderausgabenabzugs *ohne* Berücksichtigung der Basisrente

	Arbeit**nehmer**anteil zur ges. RV Arbeit**geber**anteil zur ges. RV	 +	3.900 EUR 3.900 EUR
(1)	Altersvorsorgeaufwendungen i.S.d. § 10 Abs. 1 Nr. 2 EStG	=	7.800 EUR
(2)	Höchstbetrag gem. § 10 Abs. 3 S. 1 EStG 20.000 EUR; davon 62 %	=	12.400 EUR
(3)	Der geringere Betrag von **(1)** und **(2)** im Vergleich wird gekürzt: 7.800 EUR * 62 %	=	4.836 EUR
(4)	– Arbeitgeberanteil zur ges. RV	–	3.900 EUR
(5)	Abziehbare Altersvorsorgeaufwendungen i.S.d. § 10 Abs. 3 EStG	=	**936 EUR**

[890] Eigene Berechnungen. Schema modifiziert entnommen aus Kußmaul, Heinz (Steuerlehre 2006), S. 295; sowie Beispiele in BMF-Schreiben v. 24.02.2005, BStBl. 2005 I, Rz. 38–41, S. 434–435; auf die *Günstigerprüfung* (vgl. *Anlage 7*) wird, sofern nicht angegeben, im Rahmen dieses Beispiels verzichtet, ebenso auf die Berücksichtigung von *sonstigen Vorsorgeaufwendungen* nach § 10 Abs. 1 Nr. 3 EStG.

Zu beachten ist, dass in Rechenschritt **(3)** maximal von 12.400 EUR der Abzug des Arbeitgeberanteils zur ges. RV erfolgt. In diesem Beispiel ist die Summe der Altersvorsorgeaufwendungen i.S.d. § 10 Abs. 1 Nr. 2 EStG kleiner als 12.400 EUR, d.h. es wird mit der Summe der Altersvorsorgeaufwendungen weitergerechnet. Die abziehbaren Vorsorgeaufwendungen betragen in diesem Beispiel 936 EUR.

2. Berechnung des Sonderausgabenabzugs *mit* Berücksichtigung der Basisrente

	Arbeit**nehmer**anteil zur ges. RV Arbeit**geber**anteil zur ges. RV	 +	3.900 EUR 3.900 EUR
	Beitrag zur Basisrente	+	6.000 EUR
(1)	Altersvorsorgeaufwendungen i.S.d. § 10 Abs. 1 Nr. 2 EStG	=	13.800 EUR
(2)	Höchstbetrag gem. § 10 Abs. 3 S. 1 EStG 20.000 EUR; davon 62 %	=	12.400 EUR
(3)	Der geringere Betrag von **(1)** und **(2)** im Vergleich wird gekürzt: 13.800 EUR * 62 %	=	8.556 EUR
(4)	- Arbeitgeberanteil zur ges. RV	-	3.900 EUR
(5)	Abziehbare Altersvorsorgeaufwendungen i.S.d. § 10 Abs. 3 EStG	=	**4.656 EUR**

Durch den Beitrag zur Basisrente erhöht sich der Wert der abziehbaren *Altersvorsorgeaufwendungen* auf 4.656 EUR. Dadurch reduziert sich indirekt[891] der Beitrag zur Basisrente, was den Charakter der steuerlichen Begünstigung der Beiträge zur Basisrente verdeutlicht. In diesem Fall beträgt die zusätzliche Ersparnis gegenüber dem Verzicht auf die Basisrente (4.656 EUR – 936 EUR) = 3.720 EUR. Die abziehbaren Altersvorsorgeaufwendungen i.H.v. 4.656 EUR und der steuerfreie Arbeitgeberbetrag zur gesetzlichen Rentenversicherung i.H.v. 3.900 EUR sind von der Besteuerung freigestellt. Dies entspricht 62 % der gesamten Vorsorgebeträge.[892]

[891] Über eine Einkommensteuererstattung bzw. Einkommensteuerreduzierung.

[892] Vgl. auch Beispiel 1 in BMF-Schreiben v. 24.02.2005, BStBl. 2005 I, Rz. 39, S. 434–435.

3. Berechnung der steuerlichen Entlastung durch den erhöhten Sonderausgabenabzug

Berechnung nach neuem Recht

Um die steuerliche Ersparnis durch den erhöhten Sonderausgabenabzug zu berechnen, werden die abziehbaren *Altersvorsorgeaufwendungen* um den Betrag der *sonstigen Vorsorgeaufwendungen* gem. § 10 Abs. 1 Nr. 3 EStG ergänzt. Bei Angestellten beträgt die Summe max. 1.500 EUR (nach § 10 Abs. 4 S. 2 EStG).

Daraus folgt: 4.656 EUR + 1.500 EUR = 6.156 EUR Sonderausgaben

Berechnung des zu versteuernden Einkommens:[893]

	Bruttoarbeitslohn:	=	40.000	EUR
–	Arbeitnehmer-Pauschbetrag[894]	=	– 920	EUR
–	Sonderausgaben-Pauschbetrag[895]	=	– 36	EUR
–	Sonderausgabenabzug	=	– 6.156	EUR
=	**zu versteuerndes Einkommen**	**=**	**32.888**	**EUR**

Nach der Einkommensteuer-Grundtabelle 2005/2006 ergibt sich folgende Steuerbelastung:[896]

Einkommensteuer	6.751,00	EUR
Solidaritätszuschlag	371,31	EUR
Gesamtsteuer	**7.122,31**	**EUR**

Um den tatsächlichen Vorteil zu bestimmen, muss die Gesamtsteuer nach neuem Recht mit der Gesamtsteuer nach altem Recht verglichen werden.

893 Vereinfachte Berechnung anhand der Systematik zur Ermittlung des zu versteuernden Einkommens gem. § 2 Abs. 5 EStG in Kußmaul, Heinz (Steuerlehre 2006), S. 253.

894 Gem. § 9 a S. 1 Nr. 1 EStG.

895 Gem. § 10 c Abs. 1 EStG.

896 Anmerkung: Die Berechnung der Einkommensteuer erfolgt gerundet anhand der als Anhang im EStG abgedruckten nicht amtlichen Tabellen. Genauere Berechnungen anhand der Formel gem. § 32 a EStG können zu geringfügigen Abweichungen führen.

Berechnung nach altem Recht

Die Berechnung erfolgt durch die *Höchstbetragsrechnung* gem. § 10 Abs. 3 EStG a.F.[897] Dabei wird das Berechnungsschema aus *Anlage 7* verwendet:[898]

Berechnung:

		Höchstbetrag:	*Im Beispiel:*
(1)	Vorwegabzug für Versicherungsbeiträge:	3.068 EUR	
	gekürzt um 16 % * 40.000 EUR	6.800 EUR	
		0	–
(2)	Grundhöchstbetrag	1.334 EUR	1.334 EUR
(3)	Beitrag private Pflegeversicherung	184 EUR	–
(4)	Hälftiger Höchstbetrag, hier:		
	3.000 EUR – 1.334 EUR = 1.666 EUR		
	1.666 EUR/ 2 = 833 EUR	667 EUR	667 EUR

Die zu berücksichtigen Vorsorgeaufwendungen betragen damit (1.334 EUR + 667 EUR) = 2.001 EUR.

Berechnung des zu versteuernden Einkommens:[899]

	Bruttoarbeitslohn:	=	40.000 EUR
–	Arbeitnehmer-Pauschbetrag[900]	=	– 920 EUR
–	Sonderausgaben-Pauschbetrag[901]	=	– 36 EUR
–	Altersvorsorgeaufwendungen	=	– 2.001 EUR
=	**zu versteuerndes Einkommen**	**=**	**37.043 EUR**

897 Vgl. ausführend die „Günstigerprüfung“ in *Anlage 7.*

898 Vgl. ausführend und erläuternd zu den einzelnen Rechenschritten *Tabelle 8*, Berechnungsschema zur *Höchstbetragsrechnung.*

899 Vereinfachte Berechnung anhand der Systematik zur Ermittlung des zu versteuernden Einkommens gem. § 2 Abs. 5 EStG in Kußmaul, Heinz (Steuerlehre 2006), S. 253.

900 Gem. § 9 a S. 1 Nr. 1 EStG.

901 Gem. § 10 c Abs. 1 EStG.

Nach der Einkommensteuer-Grundtabelle 2005/2006 ergibt sich folgende Steuerbelastung:[902]

Einkommensteuer	8.164	EUR
Solidaritätszuschlag	449,02	EUR
Gesamtsteuer	**8.613,02**	**EUR**

Ergebnis

Die Gesamtsteuerersparnis zwischen „neuem" Recht unter Verwendung der Basisrente und „altem Recht" ohne Basisrente beträgt 8.613,02 EUR – 7.122,31 EUR = **1.490,71 EUR**

Dies entspricht einer monatlichen Ersparnis von **124,23 EUR.**[903] Aus dem ursprünglichen Beitrag zur Basisrente i.H.v. 500 EUR p. Monat ergibt sich durch die Steuerersparnis ein Nettobeitrag von nur noch **375,77 EUR p. Monat**, was einer Ersparnis von ca. 25 % in diesem Beispiel entspricht.[904]

902 Anmerkung: Die Berechnung der Einkommensteuer erfolgt anhand der als Anhang im EStG abgedruckten Tabellen. Genauere Berechnungen anhand der Formel gem. § 32 a EStG können zu geringfügigen Abweichungen führen.

903 (1.490,71 EUR / 12 Monate) = 124, 23 EUR p. Monat.

904 Es ist bei diesem Beispiel kritisch anzumerken, dass sich allein durch die Umstellung von dem „alten" auf das „neue" Recht eine Steuerersparnis i.H.v. ca. 160 EUR p.a., d.h. 13,40 EUR pro Monat ergibt, was die Steuerersparnis durch den erhöhten Sonderausgabenabzug in diesem Beispiel allerdings nur geringfügig relativiert.

Anlage 7: Durchführung der Günstigerprüfung gem. BMF-Schreiben vom 24.02.2005[905]

Bei der sog. *Günstigerprüfung* wird der rechnerische Sonderausgabenabzug der Vorsorgeaufwendungen nach altem Recht durch die *Höchstbetragsrechnung* gem. § 10 Abs. 3 EStG a.F mit dem rechnerischen Sonderausgabenabzug nach neuem Recht, den *Altersvorsorgeaufwendungen* gem. § 10 Abs. 1 Nr. 2 EStG und sonstigen *Vorsorgeaufwendungen* gem. § 10 Abs. 1 Nr. 3 EStG n.F. verglichen. Steuerlich geltend gemacht wird dann zur Ermittlung des zu versteuernden Einkommens nach § 2 Abs. 5 EStG der höhere Betrag.

Das Berechnungsschema zur *Höchstbetragsrechnung* gem. § 10 Abs. 3 EStG a.F. ist in *Tabelle 8* dargestellt:

		Einzel-veranlagung	Zusammen-veranlagung
(1)	Vorwegabzug für Versicherungsbeiträge; zu kürzen um 16 % der Einnahmen aus nichtselbstständiger Arbeit (ohne Versorgungsbezüge gem. § 19 Abs. 2 EStG) und aus Mandatsausübung (§ 10 Abs. 3 Nr. 2 EStG)	**3.068 EUR**	6.136 EUR
(2)	Grundhöchstbetrag für die verbleibenden Versicherungsbeiträge (§ 10 Abs. 3 Nr. 2 EStG)	**1.334 EUR**	2.668 EUR
(3)	Höchstbetrag für Beiträge zur privaten Pflegezusatzversicherung (§ 10 Abs. 3 Nr. 3 EStG)	**184 EUR**	368 EUR
(4)	Hälftiger Höchstbetrag (§ 10 Abs. 3 Nr. 4 EStG): 50 % der nach den Nr. **(1)**–**(3)** noch nicht berücksichtigten Vorsorgeaufwendungen; max. 50 % des Grundhöchstbetrags	**667 EUR**	1.334 EUR
(5)	Max. berücksichtigungsfähige Vorsorgeaufwendungen	**5.253 EUR**	10.506 EUR
(6)	Dafür nachzuweisen	**5.920 EUR**	11.840 EUR

Tab. 8: Schema zur Höchstbetragsrechnung gem. § 10 Abs. 3 EStG a.F. [906]

[905] Vgl. erläuternd BMF-Schreiben v. 24.02.2005, BStBl. 2005 I, Rz. 50, S. 436.

[906] Modifiziert entnommen aus Kußmaul, Heinz (Steuerlehre 2006), S. 297.

Der Wert der maximal berücksichtigungsfähigen Vorsorgeaufwendungen wird mit der Summe *aus Altersvorsorgeaufwendungen* und *sonstigen Vorsorgeaufwendungen* verglichen. Steuerlich geltend machbar ist der höhere Wert.[907]

Zu beachten ist, dass die Günstigerprüfung nur bis zum Jahr 2019 durchgeführt wird.[908] Ab dem Jahr 2011 bis zu dem Jahr 2019 wird zudem der Vorwegabzug der Höchstbetragsrechnung jährlich gekürzt:[909]

Kalenderjahr	Vorwegabzug für den Steuerpflichtigen (in EUR)	Vorwegabzug im Falle der Zusammenveranlagung von Ehegatten (in EUR)
2005	3.068	6.136
2006	3.068	6.136
2007	3.068	6.136
2008	3.068	6.136
2009	3.068	6.136
2010	3.068	6.136
2011	2.700	5.400
2012	2.400	4.800
2013	2.100	4.200
2014	1.800	3.600
2015	1.500	3.000
2016	1.200	2.400
2017	900	1.800
2018	600	1.200
2019	300	600

Tab. 9: Kürzung des Vorwegabzugs nach § 10 Abs. 4 a EStG[910]

Ab dem Jahr 2020 wird die Günstigerprüfung nicht mehr durchgeführt. Zu diesem Zeitpunkt können allerdings schon 90 % der Beiträge zu Schicht-1-Produkten steuerlich abgesetzt werden.[911]

907 Vgl. ergänzend Kußmaul, Heinz (Steuerlehre 2006), S. 297.
908 Vgl. § 10 Abs. 4 a EStG.
909 Vgl. Tab. 9, vgl. ebenso § 10 Abs. 4 a EStG.
910 Modifiziert entnommen aus Kußmaul, Heinz (Steuerlehre 2006), S. 297.
911 Vgl. ausführend *Kapitel 3.2.2.2.*

Anlage 8: Summen der staatlichen Zulagen der Riester-Rente[912]

Die folgende Tabelle zeigt die Summe der Zulagen, die ein Förderberechtigter einer Riester-Rente über die Dauer des Vertrags in Abhängigkeit des Eintrittsalters erhält. Unterscheidet werden muss, analog zu *Kapitel 3.3.2.2*, die Grundzulage nach § 84 EStG und die Kinderzulage, die während dem Bezug von Kindergeld bezahlt wird,[913] nach § 85 EStG. Die Grundzulage in den Jahren 2006–2007 beträgt jeweils 114 EUR, ab dem Jahr 2008 steigt diese auf 154 EUR jährlich. Die Kinderzulage ist in den Jahren 2006–2007 sogar 138 EUR und steigt ab dem Jahr 2008 auf 185 EUR jährlich. Daraus ergeben sich die Werte in Spalte (3) sowie Spalte (6). Ein Rechenbeispiel verdeutlicht dies:

Annahme:

Alter im Jahr 2006: 35 Jahre, ledig, Kinder: 1, im Alter von fünf Jahren, voraussichtlicher Renteneintritt im Alter von 65 Jahren.

Berechnung:

1. Grundzulage

Alter: 35 Jahre (abzulesen in Spalte [1]) ergibt, nach der Berechnung in Spalte (2) 30 Jahre bis zum Renteneintritt.

Grundzulage in den Jahren 2006 / 2007	=	114 EUR	* 2 Jahre	=	228	EUR
ab dem Jahr 2008	=	154 EUR	* 28 Jahre	=	4.312	EUR
Summe (Spalte [3])				=	4.540	EUR

2. Kinderzulage

Alter: 5 Jahre (abzulesen in Spalte [4]) ergibt, nach der Berechnung in Spalte (5) noch 22 Jahre mögliche Kinderzulage

Kinderzulage in den Jahren 2006/2007	=	138 EUR	* 2 Jahre	=	276	EUR
ab dem Jahr 2008	=	185 EUR	* 20 Jahre	=	3.700	EUR
Summe (Spalte [6])				=	3.976	EUR

912 Eigene Darstellung und Berechnung. Der mögliche Sonderausgabenabzug wird in diesem Beispiel nicht berücksichtigt.

913 Aus diesem Grund ist die Anzahl der Jahre auf 27 in Spalte (5) begrenzt. Dies trifft i.d.R. immer dann zu, wenn über dem 18. Lebensjahr hinaus noch eine Berufsausbildung bzw. ein Studium von dem Kind betrieben wird.

Der Zulagenberechtigte in diesem Beispiel erhält also über die Laufzeit eine Grundzulage i.H.v. 4.540 EUR sowie weitere 3.976 EUR an Kinderzulage. In der Summe ergibt dies eine gesamte Förderung i.H.v. 8.516 EUR.

Erwachsene				Kind		
Alter (Jahr 2006)	Jahre bis zum Renteneintritt	Zulagen (in EUR)		Alter (Jahr 2006)	Jahre der möglichen Förderung	Zulagen (in EUR)
(1)	**(2) = 65 - (1)**	**(3)**		**(4)**	**(5) = 27 - (4)**	**(6)**
17	48	7.312		0	27	4.901
18	47	7.158		1	26	4.716
19	46	7.004		2	25	4.531
20	45	6.850		3	24	4.346
21	44	6.696		4	23	4.161
22	43	6.542		5	22	3.976
23	42	6.388		6	21	3.791
24	41	6.234		7	20	3.606
25	40	6.080		8	19	3.421
26	39	5.926		9	18	3.236
27	38	5.772		10	17	3.051
28	37	5.618		11	16	2.866
29	36	5.464		12	15	2.681
30	35	5.310		13	14	2.496
31	34	5.156		14	13	2.311
32	33	5.002		15	12	2.126
33	32	4.848		16	11	1.941
34	31	4.694		17	10	1.756
35	30	4.540		18	9	1.571
36	29	4.386		19	8	1.386
37	28	4.232		20	7	1.201
38	27	4.078		21	6	1.016
39	26	3.924		22	5	831
40	25	3.770		23	4	646
41	24	3.616		24	3	461
42	23	3.462		25	2	276
43	22	3.308		26	1	138
44	21	3.154				
45	20	3.000				
46	19	2.846				
47	18	2.692				
48	17	2.538				
49	16	2.384				
50	15	2.230				
51	14	2.076				
52	13	1.922				
53	12	1.768				
54	11	1.614				
55	10	1.460				

Tab. 10: Summen der Zulagen bei der Riester-Rente in Abhängigkeit vom Lebensalter[914]

914 Eigene Berechnung; Vgl. § 84 EStG und § 85 EStG, angenommenes Renteneintrittsalter mit 65 Jahren.

Anlage 9: Beispiel – die Direktversicherung aus einer Entgeltumwandlung[915]

Annahmen:

Alter: 35 Jahre, monatliches Bruttoeinkommen: 2.500 EUR, Steuerklasse: 1, Beitragssatz Krankenversicherung: 13,5%, keine Kinder, Entgeltumwandlung in eine Direktversicherung nach § 3 Nr. 63 EStG i.H.v. 100 EUR.

Berechnung:

Bei der Entgeltumwandlung werden die Beiträge zu einer Direktversicherung nach § 3 Nr. 63 EStG aus dem Bruttolohn gezahlt. Versicherungsnehmer ist der Arbeitgeber, die versicherte Person und der Begünstigte ist der Arbeitnehmer.

Berechnung ohne Entgeltumwandlung (in EUR)		
Steuerpflichtige Bezüge		**2.500**
Sozialversicherungspflichtige Bezüge		**2.500**
- Entgeltumwandlung		**0**
Steuerbelastung		
Lohnsteuer	402,00	
Solidaritätszuschlag	+ 22,11	424,11
Sozialversicherungsabzug		
Rentenversicherung	243,75	
Arbeitslosenversicherung	+ 81,25	
Krankenversicherung	+191,25	
Pflegeversicherung	+ 27,50	543,75
Summe der Abzüge		**967,86**
Nettogehalt		**1.532,14**

Berechnung mit Entgeltumwandlung (in EUR)		
Steuerpflichtige Bezüge		**2.500**
Sozialversicherungspflichtige Bezüge		**2.500**
- Entgeltumwandlung		**100**
Bruttoeinkommen nach Umwandlung		**2.400**
Steuerbelastung		
Lohnsteuer	372,58	
Solidaritätszuschlag	+ 20,49	393,07
Sozialversicherungsabzug		
Rentenversicherung	234,00	
Arbeitslosenversicherung	+ 78,00	
Krankenversicherung	+183,60	
Pflegeversicherung	+ 26,40	522,00
Summe der Abzüge		**915,07**
Nettogehalt		**1.484,93**

Durch die Entgeltumwandlung ergeben sich Steuer- und Sozialversicherungs-Spareffekte, da sich der Bruttolohn, im Vergleich zu dem Bruttolohn vor der Entgeltumwandlung, um die Beitragszahlung zu der Direktversicherung reduziert. Steuern und Sozialabgaben sind demnach nur noch von 2.400 EUR anstelle von 2.500 EUR fällig.

---

[915] Zur Berechnung wurde das Programm „VorsorgeInventur Professional" verwendet. Vgl. Isert.global media work (Beratungs- und Analysesoftware 2005).

Die folgende Tabelle verdeutlicht das Ergebnis:

	bis 31.12.2008	ab 01.01.2009
Lohnzahlung **ohne BAV**	1.532,14	1.532,14
Lohnzahlung **mit BAV**	1.484,93	1.463,18
Bruttobeitrag Nettobelastung Eigenaufwand (in %) Förderquote (in %)	100 EUR 47,21 EUR 47,21 52,79	100 EUR 68,96 EUR 68,96 31,04

Die Befreiung von den Sozialabgaben ist derzeit bis Ende 2008 gültig. Da die Steuerbefreiung auch über das Jahr 2008 hinaus bestand hat, wird in diesem Beispiel eine Förderquote von 31,04 % ab dem Jahr 2009 erreicht. Das bedeutet, dass nur ein Eigenaufwand von 68,96 EUR nötig ist, um in diesem Beispiel 100 EUR in eine Direktversicherung angelegt zu bekommen. Auch für den Arbeitgeber hat eine Direktversicherung Vorteile. Da die Sozialversicherungsabgaben jeweils hälftig vom Arbeitgeber und Arbeitnehmer bezahlt werden, und diese als Bemessungsgrundlage bis zu festgelegten Grenzen den Bruttolohn verwenden, ergeben sich auch hier Sozialabgabenersparnisse für den Arbeitgeber.[916]

[916] Stiftung Warentest bezeichnet auf Grund der Vorteile für Arbeitnehmer und Arbeitgeber die Altersvorsorge im Betrieb als „Das Beste – für Arbeitnehmer und Arbeitgeber“ Stiftung Warentest (Betrieb 2004).

<u>Anlage 10:</u> Beispiel der Berechnung der zu versteuernden Einkünfte in der Rentenzeit[917]

Annahmen:

X, ledig, Mitglied in gesetzlicher KV, Renteneintritt 01.01.2030 im Alter von 65 Jahren, Rente aus gesetzlicher Rentenversicherung: 1.200 EUR, Rente aus einer Förderrente: 250 EUR p. Monat, Rente aus betrieblicher Altersversorgung: 300 EUR p. Monat, Rente aus privater Altersversorgung: 300 EUR p. Monat.

Berechnung:

			Einkünfte	**zu versteuern**
1. gesetzliche Rente (Schicht 1):[918]				
Einkünfte	12 Monate * 1.200 EUR	=	14.400 EUR	
- Kohortenregelung[919]	14.400 * 90 %	=	12.960 EUR	12.960 EUR
2. Förderrente (Schicht 2):				
Einkünfte	12 Monate * 250 EUR	=	3.000 EUR	3.000 EUR
3. betriebliche Altersversorgung (Schicht 2):[920]				
Einkünfte	12 Monate * 300 EUR	=	3.600 EUR	3.600 EUR
4. private Rentenversicherung (Schicht 3):				
Einkünfte	12 Monate * 300 EUR	=	3.600 EUR	
- Ertragsanteil[921]	3.600 EUR * 18 %	=	648 EUR	648 EUR
Summe der zu versteuernden Einkünfte:[922]				**20.208 EUR**

[917] Eigene Berechnung. Schema zur Berechnung modifiziert entnommen aus Berghof, Ingrid (Steuer 2005), S. 3, unter Beachtung der entsprechenden Paragrafen, ausführlich dargestellt in *Kapitel 3*.

[918] Die Berechnung erfolgt ohne Berücksichtigung von 50 % des individuellen Krankenversicherungssatzes sowie 1,7 % Beitrag zur Pflegeversicherung, die von den Einkünften der gesetzlichen Rente abzuziehen sind.

[919] Vgl. § 22 Nr. 1 S. 3 a) Doppelbuchstabe aa EStG. Der lebenslange Freibetrag, der im ersten Jahr des Rentenbezugs ermittelt wird beträgt in diesem Beispiel daher 14.400 EUR – 12.960 EUR = 1.440 EUR.

[920] Die Berechnung erfolgt ohne Berücksichtigung des individuellen Krankenversicherungssatzes sowie den Beitrag i.H.v. 1,7 % zur Pflegeversicherung, die von den Einkünften der gesetzlichen Rente abzuziehen sind.

[921] Vgl. § 22 Nr. 1 S. 3 a) Doppelbuchstabe bb EStG.

[922] Das zu versteuernde Einkommen wird nun um den Betrag der sonstigen Vorsorgeaufwendungen, Sonderausgaben, Werbungskostenpauschale und Grundfreibetrag gekürzt, danach mit dem dann gültigen Steuersatz die Einkommensteuerbelastung berechnet.

Anlage 11: Tabellarische Darstellung von Unterschieden zwischen der Zeitrente und der Leibrente

	Zeitrenten	Leibrenten
Bedeutung	Kaufpreiszahlung in Raten	Ergänzung gesetzliche/ private Rentenversicherung
regelmäßige Zahlungen in gleicher Höhe?	Ja	Ja
abhängig vom Leben mindestens einer Person?	*Nein*	Ja
Rentenzahldauer lebenslänglich?	*Nein*	Ja
Festgelegter Zeitraum mit evtl. Zahlungen an Erben?	Ja	*Nein;* Ausnahme: Mindestlaufzeit vereinbart
Aufgeschobener Zahlungsbeginn?	Ja	Ja
Mindest-/ Höchstlaufzeit möglich?	feste Laufzeit	Ja
Möglichkeit der Kombination mit Wohnrecht oder Einmalzahlung?	Ja	Ja
Wertsicherungsklausel?	ab 10 Jahre + 1 Monat Laufzeit	Ja

Tab. 11: Tabellarische Darstellung von Unterschieden zwischen der Zeitrente und der Leibrente[923]

[923] Modifiziert entnommen aus Wallau, Werner (Immobilien auf Rentenbasis 2000), S. 25.

Anlage 12: Einteilung von Leibrenten und anderen Leistungen nach § 22 EStG

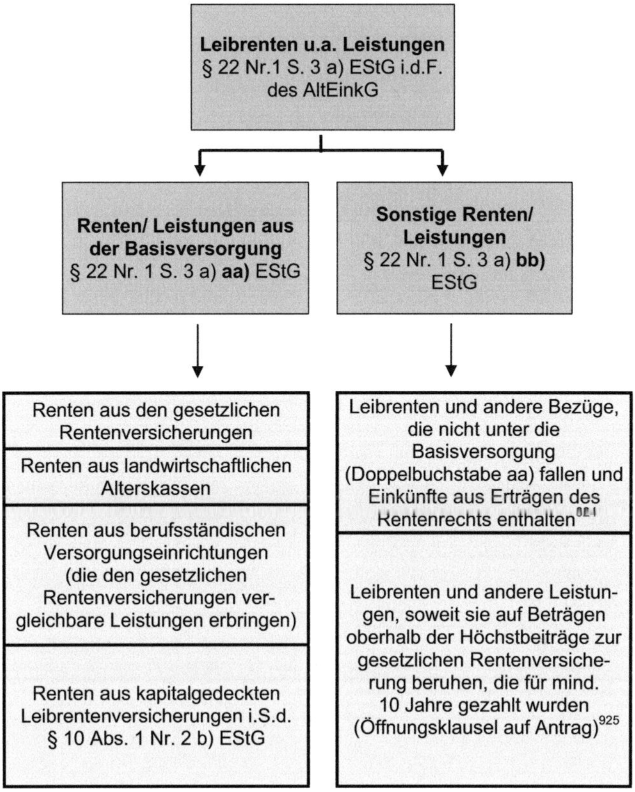

Abb. 19: Einteilung von Leibrenten und anderen Leistungen nach § 22 EStG[926]

---

[924] § 22 Nr. 1 S. 3 a) Doppelbuchstabe bb S. 1 EStG.

[925] § 22 Nr. 1 S. 3 a) Doppelbuchstabe bb S. 2 EStG.

[926] Modifiziert entnommen aus Hofmann, Kurt; Simon, Winfried; Wawers, Ordulf (Alterseinkünftegesetz 2005), S. 78.

Anlage 13: Zins- bzw. Ertragsanteile von Leibrenten

Bei Beginn der Rente vollendetes Lebensjahr des Rentenberechtigten	Ertragsanteil in Prozent	Bei Beginn der Rente vollendetes Lebensjahr des Rentenberechtigten	Ertragsanteil in Prozent
0 bis 1	59	51 bis 52	29
2 bis 3	58	53	28
4 bis 5	57	54	27
6 bis 8	56	55 bis 56	26
9 bis 10	55	57	25
11 bis 12	54	58	24
13 bis 14	53	59	23
15 bis 16	52	60 bis 61	22
17 bis 18	51	62	21
19 bis 20	50	63	20
21 bis 22	49	64	19
23 bis 24	48	65 bis 66	18
25 bis 26	47	67	17
27	46	68	16
28 bis 29	45	69 bis 70	15
30 bis 31	44	71	14
32	43	72 bis 73	13
33 bis 34	42	74	12
35	41	75	11
36 bis 37	40	76 bis 77	10
38	39	78 bis 79	9
39 bis 40	38	80	8
41	37	81 bis 82	7
42	36	83 bis 84	6
43 bis 44	35	85 bis 87	5
45	34	88 bis 91	4
46 bis 47	33	92 bis 93	3
48	32	94 bis 96	2
49	31	ab 97	1
50	30		

Tab. 12: Zins- bzw. Ertragsanteile von Leibrenten[927]

927 Vgl. § 22 Nr. 1 S. 3 a) Doppelbuchstabe bb S. 4 EStG.

Anlage 14: Beispiel zur Auswirkung von niedrigeren Ertragsanteilen[928]

Annahmen:

Vollendetes Lebensalter bei Beginn der Rentenzahlung: 62 Jahre; monatlich 1000 Euro Rentenbezug.

Berechnung:

Jahr 2004	steuerpflichtiger Ertragsanteil[929] =	**30%** von 12.000 Euro		**3600**	Euro
	./. Werbungskostenpauschbetrag[930]			**102**	Euro
	Steuerpflichtige "*Sonstige Einkünfte*"		=	**3498**	Euro
Jahr 2005	steuerpflichtiger Ertragsanteil[931] =	**21%** von 12.000 Euro		**2520**	Euro
	./. Werbungskostenpauschbetrag[932]			**102**	Euro
	Steuerpflichtige "*Sonstige Einkünfte*"		=	**2418**	Euro
	Geringerer zu versteuernder Betrag *2005* gegenüber *2004*			**1080**	Euro

928 Eigene Darstellung und Berechnung.
929 Vgl. § 22 Nr. 1 EStG a.F.
930 Gem. § 9 a S. 1 Nr. 3 EStG.
931 Ertragsanteil gem. § 22 Nr. 1 S. 3 a) Doppelbuchstabe bb S. 4 EStG.
932 Gem. § 9 a S. 1 Nr. 3 EStG.

Anlage 15: Beispiele zur Leibrentenberechnung[933]

Variablendefinition:[934]

x	=	versicherungsmathematisches Alter bei einem Mann[935]	
l_x	=	Überlebende im Alter X	
i	=	Rechnungszins	
ω	=	höchstes in der Sterbetafel erreichtes Lebensalter ($l_\omega > 0$, $l_{\omega+1} = 0$) (gem. Sterbetafel 2002/2004: Männer: 110 J.; Frauen 111 J.)[936]	
m	=	Anzahl der unterjährigen Zahlungen	
v^x	=	**$1 / (1+i)^x$**	Abzinsungsfaktor
D_x	=	**$v^x * l_x$**	Diskontierte Zahl der Lebenden des Alters x
N_x	=	**$D_x + D_{x+1} + \ldots + D_\omega$**	Erste Summe der diskontierten Zahlen der Lebenden

$$\ddot{a}_x = \frac{N_x}{D_x}$$

Leibrentenfaktor der sofort beginnenden, lebenslangen jährlich vorschüssig zahlbaren Leibrente für eine x-jährige Person

$$^{(m)}k = \frac{m-1}{2m} + \frac{m^2-1}{6m^2} * i * \left(1 - \frac{i}{2}\right)$$

Reduktionsfaktor für vorschüssig unterjährige Zahlungsweise (monatlich m=12)

$$^{(m)}\ddot{a}_x = \ddot{a}_x - {}^{(m)}k$$

Leibrentenfaktor der sofort beginnenden und lebenslänglich in unterjährigen Raten von je „1/m“ vorschüssig zahlbaren Leibrente für eine x-jährige Person

---

[933] Eigene Darstellung und Berechnung gem. der Angaben in dem Beispiel.

[934] Entnommen aus Statistisches Bundesamt (Versicherungsbarwerte für Leibrenten 2006), S. 4. Weitere Berechnungsmöglichkeiten wie temporäre *Leibrente* und nachschüssige Zahlungsweisen der *Leibrente* finden sich in Erweiterung dieser Arbeit an selbiger Stelle; die entsprechenden Werte zur Berechnung sind aus der Sterbetafel 2002/2004 zu entnehmen. Vgl. Statistisches Bundesamt (Aktuelle Sterbetafeln 2005).

[935] Analog dazu gilt: y = versicherungsmathematisches Alter bei einer Frau.

[936] Vgl. Statistisches Bundesamt (Versicherungsbarwerte für Leibrenten 2006), S. 4.

Beispiel 1:[937]

Annahmen:

Jährlich vorschüssige Zahlung; Verkäufer: Männlich, Alter: 65 Jahre;[938] Preis des Grundstücks: 250.000 EUR; Rechnungszins: 4,5 %;

Berechnung:

Leibrentenfaktor (65J./4,5%)[939] = 11,385

$$\text{Rentenbetrag} = \frac{\text{Kaufpreis}}{\text{ä(x)}} \quad \text{daraus folgt:} \quad \text{Rentenbetrag} = \frac{250.000}{11,385} = 21.958,72 \text{ EUR}$$

Die jährlich im voraus zu zahlende Leibrente beträgt 21.958,72 EUR.

Beispiel 2:[940]

Annahmen:

Monatlich vorschüssige Zahlung; Verkäufer: Männlich, Alter: 65 Jahre;[941] Preis des Grundstücks: 250.000 EUR; Rechnungszins: 4,5 %;

Berechnung:

$ä_x = 11,385$[942]

Aus der monatlichen Zahlweise folgt m = 12;

$$^{(m)}ä_x = ä_x - {}^{(m)}k \quad \text{mit} \quad {}^{(m)}k = \frac{m-1}{2m} + \frac{m^2-1}{6m^2} * i * (1 - \frac{i}{2})$$

$$\text{für } m = 12 \text{ und } i = 0,045 \text{ folgt} \quad {}^{(12)}k = 0,4656$$

$$^{(12)}ä_x = 11,385 - 0,4656 \quad {}^{(12)}ä_x = 10,919$$

$$\text{Rentenbetrag} = \text{Kaufpreis} / ({}^{(12)}ä_x * m) \quad \text{daraus folgt:}$$

$$\text{Rentenbetrag} = \frac{250.000}{(10,919 * 12)} = 1907,99 \text{ EUR}$$

Die monatlich zu zahlende Leibrente beträgt 1907,99 EUR.

---

937 Eigene Darstellung und Berechnung unter Verwendung von Statistisches Bundesamt (Versicherungsbarwerte für Leibrenten 2006), S. 48.

938 Versicherungsmathematisches Alter.

939 Vgl. Statistisches Bundesamt (Versicherungsbarwerte für Leibrenten 2006), S. 48.

940 Eigene Darstellung und Berechnung unter Verwendung von Statistisches Bundesamt (Versicherungsbarwerte für Leibrenten 2006), S. 48.

941 Versicherungsmathematisches Alter.

942 Vgl. Beispiel 1.

Anlage 16: Beispiel – Steuerliche Betrachtung einer Übertragung gegen wiederkehrende Leistungen in Form der Leibrente i.V.m. einem privaten Veräußerungsgeschäft nach § 23 Abs. 1 Nr. 1 EStG und unter Verwendung der Kaptialisierungsfaktoren nach § 14 BewG i.V.m. Anlage 9 BewG[943]

Annahmen:

X (männlich, vollendetes Lebensjahr 63) überträgt Y (männlich) ein vermietetes Grundstück (Verkehrswert: 230.472 EUR), das er vor fünf Jahren für 120.000 EUR erworben hat.
Y zahlt X dafür eine Leibrente i.H.v. 2000 EUR monatlich (jährlich 24.000 EUR).

Berechnung:

Der Kapitalisierungsfaktor der Rente nach § 14 BewG i.V.m. Anlage 9 BewG beträgt 9,603. Daraus ergibt sich ein Barwert der Rente i.H.v. 9,603 * 24.000 EUR = 230.472 EUR. Da der Barwert der Rente gleich dem Wert des vermieteten Grundstücks ist, liegt ein entgeltliches Geschäft vor.[944]

-	Barwert der Rente:	230.472 EUR
-	Anschaffungskosten:	120.000 EUR
=	Veräußerungsgewinn:	110.472 EUR

Die Leibrente wird in einen Zins- und Tilgungsanteil aufgeteilt. Nach *Anlage 13* i.V.m. § 22 Nr.1 S. 3a) Doppelbuchstabe bb S. 4 EStG beträgt der Zinsanteil auf Grund des vollendeten 63. Lebensjahres des Rentenberechtigten 20 %. Die jährliche Rentenzahlung von 24.000 EUR ist damit in einen Anteil von 4.800 EUR (= Zinsanteil i.H.v. 20 %) und einen Anteil i.H.v. 19.200 EUR (=Tilgungsanteil) aufzuteilen. Der Zinsanteil ist über die Dauer der Rente als „sonstige Einkünfte" nach § 22 Nr.1 S. 3 a) EStG zu versteuern.[945]

Gesamtrente in €	Zinsanteil in €	Tilgungsanteil in €
24.000	4.800	19.200

943 Eigene Berechnung, modifiziert und aktualisiert, angelehnt an Augsten, Ursula u.a. (Ratgeber zur Altersvorsorge 2004), S. 380-381. Grundlage der Berechnung ist das BMF-Schreiben v. 16.09.2004, BStBl. 2004 I, Rz. 56, S. 931.

944 Vgl. *Tabelle 3.*

945 Der Werbungskostenpauschbetrag bzw. Abschreibungen bleiben in diesem Beispiel unberücksichtigt.

Durch den Verkauf des Grundstücks innerhalb der Spekulationsfrist von 10 Jahren liegt ein privates Veräußerungsgeschäft i.S.d. § 23 Abs. 1 Nr. 1 EStG vor. Da der Betrag nicht in einer Einmalzahlung fällig ist, sondern in Raten bezahlt wird, ist erst ab dem Zeitpunkt ein Gewinnanteil zu versteuern, an dem die kumulierte Tilgung die Anschaffungskosten übersteigt. Die folgende Berechnung zeigt, dass die Anschaffungskosten im 7. Jahr übertroffen werden.

Jahr	Rente	als "sonstige Einkünfte" zu versteuern	kumulierte Tilgung	kumulierter Veräuße-rungsge-winn	als private Veräußerungsgeschäfte zu versteuern[946]	insgesamt zu versteu-ern[947]
(1)	**(2)**	**(3)**	**(4)**	**(5)**	**(6)**	**(7)**
1	24.000	4.800	19.200	0	0	4.800
2	24.000	4.800	38.400	0	0	4.800
3	24.000	4.800	57.600	0	0	4.800
4	24.000	4.800	76.800	0	0	4.800
5	24.000	4.800	96.000	0	0	4.800
6	24.000	4.800	115.200	0	0	4.800
7	**24.000**	**4.800**	**134.400**	**14.400**	**14.400**	**19.200**
8	24.000	4.800	153.600	33.600	19.200	24.000
9	24.000	4.800	172.800	52.800	19.200	24.000
10	24.000	4.800	192.000	72.000	19.200	24.000
11	24.000	4.800	211.200	91.200	19.200	24.000
12	24.000	4.800	230.400	110.400	19.200	24.000
13	**24.000**	**4.800**	**249.600**	**129.600**	**72**	**4.872**
14	24.000	4.800	268.800	148.800	0	4.800
15	24.000	4.800	288.000	168.000	0	4.800
16	...	...	...	...	...	...

In diesem Beispiel ist zwischen dem 7. und dem 13. Jahr – neben den regelmäßig zu versteuernden „sonstigen Einkünften" i.H.v. 4.800 EUR, ablesbar in *Spalte (3)*, – auf Grund des privaten Veräußerungsgeschäfts i.S.d. § 23 Abs. 1 Nr. 1 EStG – der Tilgungsanteil zu versteuern. Der Tilgungsanteil wird solange besteuert, bis die Summe der kumulierten Tilgungsbeiträge den Veräußerungspreis übersteigen. Dies ist im dreizehnten Jahr der Fall. In den folgenden Jahren ist bis zum Lebensende der bezugsberechtigten Person wieder der Ertragsanteil i.H.v. 4.800 EUR zu versteuern.

946 Die Freigrenze i.H.v. 511,99 Euro nach § 23 Abs. 3 S. 6 EStG wird in diesem Beispiel nicht berücksichtigt.

947 Der Grundfreibetrag nach § 32 a Abs. 1 S. 1 Nr. 1 EStG sowie weitere Einkünfte nach § 2 Abs. 1 EStG werden nicht berücksichtigt.

Anlage 17: Vertrag eines Immobilienverkaufs gegen Leibrentenzahlung[948]

§ 1 Kaufobjekt

Der Verkäufer ist im Grundbuch von ____ Blatt ____ als Eigentümer des lastenfreien Grundstücks ____ eingetragen, nach Angaben ein Einfamilienhaus.

§ 2 Verkauf auf Rentenbasis

(1) Der Verkäufer verkauft an den Käufer das vorbezeichnete Kaufobjekt. Als Gegenleistung wird eine Rente geschuldet. Diese ist ab. 01.01.19__ an den Verkäufer zu zahlen und beträgt ____ EUR – ein Worten: ______ Euro – monatlich. Die Zahlung hat jeweils bis zum dritten Werktag eines Monats im Voraus zu erfolgen.

(2) Nach dem Tod des Verkäufers ist die Leibrente an Frau X zu zahlen, soweit Frau X Herrn X überlebt. Die Rentenzahlung endet also mit dem Tod des Letztversterbenden der Eheleute X, allerdings nur dann, wenn die Rente zu diesem Zeitpunkt mindestens 10 Jahre gelaufen ist. Verstirbt also der Letztversterbende vor dem 31.12.____, so ist die Rente bis zum 31.12.____ an die Erben des Letztversterbenden weiterzuzahlen.

(3) Die Rente ermäßigt sich auf ___ % – in Worten: _____ Prozent – des zuletzt gezahlten Betrages, wenn ____Jahre Rentenlaufzeit abgelaufen sind und zusätzlich einer der Ehegatten X verstorben ist.

(4) Es wird die folgende Wertsicherungsklausel vereinbart:
Sollte sich der vom Statistischen Bundesamt festgestellte Preisindex für die Lebenshaltung aller privaten Haushalte für Deutschland (derzeit auf Basis _____ = 100 Indexstand Januar _____=_____) um mehr als 10 % nach oben oder unten verändern, so verändert sich der Betrag der Rente entsprechend. Die nächste Anpassung findet jeweils immer wieder dann statt, wenn eine weitere Veränderung von 10 % eingetreten ist. Die Änderung ist jeweils vom letzten erhöhten oder ermäßigten Rentenbetrag zu berechnen. Rückwirkend können Änderungen nicht geltend gemacht werden. Wird während der Laufzeit des Vertrages eine Indexneuberechnung veröffentlicht, so muss auf die neue Originalberechnung übergangen werden. Der Zeitpunkt des Übergehens ist der Monat, ab dem letztmalig der EUR-Betrag der Indexentwicklung angepasst wurde. Zahlungsverpflichtungen der Vergangenheit sind als abgeschlossen zu be-

---

[948] Modifiziert und aktualisiert entnommen aus Lübeck Steuerberater-Gruppe (Musterverträge 2006). Der Leibrentenvertrag wurde um die Daten von Käufer und Verkäufer, sowie um die, einem normalen Kaufvertrag ähnlichen, Bestimmungen über Besitzübergang, Gewährleistung, Vollzug und Kosten gekürzt.

trachten. Auf Grund einer Indexneuberechnung werden die gezahlten Geldbeträge nicht nochmals rückwirkend neu berechnet.

(5) Der Notar wird beauftragt, die Genehmigung bei dem Bundesamt für Wirtschaft und Ausfuhrkontrolle zu dieser Wertsicherungsklausel einzuholen.

§ 3 Auflassung, Reallasten

(1) Einig über den in §§ 1, 2 bezeichneten Eigentumsübergang bewilligen und beantragen die Beteiligten den Vollzug im Grundbuch.

(2) Zur Sicherung obiger Rentenzahlungspflichten sind folgende Reallasten einzutragen:

a) Für Herrn X eine Reallast auf Zahlung der bezeichneten veränderlichen Rente.

b) Im Rang danach und aufschiebend bedingt durch den Tod von Herrn X. für Frau X eine Reallast auf Zahlung der bezeichneten veränderlichen Rente.

(3) Für den Inhalt der Reallasten nach Abs. 2 a, b wird bestimmt:

a) Die Zahlungen aus der schuldrechtlichen Rentenverpflichtung und den dinglichen Ansprüchen aus der jeweiligen Reallast sind jeweils gegeneinander anzurechnen. Dem Rentenverpflichteten und dem Grundstückseigentümer steht ein Leistungsverweigerungsrecht als Einrede zu, wenn der Rentenbetrag aus einer dieser Verpflichtungen geleistet wurde. Diese Einrede ist im Grundbuch einzutragen.

b) Die Reallasten sind vererblich, soweit die Erben des Letztversterbenden der Eheleute X noch Rente verlangen können.

c) Der jeweilige Berechtigte kann für die Reallast eine Ablösesumme verlangen, wenn mit Leistungen aus der Reallast ein Verzug von mindestens drei Monaten besteht. Die Ablösesumme beträgt ________ EUR zuzüglich __ % Jahreszins ab dem 01.01.19__. Sie ermäßigt sich um die bis zur Geltendmachung der Ablösesumme an Herrn X, Frau X oder die Erben bezahlten Rentenbeträge. Die Ablösesumme steht dem jeweiligen Rentenberechtigten zu. Sie ist im Grundbuch bei jeder Reallast einzutragen.

Es wird bewilligt und beantragt, die Reallasten mit diesem Inhalt im Grundbuch einzutragen.

§ 4 Vollstreckungsunterwerfung

Wegen der Zahlung einer monatlichen Rente von ______ EUR und daneben auch, soweit zulässig, wegen der Erhöhungsbeiträge unterwirft sich der Käufer der sofortigen Zwangsvollstreckung in sein gesamtes Vermögen. Die vollstreckbare Ausfertigung ist bei Nachweis der Voraussetzungen zu erteilen.

Anlage 18: Beispiel – Berechnung einer verbundenen Leibrente[949]

Annahmen:

Verkehrswert (= Verkaufspreis) des zu verrentenden Objekts: 500.000 EUR; Die Leibrente soll für den Eigentümer und seine Frau bezahlt werden; das versicherungsmathematische Alter beträgt für die Frau: 63 Jahre, für den Mann: 70 Jahre. Nach dem Tod des Mannes soll 60 % der Rente weitergezahlt werden. Es wird ein begrenztes Wohnrecht im Haus – der Wohnwert beträgt monatlich 2.000 EUR – bis zum Tod des Mannes vereinbart. Eine Einmalzahlung von 50.000 EUR wird bei Rentenbeginn gezahlt. Der Rentenzins beträgt 5,5 % bei einer indexierten Leibrente. Die Leibrente soll monatlich vorschüssig bezahlt werden.

Es gelten – ergänzend zu Anlage 15 – folgende Variablen für verbundene Leibrenten:[950]

x bzw. y	=	versicherungsmathematisches Alter – Mann bzw. Frau	
$\mathbf{l}_{xy}$	=	kombinierte Absterbeordnung Mann und Frau	
i	=	Rechnungszins	
ω	=	höchstes in der Sterbetafel erreichtes Lebensalter ($l_\omega > 0$, $l_{\omega+1} = 0$) (gem. Sterbetafel 2002/2004: Männer: 110 J.; Frauen 111 J.)	
m	=	Anzahl der unterjährigen Zahlungen	
$\mathbf{v}^x$	=	$\mathbf{1 / (1+i)^x}$	Abzinsungsfaktor
$\mathbf{D}_{xy}$	=	$\mathbf{v^x * l_{xy}}$	diskontierte Zahl der Lebenden des Alters x
$\mathbf{N}_{xy}$	=	$\mathbf{D_{xy} + D_{xy+1} + \ldots + D_\omega}$	erste Summe der diskontierten Zahlen der Lebenden
$\mathbf{ä}_{xy}$	=	Barwertfaktor der sofort beginnenden und lebenslänglich, jährlich vorschüssig zahlbaren Verbindungsrente auf das *kürzere* Leben.	
$^{(12)}\mathbf{ä}_x$	=	Rentenbarwertfaktor Mann monatlich – vorschüssig	
$^{(12)}\mathbf{ä}_y$	=	Rentenbarwertfaktor Frau monatlich – vorschüssig	
$^{(12)}\mathbf{ä}_{xy}$	=	Rentenbarwertfaktor Paar monatlich – vorschüssig *bis zum Tod der 1. Person*	
$\mathbf{F}_x$	=	Höhe des Übergangs der Leibrente an den Mann	
$\mathbf{F}_y$	=	Höhe des Übergangs der Leibrente an die Frau	

949 Eigene Berechnung. Formeln und Barwerte entnommen aus Statistisches Bundesamt (Versicherungsbarwerte für Leibrenten 2006), i.V.m. dem Berechnungsschema aus *Abbildung 10* und basierend auf den Vertragsinhalten des Mustervertrages in *Anlage 17*; angelehnt an Beispiel in Wallau, Werner (Immobilien verrenten 2001), S. 7–8.

950 Die Beschreibung der Variablen geht über die verwendeten Formeln hinaus. Entnommen aus Statistisches Bundesamt (Versicherungsbarwerte für Leibrenten 2006), S. 9–10 i.V.m. Statistisches Bundesamt (Aktuelle Sterbetafeln 2005).

F_{xy} $= (F_x + F_y) - 1$

Berechnung:

$^{(12)}\ddot{a}_x$ = 8,635 (70Jahre; 5,5 %)[951]

$^{(12)}\ddot{a}_y$ = 12,147 (63 Jahre; 5,5 %)[952]

$^{(12)}\ddot{a}_{xy}$ = 7,941 (70/63 Jahre; 5,5 %)[953]

m = 12 (Monate)

F_x = 100 %

F_y = 60 %

Daraus folgt: $F_{xy} = (F_x+F_y) - 1 = (100\,\% + 60\,\%) - 1 = 0{,}6$

Formel für Leibrentenfaktorberechnung bei verbundener Leibrente mit 60% Übergang:

$\text{Leibrentenfaktor}_{xy;\,60\,\%} = (^{(12)}\ddot{a}_x * F_x) + (^{(12)}\ddot{a}_y * F_y) - (^{(12)}\ddot{a}_{xy} * F_{xy})$

$\text{Leibrentenfaktor}_{xy;\,60\,\%} = (8{,}635 * 1) + (12{,}147 * 0{,}6) - (7{,}941 * 0{,}6) = 11{,}1586$

Wert des Wohnrechts:

Das Wohnrecht gilt nur für den Mann. Daraus folgt:

Wert des Wohnrechts = Wohnwert (jährlich) * Leibrentenfaktor

Wert des Wohnrechts = (2.000 EUR * 12) * 8,635 = 207.240 EUR

Zusammenfassung:

	Verkehrswert	500.000	EUR
–	Wert des Wohnrechts	207.240	EUR
–	Einmalzahlung	50.000	EUR
=	zu verrentender Betrag	242.760	EUR

Leibrente

Rentenbetrag = zu verrentender Betrag / ($\text{Leibrentenfaktor}_{xy;\,60\,\%}$ * 12)

Rentenbetrag = 242.760 / (11,1586*12)

Rentenbetrag = **1812,95 EUR p.Monat**

Der monatlich zu bezahlende Rentenbetrag beträgt **1812,95 EUR** pro Monat.

951 Entnommen aus Statistisches Bundesamt (Versicherungsbarwerte für Leibrenten 2006), S. 56.
952 Entnommen aus Statistisches Bundesamt (Versicherungsbarwerte für Leibrenten 2006), S. 56.
953 Entnommen aus Statistisches Bundesamt (Versicherungsbarwerte für Leibrenten 2006), S. 1061.

Anlage 19: Beispiel – Berechnung eines *Reverse Mortgages* ohne Berücksichtigung von Kosten[954]

Annahmen:

Wert der Immobilie: 200.000 Dollar; Wertsteigerung der Immobilie: 3 Prozent p.a.; monatliche Kreditrate aus *Reverse-Mortgage*-Vertrag: 1.000 Dollar; Verzinsung des *Reverse Mortgage*: 0,5 % p.Monat.

Berechnung:[955]

Monat[956]	Kredit-summe (in $)	Zinsen auf Kredit (in $)	ausge-zahlte Kredit-summe (in $)	kumulierte Kreditsum-me (in $)	Kredit-betrag (in $)	Wert des Hauses (in $)	Restwert des Hauses (in $)
(1)	**$(2)_t$ $=(5)_{t-1}$**	**(3) =(2)*0,5%**	**(4)**	**(5) =(2)+(3)+(4)**	**(6) =(3)+(4)**	**$(7)_t$ $=(7)_{t-1}*1{,}03$**	**(8) =(7)−(5)**
0	0,00	0,00	1.000,00	1.000,00		200.000,00	
1	1.000,00	5,00	1.000,00	2.005,00	1.005,00		
2	2.005,00	10,03	1.000,00	3.015,03	1.010,03		
3	3.015,03	15,08	1.000,00	4.030,10	1.015,08		
4	4.030,10	20,15	1.000,00	5.050,25	1.020,15		
5	5.050,25	25,25	1.000,00	6.075,50	1.025,25		
6	6.075,50	30,38	1.000,00	7.105,88	1.030,38		
7	7.105,88	35,53	1.000,00	8.141,41	1.035,53		
8	8.141,41	40,71	1.000,00	9.182,12	1.040,71		
9	9.182,12	45,91	1.000,00	10.228,03	1.045,91		
10	10.228,03	51,14	1.000,00	11.279,17	1.051,14		
11	11.279,17	56,40	1.000,00	12.335,56	1.056,40		
12	12.335,56	61,68	1.000,00	13.397,24	1.061,68	206.000,00	192.602,76
...							
24	25.431,96	127,16	1.000,00	26.559,12	1.127,16	212.180,00	185.620,88
...							
36	39.336,10	196,68	1.000,00	40.532,79	1.196,68	218.545,40	178.012,61
48	54.097,83	270,49	1.000,00	55.368,32	1.270,49	225.101,76	169.733,44
...							
60	69.770,03	348,85	1.000,00	71.118,88	1.348,85	231.854,81	160.735,93
...							
120	163.879,35	819,40	1.000,00	165.698,74	1.819,40	268.783,28	103.084,53
...							
180	290.818,71	1.454,09	1.000,00	293.272,81	2.454,09	311.593,48	18.320,68
...							
192	321.091,34	1.605,46	1.000,00	323.696,79	2.605,46	320.941,29	**0**

954 Eigene Berechnung, angelehnt an AARP (Home Made Money 2006), S. 44; ebenso Fannie Mae (Guide to Reverse Mortgage 2002), S. 16 u. S. 35.

955 Die Variable t entspricht in diesem Beispiel dem Faktor „Zeit".

956 Es wird immer der abgelaufene Monat betrachtet. Monat „1" bedeutet daher am Ende des Monats „1".

In diesem Beispiel würde zwischen dem 15. Jahr und dem 16. Jahr der Wert des Eigentums für die Immobilieneigentümer auf Grund des *Reverse Mortgages* „null“ sein. Rein rechnerisch ergibt sich am Ende des 192. Monats ein Wert der Immobilie von – 2.755,51 Dollar. Allerdings kann die Kredithöhe niemals den Wert der Immobilie übersteigen, da die Immobilie immer einziges Sicherungsobjekt für die Rückzahlung ist.[957] Zur Tilgung wird nur das als Sicherheit dienende Haus genommen.

[957] Dies beruht auf der Eigenschaft, dass der Kredit ein sog. „non-recourse“-Darlehen ist. Vgl. *Kapitel 6.1.1.*

Anlage 20: Tabellarischer Vergleich der wichtigsten Reverse-Mortgage-Modelle

	HECM	Home Keeper	Cash Account
Kreditlimit 2006 (in $)	200.160 – 362.790	417.000	kein Limit
Kredithöhe basiert auf	Wert der Immobilie bzw. Gebietslimit; Alter des jüngsten Darlehensnehmers; erwartete Zinsrate	Wert der Immobilie bzw. Kreditlimit; Alter und Anzahl der Darlehensnehmer; Zinsrate	Wert der Immobilie; Alter und Anzahl der Darlehensnehmer; Zinsrate
Verwendbare Immobilien	Ein- bis Vierfamillienhäuser; Eigentumswohnungen; selbstgebaute Wohnungen	Ein- bis Vierfamillienhäuser; Eigentumswohnungen; keine selbstgebauten Wohnungen	Ein- bis Vierfamillienhäuser; Eigentumswohnungen; selbstgebaute Wohnungen
Zinssatz basiert auf	1-year Treasury bill	1-month CD index	6-month Libor
Marge	1,5 % bei monatlicher, 3,1 % bei jährlicher Zinsanpassung	3,4 %	5 %
Zinsbegrenzung: = Startzinssatz + ...	10 % bei monatlicher, 5 % (und 2 % p.a.) bei jährlicher Zinsanpassung	12 %	5 %
Abschlussgebühr	min. 2.000 $ oder 2 %	min. 2.000 $ oder 2 %	produktabhängig
MIP - Kreditversicherung	2 % auf Forderungshöhe	keine Versicherung	keine Versicherung
Fremdanbieterkosten	ja	ja	produktabhängig
Auszahlungsoptionen	Tenure; Term; Lump sum, Line of credit, Modified tenure, Modified term	Tenure, Line of Credit, Modified Tenure	Line of credit, produktabhängig evtl. mit 75 % bzw. 100 % Vollauszahlung bei Vertragsbeginn

Tab. 13: Tabellarischer Vergleich der wichtigsten Reverse-Mortgage-Modelle[958]

[958] Modifiziert entnommen aus Pokorny, Jennifer (Mortgages 2005), S. 158–160.

Anlage 21: Beispielhafter Vergleich der möglichen Auszahlung eines *Reverse Mortgage* mit der Auszahlung einer Leibrente[959]

1. Auszahlung des *Reverse Mortgages* unter Berücksichtigung von Kosten[960]

Annahmen:

Wert der Immobilie: 150.000 Dollar; Alter des jüngsten Kreditnehmers: 64 Jahre; *Reverse Mortgage*-Modell: HECM.

Modellentwicklung:

Alter	**64**	Jahre
Expected Interest Rate[961]	**6,5**	Prozent
Property Appraised Value[962]	**150.000,00**	Dollar
Maximum Claim Amount[963]	**150.000,00**	Dollar
Principal Limit[964]	**83.100,00**	Dollar
Upfront MIP[965]	**3.000,00**	Dollar
Closing Costs[966]	**4.800,00**	Dollar
Initial Draw	**0,00**	Dollar
Monthly Service Fee (30 $)[967]	**4.887,94**	Dollar
Length of Term[968]	**Tenure**	
Monatliche Auszahlung[969]	**432,16**	Dollar

Ergebnis:

Der Darlehensnehmer dieses HECM-*Reverse-Mortgage* bekommt jedes Jahr 432,16 $ * 12 = 5185, 92 $ ausbezahlt. Dies entspricht einer jährlichen Zahlung von **3,46 %** des ursprünglichen Immobilienwertes.

959 Vgl. zum Aufbau Wallau, Werner (Vergleich 2002).
960 Beispiel modifiziert entnommen aus Kelly, Tom (New Reverse Mortgage Formula 2005), S. 174.
961 „Expected Interest Rate“ = die erwartete Zinsrate. Vgl. Kapitel 6.2.2.1.
962 Dieser Wert entspricht dem geschätzten Wert des Grundstücks.
963 Maximaler Kreditanspruch. Dieser Wert ist die Höchstbetrag für den HECM–Kredit.
964 Gebietsabhängiger maximaler Auszahlungsbetrag. In diesem Beispiel ist der Faktor 0,554 – d.h. der niedrigere Wert von *Property Appraised Value* und *Maximum Claim Amount* wird mit dem Gebietsfaktor 0,554 multipliziert. Das Ergebnis, das *Principal Limit*, ist die maximale Kreditsumme für die Immobilie.
965 Kosten der MIP. Vgl. *Kapitel 6.1.4.*
966 Weitere Abschlussgebühren. Vgl. *Kapitel 6.4.2.*
967 Monatliche Bearbeitungsgebühr, auf die erwartete Laufzeit des *Reverse Mortgage* Darlehens berechnet, i.H.v. 30 $ (vgl. *Kapitel 6.4.2*).
968 Gewähltes *Reverse Mortgage* Modell – in diesem Fall die lebenslange Rentenzahlung (= Tenure).
969 Der Darlehensnehmer erhält diesen Betrag als monatlich lebenslange Zahlung.

2. Auszahlung der Leibrente[970]

Annahmen:

Wert der Immobilie: 150.000 EUR; Verkäufer: männlich, Alter: 64 Jahre;[971] monatlich vorschüssige Zahlweise; Zinssatz: 5,5 %; Wohnwert: 500 EUR pro Monat.

Wert des Wohnrechts:

Wert des Wohnrechts	=	Wohnwert (jährlich) * Leibrentenfaktor
${}^{(12)}ä_x$[972]	=	10,413 (64 Jahre; 5,5 %)[973]
Wert des Wohnrechts	=	(500 EUR * 12) * 10,413
	=	62.478 EUR

Zusammenfassung:

	Verkehrswert	150.000	EUR
–	Wert des Wohnrechts	62.478	EUR
=	zu verrentender Betrag	87.522	EUR

Leibrente:

Rentenbetrag	=	zu verrentender Betrag / (Kapitalisierungsfaktor * 12)
Rentenbetrag	=	87.522 EUR / (10,413 * 12)
Rentenbetrag	=	**700,42 EUR p.Monat**

Ergebnis:

Der Verkäufer einer Immobilie einer Leibrente bekommt jedes Jahr 700,42 EUR * 12 = 8.405,04 EUR ausbezahlt. Dies entspricht einer jährlichen Zahlung von **5,60 %** des ursprünglichen Immobilienwertes.

970 Eigene Berechnung. Variablendefinitionen gem. *Anlage 15* und *Anlage 18*.
971 Versicherungsmathematisches Alter.
972 Leibrentenbarwertfaktor Mann monatlich – vorschüssig. Vgl. *Anlage 15* und *Anlage 18*.
973 Entnommen aus Statistisches Bundesamt (Versicherungsbarwerte für Leibrenten 2006), S. 56.

3. Zusammenfassung der Ergebnisse

Das Beispiel hat gezeigt, dass eine Leibrente im Vergleich zu dem *Reverse-Mortgage*-Darlehen ein attraktives Geschäft für einen Immobilienbesitzer sein kann. Während bei dem *Reverse Mortgage* in diesem Beispiel lediglich 3,46 % des ursprünglichen Immobilienwertes jährlich ausbezahlt werden, ist bei der Leibrente der Prozentsatz mit 5,6 % höher. Die Differenz zwischen Leibrente und *Reverse Mortgage* ergibt sich durch die Kosten und den Zinssatz. „Die Leibrenten werden „äquivalent“ berechnet. Das heißt, der aktuelle Wert der Immobilie wird vollständig (unter Berücksichtigung von Habenzinsen) in eine Leibrente umgerechnet. Die *Reverse Mortgages* hingegen werden rückwärts, vom geschätzten Verkaufswert der Immobilie beim wahrscheinlichen Vertragsende, unter Einbeziehung der Nebenkosten und Zinsen, kalkuliert.“[974] Kritisch anzumerken ist, dass die Berechnung auf vielen Annahmen beruht, die zu dem Vergleich nötig sind. Diese sind bei der Leibrente der Betrag des monatlichen Wohnwertes sowie die Verzinsung. Des Weiteren wurde in dem Beispiel auf eine Kopplung der Zahlungen an einen Index (sog. „Wertsicherungsklausel“) aus Vereinfachungsgründen verzichtet.

---

974 Wallau, Werner (Vergleich 2002).

Literaturverzeichnis

Verwendete Quellen

AARP (Home Made Money 2006): Home Made Money – A Consumer's Guide to Reverse Mortgages. 11. Aufl., Washington D.C. 2006. Abrufbar unter http://assets.aarp.org/www.aarp.org_/articles/revmort/homeMadeMoney.pdf (Stand 29.05.2006).

Abgabenordnung (AO) in der Fassung der Bekanntmachung vom 01.10.2002 (BGBl. I, S. 3869, ber. 2003 I, S. 61) zuletzt geändert durch Art. 4 G. v. 22.09.2005 (BGBl. I, S. 2809). In: Wichtige Steuergesetze mit Durchführungsverordnungen – Stand 01. Januar 2006, hrsg. von Neue Wirtschafts-Briefe, 54. Aufl., Herne/Berlin 2006, S. 1–135, (Eigenbestand).

Albrecht, Günter; Polster, Andreas (VDR lehnt Vorschläge ab 1998): VDR lehnt Vorschläge des Beirats für eine Teilkapitaldeckung der Altersvorsorge ab. In: deutsche-rentenversicherung.de vom 19.03.1998, Berlin 1998. Abrufbar unter http://www.deutsche-rentenversicherung.de/nn_7112/DRV/de/Inhalt/Presse/Pressemitteilung/Archiv__VDR__aktuell/1998/1998__03__19.html (Stand 24.04.2006).

Amtsblatt der Europäischen Gemeinschaften (Richtlinie 2003): Richtlinie 2002/92/EG des europäischen Parlaments und des Rats vom 09. Dezember 2002 über Versicherungsvermittlung. Brüssel 2003. Abrufbar unter http://www.bafin.de/internationales/eu_eg-recht/va/vermittler-RL.pdf (Stand 16.06.2006).

Augsten, Ursula u.a. (Ratgeber zur Altersvorsorge 2004): Ratgeber zur Altersvorsorge – Rentenreform 2004 und Alterseinkünftegesetz. 2. Aufl., Bonn Berlin 2004, (Eigenbestand).

Baer, Steven (Turning a home 1997): Turning a Home into Pension Income with an FHA-Insured Reverse-Mortgage Product. In: Reverse Mortages – A Lawyer's Guide to Housing and Income Alternatives, hrsg. von David A. Bridewell und Charles Nauts, Chicago 1997, S. 73–82, (Eigenbestand).

Ballmann, Tara E. (Reverse Mortgage Handbook 2004): The Reverse Mortgage Handbook – A Consumer's Guide for Senior Homeowners. Clermont (FL) 2004, (Eigenbestand).

Bandering, Michael (Finanzierung einmal anders 2004): Gegen Zeit- oder Leibrente? Immobilienkauf: Finanzierung einmal anders. In: Der Maler und Lackierermeister, Heft 4/2004, Mindelheim 2004, S. 31–34, (Eigenbestand).

Bassenge, Peter u.a. (Palandt Bürgerliches Gesetzbuch 2006): Palandt - Bürgerliches Gesetzbuch – mit Einführungsgesetz (Auszug), BGB-Informationspflichten-Verordnung, Unterlassungsklagengesetz, Produkthaftungsgesetz, Erbbaurechtsverordnung, Wohnungseigentumsgesetz, Hausratsverordnung, Vormünder- und Betreuervergütungsgesetz, Lebenspartnerschaftsgesetz, Gewaltschutzgesetz (Auszug). 65. Aufl., München 2006, (JURA-SB DA 0-5-13:65).

Baugesetzbuch (BauGB) in der Fassung der Bekanntmachung vom 23.09.2004 (BGBl. I, S. 2414), zuletzt geändert durch G. v. 21.6.2005 (BGBl. I, S. 1818) m.W.v. 01.07.2005. Abrufbar unter
http://dejure.org/gesetze/BauGB (Stand 24.05.2006).

Behrends, Sylvia u.a. (Wohnsituation privater Haushalte 2003): Ausstattung und Wohnsituation privater Haushalte – Einkommens- und Verbrauchsstichprobe 2003. In: destatis.de vom Oktober 2003, Wiesbaden 2003. Abrufbar unter:
http://www-ec.destatis.de/csp/shop/sfg/bpm.html.cms.cBroker.cls?cmspath=struktur,Warenkorb.csp (Stand 08.05.2006).

Berghof, Ingrid (Steuer 2005): Alterseinkünftegesetz – Welche Steuer? In: db lebendig vom November/ Dezember 2005, Wiesbaden 2005, S. 2–3, (Eigenbestand).

Berhorst, Robert (Rentenreform 1992 2004): Rentenreform 1992. In: erziehung.uni-giessen.de vom 06.08.2004, Pohlheim 2004. Abrufbar unter
http://www.erziehung.uni-giessen.de/studis/robert/reform92.html (Stand 25.04.2006).

Bewertungsgesetz (BewG) in der Fassung der Bekanntmachung vom 01.02.1991 (BGBl. I, S. 231), zuletzt geändert durch Art. 14 Steueränderungsgesetz 2001 (StÄndG 2001) v. 20.12.2001 (BGBl. I, S. 3794). In: Wichtige Steuergesetze mit Durchführungsverordnungen – Stand 01. Januar 2006, hrsg. von Neue Wirtschafts-Briefe, 54. Aufl., Herne/Berlin 2006, S. 671–730, (Eigenbestand).

BFH Urteil vom 29.03.1962, Aktenzeichen VI 105/61 U, BStBl. 1962 III, S. 304–305, (WIWI-SB ZZ-160-12 III).

BFH Urteil vom 10.10.1963, Aktenzeichen VI 12/62, BStBl. 1963 III, S. 563, (WIWI-SB ZZ-160-13 III).

BFH Urteil vom 20.05.1980, Aktenzeichen VI R 108/77, BStBl. 1980 II, S. 573–575, (WIWI-SB ZZ-160-30 II).

BFH Urteil vom 28.01.1986, Aktenzeichen IX R 12/80, BStBl. 1986 II, S. 348–350, (WIWI-SB ZZ-160-1986).

BFH Urteil vom 04.04.1986, Aktenzeichen X R 14/85, BStBl. 1989 II, S. 779–782, (WIWI-SB ZZ-160-39 II).

BFH Urteil vom 22.01.1991, Aktenzeichen X R 97/89, BStBl. 1991 II, S. 686–688, (WIWI-SB ZZ-160-41 II).

BFH Urteil vom 16.07.1991, Aktenzeichen GrS 1/90, BStBl. 1992 II, S. 78–85, (WIWI-SB ZZ-160-42 II).

BFH Urteil vom 25.11.1992, Aktenzeichen X R 91/89, BStBl. 1996 II, S. 666–669, (WIWI-SB ZZ-160-46 II).

BFH Urteil vom 25.11.1992, Aktenzeichen X R 34/89, BStBl. 1996 II, S. 663–666, (WIWI-SB ZZ-160-46 II).

BFH Urteil vom 26.01.1994, Aktenzeichen X R 54/92, BStBl. 1994 II, S. 633–635, (WIWI-SB ZZ-160-44 II).

BFH Urteil vom 09.02.1994, Aktenzeichen IX R 110/90, BStBl. 1995 II, S. 47–54, (WIWI-SB ZZ-160-45 II).

BFH Urteil vom 26.11.2003, Aktenzeichen X R 11/01, BStBl. 2004 II, S. 820–824, (WIWI-SB ZZ-160-54 II).

BMF-Schreiben vom 23.12.1996, Aktenzeichen IV B 3 54/96, BStBl. 1996 I, S. 1508–1515, (WIWI-SB ZZ-160-46 I,2).

BMF-Schreiben vom 05.08.2002, Aktenzeichen IV C 5 154/02 und IV C 4 295/02, BStBl. 2002 I, S. 767-792, (WIWI-SB ZZ-160-52 I).

BMF-Schreiben v. 16.09.2004, Aktenzeichen IV C 3 354/04, BStBl. 2004 I, S. 922–932, (WIWI-SB ZZ-160-54 I).

BMF-Schreiben v. 17.11.2004, Aktenzeichen IV C 4 177/04 und IV C 5 269/04, BStBl. 2004 I, S. 1065–1095, (WIWI-SB ZZ-160-54 I).

BMF-Schreiben v. 24.02.2005, Aktenzeichen IV C 3 51/05, BStBl. 2005 I, S. 429–451, (WIWI-SB ZZ-160-55 I).

Brandstetter, Barbara (Rentner Steuern 2004): Wann Rentner Steuern zahlen müssen – 2005 greift das neue Alterseinkünftegesetz – Dadurch steigt der steuerpflichtige Anteil der gesetzlichen Rente bis 2040 auf 100 Prozent. In: Die Welt.de vom 13.10.2004, Berlin 2004. Abrufbar unter
http://www.welt.de/data/2004/10/13/345428.html (Stand 06.06.2006).

Braun, Reiner; Pfeiffer, Ulrich (Familien 2004): So wohnen Familien. In: familienhandbuch.de vom 15.10.2004, Berlin 2004. Abrufbar unter
http://www.familienhandbuch.de/cmain/f_Fachbeitrag/a_Familienforschung/s_1493.html (Stand 08.05.2006).

Bräuninger, Dieter u.a. (demografische Herausforderung 2002): Die demografische Herausforderung. In: Aktuelle Themen – Demografie Spezial, hrsg. von Deutsche Bank Research, Frankfurt am Main 2002. Abrufbar unter http://www.dbresearch.de/PROD/DBR_INTERNET_DEPROD/PROD0000000000044677.pdf (Stand 27.04.2006).

Bundesministerium für Arbeit und Soziales (Anhänge 2002): Anhänge zum Nationalen Strategiebericht Alterssicherung 2002. Berlin 2002. Abrufbar unter http://www.bmas.bund.de/BMAS/Redaktion/Pdf/Publikationen/anhaenge-zum-nationalen-alterssicherungsbericht,property=pdf,bereich=bmas,sprache=de,rwb=true.pdf (Stand 30.04.2006).

Bundesministerium für Arbeit und Soziales (Bericht der Bundesregierung 2006): Bericht der Bundesregierung über die gesetzliche Rentenversicherung, insbesondere über die Entwicklung der Einnahmen und Ausgaben, der Nachhaltigkeitsrücklage sowie des jeweils erforderlichen Beitragssatzes in den künftigen 15 Kalenderjahren gemäß §154 SGB VI (Rentenversicherungsbericht 2005). Berlin 2006. Abrufbar unter http://www.bundesregierung.de/Anlage978278/Rentenversicherungsbericht+2005.pdf (Stand 24.04.2006).

Bundesministerium für Arbeit und Soziales (Zusätzliche Altersvorsorge 2006): Zusätzliche Altersvorsorge. Berlin 2006. Abrufbar unter http://www.bmas.bund.de/BMAS/Navigation/Service/publikationen,did=96824.html (Stand 12.06.2006).

Bundesministerium für Gesundheit und Soziale Sicherung (Finanzierung Soziale Sicherungssysteme 2003): Nachhaltigkeit in der Finanzierung der sozialen Sicherungssysteme – Bericht der Kommission. Berlin 2003. Abrufbar unter http://www.bmas.bund.de/BMAS/Redaktion/Pdf/Publikationen/Ruerup-Bericht/deutsch-fassung,property=pdf,bereich=bmas,sprache=de,rwb=true.pdf (Stand 29.04.2006).

Bundesministerium für Gesundheit und Soziale Sicherung (Nationaler Strategiebericht 2005): Bundesrepublik Deutschland – Nationaler Strategiebericht Alterssicherung. Berlin 2005. Abrufbar unter
http://www.bmas.bund.de/BMAS/Redaktion/Pdf/Publikationen/nationaler-strategiebericht-alterssicherung-2005,property=pdf,bereich=bmas,sprache=de,rwb=true.pdf
(Stand 21.04.2006).

Bundesministerium für Gesundheit (Sozialpolitische Information 1997): Rentenversicherung – Entwurf für Rentenreform 1999 beschlossen. In: Sozialpolitische Informationen, Nr. 07/1997 vom 01.07.1997, o.O. 1997. Abrufbar unter
http://www.bmg.bund.de/nn_603568/DE/Publikationen/SPI-Aktuelle-Ausgabe/SPI-Archiv/SPI-2000-1997/SPI-1997/SPI-071997-7784,param=.html (Stand 22.04.2006).

Bundesverband verbraucherorientierter Wirtschaftsberatungsunternehmen – procon e.V. (Verbraucherschützer warnen 2005): Verbraucherschützer warnen vor Rürup-Rente – Der Verkauf der Rürup-Rente lief bei den Versicherern schleppend an, erlebte im dritten Quartal aber einen deutlichen Aufschwung. Doch Verbraucherschützer warnen vor den Tücken des neuen Produkts. o.O. 2005. Abrufbar unter
http://foerderclub-procon.de/news/detail.php?id=55 (Stand 08.06.2006).

Bürgerliches Gesetzbuch (BGB) in der Fassung der Bekanntmachung vom 02. Januar 2002 (BGBl. I, S. 42, ber. S. 2909 und BGBl. I, 2003 S. 738), zuletzt geändert durch Art. 3 Abs. 1 G. v. 07.07.2005 (BGBl. I, S. 1970). In: Bürgerliches Gesetzbuch – Beck Texte im dtv – Stand 01. November 2005, hrsg. von dtv, 57. Aufl., München 2006, S. 1–472, (Eigenbestand).

Buschmann, Kathrin u.a. (Baufinanzierung 2004): Fachstudium: Baufinanzierung I – Private & Business Banking. Frankfurt am Main 2004, (Eigenbestand).

BverfGE Urteil vom 06.03.2002, Aktenzeichen 2 BvL 17/99, BStBl. 2002 II, S. 618–640, (WIWI-SB ZZ-160-52 II).

Caplin, Andrew (Reverse Mortgage Market Problems 2000): The Reverse Mortgage Market: Problems and Prospects. New York 2000. Abrufbar unter
http://www.econ.nyu.edu/user/caplina/PAPERS/reverse.pdf (Stand 11.06.2006).

Datz, Nicole (Private Altersvorsorge 2003): Private Altersvorsorge am Beispiel der „Riester-Rente" – Darstellung und kritische Würdigung aus gesamtwirtschaftlicher Perspektive. Köln 2003, (Eigenbestand).

Deutsche Bank (Fachstudium Absicherung 2005): Fachstudium Gesetzliche und Private Absicherung – Personal Banking und Private & Business Banking. In: Vertriebsqualifizierung vom März 2005, Frankfurt am Main 2005, (Eigenbestand).

Deutsche Bank (Fachstudium Basisversorgung 2005): Fachstudium Basisversorgung in PBC – Personal Banking und Private & Business Banking. In: Vertriebsqualifizierung vom März 2005, Frankfurt am Main 2005, (Eigenbestand).

Deutsche Bank (Fachstudium Private Vorsorge 2005): Fachstudium Private Vorsorge in PBC – Personal Banking und Private & Business Banking. In: Vertriebsqualifizierung vom März 2005, Frankfurt am Main 2005, (Eigenbestand).

Deutsche Bank (Fachstudium Zusatzversorgung 2005): Fachstudium Zusatzversorgung in PBC – Personal Banking und Private & Business Banking. In: Vertriebsqualifizierung vom März 2005, Frankfurt am Main 2005, (Eigenbestand).

Deutsche Rentenversicherung (Bundeszuschuss 2006): Bundeszuschuss. In: deutsche-rentenversicherung.de vom 21.03.2006, Berlin 2006. Abrufbar unter http://www.deutsche-rentenversicherung.de/nn_7112/SharedDocs/de/Inhalt/Servicebereich2/Lexikon/B/bundeszuschuss.html (Stand 01.05.2006).

Deutscher Bundestag (Plenarprotokoll 1997): Plenarprotokoll 13/198 – Stenographischer Bericht 198. Sitzung. Bonn 1997. Abrufbar unter http://dip.bundestag.de/btp/13/13198.asc (Stand 02.05.2006).

Deutscher Bundestag (Plenarprotokoll 2003): Plenarprotokoll 15/83 – Stenographischer Bericht 83. Sitzung. Berlin 2003. Abrufbar unter http://dip.bundestag.de/btp/15/15083.pdf (Stand 02.05.2006).

Deutscher Herold (System 2006): Es ändert sich nicht „irgendwas“. Sondern das ganze System. Bonn 2006. Abrufbar unter
http://www.herold.de/privatkunden/lebensversicherung/alterseinkuenftegesetz/index.jsp (Stand 12.06.2006).

Deutsches Institut für Altersvorsorge (Rentenbarometer 2005): DIA-Rentenbarometer 2005 – Geförderte Rente kommt nicht in Schwung. Köln 2005. Abrufbar unter
http://www.dia-vorsorge.de/downloads/pm000039a.doc (Stand 08.06.2006).

Deutsches Institut für Altersvorsorge (Ausgaben Rentenversicherung und Altersvorsorge 2005): Ausgaben der gesetzlichen Rentenversicherung und Altersvorsorge. o.O. 2005. Abrufbar unter
http://www.dia-vorsorge.de /downloads/df010108.pdf (Stand 22.04.2006).

Deutsches Institut für Altersvorsorge (Privatwirtschaft 2005): Verbreitung der betrieblichen Altersvorsorge in der Privatwirtschaft. o.O. 2005. Abrufbar unter
http://www.dia-vorsorge.de/downloads/df040301.pdf (Stand 16.06.2006).

Deutsches Institut für Altersvorsorge (Verteilung BAV 2006): Betriebliche Altersvorsorge – Formen und Verbreitung der BAV. o.O. 2006. Abrufbar unter
http://www.dia-vorsorge.de/df_040307.htm (Stand 14.06.2006).

Dunleavey, M.P. (Debtor beware 2006): Basic Instincts – A Mortgage In Reverse: Debtor Beware. In: The New York Times vom 11.02.2006, New York 2006. Abrufbar unter
http://select.nytimes.com/gst/abstract.html?res=F30E14F83E5A0C728DDDAB0894DE404482 (Stand 06.06.2006).

Eekhoff, Johann; Jankowski, Markus (Immobilie als Altersvorsorge 2001): Die Immobilie als Altersvorsorge. In: Immobilien & Finanzierung – Der langfristige Kredit, Nr. 10 vom 15.05.2001, Frankfurt am Main 2001. Abrufbar unter
http://www.gbi.de/r_schnellsuche/webcgi?START=A20&T_FORMAT=5&DOKM=1204754_ZECH_0 (Stand 08.05.2006).

Einkommensteuergesetz (EStG) vom 16.10.1934 in der Neufassung der Bekanntmachung vom 19.10.2002 (BGBl. I, S. 4210, (2003 BGBl. I, S. 179)), zuletzt geändert durch Art. 1 G. v. 22.12.2005 (BGBl. I, S. 3683). In: Einkommensteuerrecht – Beck Texte im dtv – Stand 01. Januar 2006, hrsg. von dtv, 20.Aufl., München 2006, S. 1–322, (Eigenbestand).

Europäische Union (Verfahren gegen Deutschland 2006): Direkte Steuern – Kommission leitet Verfahren gegen Deutschland wegen Altersvorsorgezulage ein. Brüssel 2006. Abrufbar unter http://europa.eu.int/rapid/pressReleasesAction.do?reference=IP/06/32&format=HTML&aged=0&language=DE&guiLanguage=en (Stand 08.06.2006).

Fachinstitut für Immobilienwirtschaft (Tilgung 2001): Tilgung entscheidet über Dauer der Rückzahlung. In: Online-Zeitung – Finanzierung – Recht – Steuern – Bauen, Nr. 3 vom Frühjahr 2001, Hamburg 2001. Abrufbar unter http://www.ml-fachseminare.de/zeitung/022001/kdz3.htm (Stand 10.05.2006).

Fannie Mae (Guide to Reverse Mortgage 2002): Money from home – A Guide to Understanding Reverse Mortgages – A Consumer's Guide to Reverse Mortgage Options. Washington D.C. 2002. Abrufbar unter http://www.fanniemae.com/global/pdf/homebuyers/moneyfromhome.pdf (Stand 30.05.2006).

Fannie Mae (Home Keeper Fact Sheet 2004): The Home Keeper Mortgage Consumer Fact Sheet – Turn your home's value into a source of ready cash. Washington D.C. 2004. Abrufbar unter http://www.fanniemae.com/global/pdf/homebuyers/homekeeperstriper.pdf (Stand 03.06.2006).

Fannie Mae (Loan limits 2005): Historical Conventional Loan Limits. Washington D.C. 2005. Abrufbar unter http://www.fanniemae.com/aboutfm/pdf/historicalloanlimits.pdf (Stand 03.06.2006).

Federal Reserve Bank of St. Louis (Treasury Bill Rate 2006): Economic Research – 1-Year Treasury Bill Rate: Auction Average (Discontinued Series). St. Louis 2006. Abrufbar unter
http://research.stlouisfed.org/fred2/series/TB1YA (Stand 08.06.2006).

Finanzwirtschaftliche Dienste GbR (Hartz IV 2006): Altersvorsorge – Hartz IV. Titz 2006. Abrufbar unter
http://www.fwdienste.de/versicherungen/hartz/hartz.htm (Stand 12.06.2006).

Fischer, Robert (Haufe Kompass Rente 2006): Haufe Kompass Rente 2006 – Zahlen, Daten, Fakten. München 2006, (Eigenbestand).

Focus Money (Steuervorteile 2001): Steuervorteile und Zuschüsse bis zu 34 000 DM – Zeitplan – Kriterien – Musterrechnungen. In: Sonderheft Focus Money, 37/ 2001, München 2001, (Eigenbestand).

Forst, Stephan Philipp (Immobilien 2003): Immobilien – Übertragungsverträge. In: forst.biz von 2003, Eschweiler 2003. Abrufbar unter
http://www.forst.biz/02/0203.htm (Stand 18.05.2006).

Friedemann, Jens (Entsparmodell für Eigenheim 2000): Ein Entsparmodell für das Eigenheim geplant – Dresdner Bauspar AG: Eine neue Altersvorsorge für Senioren. In: Frankfurter Allgemeine Zeitung, Nr. 94 vom 20.04.2000, Frankfurt am Main 2000, S. 55, (Eigenbestand).

Gerdes, Martin (Wohneigentum schlechte Anlage 1998): Selbstgenutztes Wohneigentum – eine schlechte Anlage. In: wolfgang-kynast.de von 1998, o.O. 1998. Abrufbar unter
http://www.wolfgang-kynast.de/other/mgimmo.htm (Stand 24.05.2006).

Gesamtverband der Deutschen Versicherungswirtschaft e.V. (Jahrbuch 2005): Jahrbuch 2005 – Die deutsche Versicherungswirtschaft. Karlsruhe 2005. Abrufbar unter
http://www.gdv.de/Downloads/Jahrbuch/Jahrbuch_2005.pdf (Stand 09.06.2006).

Gesamtverband der Deutschen Versicherungswirtschaft e.V. (Lebensversicherung in Zahlen 2006): Geschäftsentwicklung 2005 – Die Deutsche Lebensversicherung in Zahlen. Berlin 2006. Abrufbar unter
http://www.gdv.de/Downloads/Jahrbuch/JB_LV_2005_vorab.pdf (Stand 10.06.2006).

Gesetz über Bausparkassen (BauSparkG) vom 16.11.1972 in der Neufassung der Bekanntmachung vom 15.2.1991 (BGBl. I, S. 454), zuletzt geändert durch Art. 7 G. v. 05.04.2004 (BGBl. I, S. 502). Abrufbar unter
http://www.gesetze-im-internet.de/bundesrecht/bausparkg/gesamt.pdf (Stand 22.5.2006).

Gesetz über die Statistik der Wirtschaftsrechnungen privater Haushalte in der Fassung der Bekanntmachung vom 11.01.1961 (BGBl. I, S. 18), zuletzt geändert durch Art. 10 G. v. 14.03.1980 (BGBl. I, S. 294). Abrufbar unter
http://www.gesetze-im-internet.de/bundesrecht/prhaushstatg/gesamt.pdf (Stand 08.05.2006).

Gesetz über die Zertifizierung von Altersvorsorgeverträgen (Altersvorsorgeverträge – Zertifizierungsgesetz – AltZertG) in der Fassung der Bekanntmachung vom 26.06.2001 (BGBl. I, S. 1310, 1322), zuletzt geändert durch Art. 7 G. v. 05.07.2004 (BGBl. I, S. 1427). Abrufbar unter
http://www.bafin.de/gesetze/altzertg.htm (Stand 08.06.2006).

Gesetz über die Zwangsversteigerung und die Zwangsverwaltung (ZVG) in der Fassung der Bekanntmachung vom 20.03.1897 (RGBl. I, S. 713), zuletzt geändert durch G. v. 22.03.2005 (BGBl. I, S. 837) m.W.v. 01.04.2005. Abrufbar unter
http://dejure.org/gesetze/ZVG (Stand 23.05.2006).

Gesetz zur Abschaffung der Eigenheimzulage in der Fassung der Bekanntmachung vom 22.12.2005 (BGBl. I, S. 3680). Abrufbar unter
http://217.160.60.235/BGBL/bgbl1f/bgbl105s3680.pdf (Stand 08.05.2006).

Gesetz zur Ergänzung des Gesetzes zur Reform der gesetzlichen Rentenversicherung und zur Förderung eines kapitalgedeckten Altersvorsorgevermögens (Altersvermögensergänzungsgesetz – AVmEG) in der Fassung der Bekanntmachung vom 21.03.2001 (BGBl. I, S. 403). Abrufbar unter http://217.160.60.235/BGBL/bgbl1f/b101013f.pdf (Stand 29.04.2006).

Gesetz zur Neuordnung der einkommensteuerrechtlichen Behandlung von Altersvorsorgeaufwendungen und Altersbezügen (Alterseinkünftegesetz – AltEinkG) in der Fassung der Bekanntmachung vom 5.07.2004 (BGBl. I, S. 1427). Abrufbar unter http://www.bgblportal.de/BGBL/bgbl1f/bgbl104s1427.pdf (Stand 23.04.2006).

Gesetz zur Reform der gesetzlichen Rentenversicherung – Rentenreformgesetz 1992 (RRG 1992) in der Fassung der Bekanntmachung vom 18.12.1989 (BGBl. I, S. 2261, (1990 BGBl. I, S. 1337)), zuletzt geändert durch Art. 67 Nr. 5 G. v. 21.12.2000 (BGBl. I, S. 1983). Abrufbar unter http://www.gesetze-im-internet.de/rrg_1992/BJNR022610989.html (Stand 28.04.2006).

Gesetz zur Reform der gesetzlichen Rentenversicherung und zur Förderung eines kapitalgedeckten Altersvorsorgevermögens (Altersvermögensgesetz – AVmG) in der Fassung der Bekanntmachung vom 26.06.2001 (BGBl. I, S. 1310). Abrufbar unter http://217.160.60.235/BGBL/bgbl1f/b101031f.pdf (Stand 29.04.2006).

Gesetz zur Sicherung der nachhaltigen Finanzierungsgrundlagen der gesetzlichen Rentenversicherung (RV-Nachhaltigkeitsgesetz) in der Fassung der Bekanntmachung vom 21.07.2004 (BGBl. I, S. 1791). Abrufbar unter http://www.bgblportal.de/BGBL/bgbl1f/bgbl104s1791.pdf (Stand 28.04.2006).

Gesetz zur Umsetzung des Programms für mehr Wachstum und Beschäftigung in den Bereichen der Rentenversicherung und Arbeitsförderung (Wachstums- und Beschäftigungsförderungsgesetz – WFG) in der Fassung der Bekanntmachung vom 25.09.1996 (BGBl. I, S. 1461). Abrufbar unter http://www.jura.uni-sb.de/BGBl/TEIL1/1996/19961461.1.HTML (Stand 28.04.2006).

Gesetz zur Verbesserung der betrieblichen Altersvorsorge (Betriebsrentengesetz – BetrAVG) in der Fassung der Bekanntmachung vom 19.12.1974 (BGBl. I, S. 3610), zuletzt geändert durch Art. 2 G. v. 29.08.2005 (BGBl. I, S. 2546). Abrufbar unter http://www.gesetze-im-internet.de/betravg/BJNR036100974.html (Stand 12.06.2006).

Gewos Institut für Stadt-, Regional- und Wohnungsforschung GmbH (Eigenheim als Anlage 2005): Das Eigenheim als Anlage – Wertentwicklung und Performance im Vergleich zu alternativen Anlageformen 1970 – 2004. Hamburg 2005, (Eigenbestand).

Gotter, Alexandra (Endspurt 2005): Endspurt mit „Rürup"-Förderung – Gerade ältere Kunden profitieren in besonderem Maße von staatlichen Förderungen bei der Altersvorsorge. In: db lebendig vom Oktober 2005, Wiesbaden 2005, S. 2–3, (Eigenbestand).

Goverts, Stephan (Steuerliche Anforderungen an die Basisrente): Steuerliche Anforderungen an die Basisrente – Für Selbstständige nicht günstig – Beitragszahler und Bezieher müssen identisch sein – Zusatzversicherungen über Basisrenten steuerpflichtig. In: Versicherungswirtschaft, 13/2005, Karlsruhe 2005, S. 1002, (Eigenbestand).

Gräf, Bernhard; Schattenberg, Marc (Die demografische Herausforderung 2006): Die demografische Herausforderung – Simulationen mit einem überlappenden Generationenmodell. In: dbresearch.de vom 15.02.2006, Frankfurt am Main 2006. Abrufbar unter http://www.dbresearch.de/PROD/DBR_INTERNET_DE-PROD/PROD0000000000 196139.pdf (Stand 05.05.2006).

Grill, Wolfgang: Perczynski, Hans (Kreditwesen 1999): Wirtschaftslehre des Kreditwesens. 33. Aufl., Bad Homburg vor der Höhe 1999, (Eigenbestand).

Grundbuchordnung (GBO) in der Fassung der Bekanntmachung vom 26.05.1994 (BGBl. I S. 1114), zuletzt geändert durch G. v. 19.04.2006 (BGBl. I, S. 866) m.W.v. 25.04.2006. Abrufbar unter
http://dejure.org/gesetze/GBO (22.05.2006).

Grundgesetz für die Bundesrepublik Deutschland (GG) in der Fassung der Bekanntmachung vom 23.05.1949 (BGBl. 1949 S. 1), mit späteren Änderungen. In: Wichtige Steuergesetze mit Durchführungsverordnungen Stand 01. Januar 2006, hrsg. von Neue Wirtschafts-Briefe, 54. Aufl., Herne/ Berlin 2006, S. 177–191, (Eigenbestand).

Haase, Rüdiger; Kappel, Ivonn (Markt für Wohnimmobilien 2006): Markt für Wohnimmobilien 2005 – Daten – Zahlen – Fakten. Meckenheim 2006, (Eigenbestand).

Haimann, Richard (Eigenheim ohne Eigenkapital 2005): Eigenheim ohne Eigenkapital. In: Financial Times Deutschland vom 14.07.2005, Hamburg 2005. Abrufbar unter http://www.ftd.de/boersen_maerkte/geldanlage/14409.html (Stand 10.06.2006).

Hammond, Celeste (Financial Planning): Reverse Mortgages: A Financial Planning Device for the Elderly. In: Reverse Mortages – A Lawyer's Guide to Housing and Income Alternatives, hrsg. von David A. Bridewell und Charles Nauts, Chicago 1997, S. 167–192, (Eigenbestand).

Haus & Grund Landesverband Bremen e.V. (Grundstücksverkauf 2003): Grundstücksverkauf auf Rentenbasis. Bremen 2003. Abrufbar unter http://www.haus-und-grund-bremen.de/download.php?file=hug_merkblatt_1_2003-06-25.pdf&path=Li4vZG93bmxvYWRzLw== (Stand 12.06.2006).

Henrich, Anke; Gerth, Martin (Reich 2005): Reich(t's) im Alter? – Die Rentenlücke trifft alle – aber gerade leitende Angestellte, Selbstständige und Freiberufler sind am schlechtesten vorbereitet. In: Wirtschaftswoche, Nr.36/2005 vom 01.09.2005, Düsseldorf 2005, S. 100–104, (Eigenbestand).

Herz, Wilfried (Kabinett 2000): Kabinett konfus - Mit Tricks und Finten setzte Bundeskanzler Konrad Adenauer 1957 die dynamische Rente durch – gegen seine wichtigsten Minister. In: die-zeit.de Ausgabe 50/2000, Hamburg 2000. Abrufbar unter http://hermes.zeit.de/pdf/archiv/archiv/2000/50/200050_rente_1957.xml.pdf (Stand 10.05.2006).

Hille, Melanie (Basisrente 2006): db Basisrente – Damit Ihre Kunden wirklich etwas davon haben. In: db lebendig vom April 2006, Wiesbaden 2006, S. 4, (Eigenbestand).

Hinrichs, Ulrike; Kurz, Friedrich (Die Rente schmilzt 2005): Die Rente schmilzt – immer neue Belastungen für die Alten. In: zdf.de vom 28.06.2005, Mainz 2005. Abrufbar unter http://www.zdf.de/ZDFde/inhalt/28/0,1872,2327708,00.html (Stand 19.04.2006).

Hoeren, Dirk; Schmitz, Christoph (Politiker lügen 2006): Warum dürfen Politiker so lügen? – Offen gibt die Bundesregierung zu, daß die staatliche Rente nicht mehr ausreicht. In: Bild.de vom 09.03.2006, Berlin 2006. Abrufbar unter http://www.bild.t-online.de/BTO/news/aktuell/2006/03/10/rente-luegner-klage/rente-luegner-klage,templateId=renderKomplett.html# (Stand 29.04.2006).

Hofmann, Kurt; Simon, Winfried; Wawers, Ordulf (Alterseinkünftegesetz 2005): Alterseinkünftegesetz. In: Schulung zu Einkommensteuerschwerpunkten, hrsg. von Oberfinanzdirektion Koblenz, o.O. 2005, (Eigenbestand).

Hohl, Horst; Komarek, Alexander (Steuerleitfaden 2003): Steuerleitfaden für Studierende. In: unigraz.at vom Jahr 2003, Graz 2003. Abrufbar unter http://www.kfunigraz.ac.at/hugr4www/doc/Studienleitfaden%20steuern%20BV.pdf (Stand 14.05.2006).

Horn, Karl Werner (Lebenslange Rente 2004): Verprassen Sie Ihr Haus – Nicht nur Versicherungen und Wertpapiere taugen zur Vorsorge. Lebenslange Rente gibt es auch für die eigenen vier Wände. In: Impulse vom 01.05.2004, Berlin 2004, S. 130, (Eigenbestand).

Isert.global media work (Beratungs- und Analysesoftware 2005): Beratungs- und Analysesoftware zum Alterseinkünftegesetz. Bamberg 2005. Abrufbar unter http://www.isert4you.de/2005/Produkte/VorsorgeInventur/default.html (Stand 08.06.2006).

Jacob, Marcus (eigenfinanzierte Altersversorgung 2004): Möglichkeiten einer eigenfinanzierten Altersversorgung rentenversicherungspflichtig Beschäftigter – Steuerliche und sozialversicherungsrechtliche Würdigung, Vorteilhaftigkeitsanalyse und Ansatzmöglichkeiten für eine Neuordnung. Berlin 2004, (Eigenbestand).

Just, Tobias (Demografie und Immobilien 2003): Demografie lässt Immobilien wackeln. In: Aktuelle Themen – Demografie Spezial, hrsg. von Deutsche Bank Research, Nr. 283, Frankfurt am Main 2003. Abrufbar unter http://www.dbresearch.de/PROD/DBR_INTERNET_DE-PROD/PROD0000000000063853.pdf (Stand 26.04.2006).

Kaplan, Richard (Can Reverse Mortgage Meet Income Needs 1997): Tax and Long-Term Care Considerations: Can Reverse Mortgages Meet Income Needs of Older Clients? In: Reverse Mortages – A Lawyer's Guide to Housing and Income Alternatives, hrsg. von David A. Bridewell und Charles Nauts, Chicago 1997, S. 161–166, (Eigenbestand).

Katholische Arbeitnehmer-Bewegung e.V. (Solidarische Alterssicherung 2004): Solidarische Alterssicherung – Beitrag der KAB zur Reform der gesetzlichen Rentenversicherung - Beschluss des Bundesausschusses der KAB vom März 2000. In: kab.de vom November 2004, Köln 2000. Abrufbar unter http://www.kab.de/mm/KAB_Rentenmodell_11_2004.pdf (Stand 16.05.2006).

Kelly, Tom (New Reverse Mortgage Formula 2005): The New Reverse Mortgage Formula – How to Convert Home Equity into Tax-Free Income. New Jersey 2005, (Eigenbestand).

Kerschbaumer, Judith; Perreng, Martina (Handlungsempfehlungen 2003): Betriebs- und Dienstvereinbarungen – Betriebliche Altersvorsorge – Analyse und Handlungsempfehlungen. Frankfurt am Main 2003, (Eigenbestand).

Kiehling, Hartmut (Behavioral Finance 2001): Börsenpsychologie und Behavioral Finance – Wahrnehmung und Verhalten am Aktienmarkt. München Basel 2001, (Eigenbestand).

Klemmer, Paul (Wohneigentum zur Altersvorsorge 2004): Wohneigentum zur Altersvorsorge – Beitrag von Prof. Dr. Paul Klemmer, Präsident des Deutschen Verbandes für Wohnungswesen, Städtebau und Raumordnung, Berlin. In: DV aktuell, 04/2004, Berlin 2004, S. 1–2. Abrufbar unter http://www.deutscher-verband.org/_downloads/DV-aktuell_4-2004.pdf (Stand 20.05.2006).

Klemmer, Paul (Demografie und Immobilienwirtschaft o.J.): Demografie, Immobilienwirtschaft und Altersvorsorge. In: deutscher-verband.org, o.O.u.J. Abrufbar unter http://www.deutscher-verband.org/_downloads/Immobilien_und_Altersvorsorge.pdf (Stand 20.04.2006).

Krepold, Hans-Michael (Immobilienrente als neues Geschäftsfeld 2004): Immobilienrente, umgekehrte Grundschuld oder Reverse Mortgage als neues Geschäftsfeld. In: Praktikerhandbuch Baufinanzierung – Immobilienfinanzierung von Erwerbern, hrsg. von Michael Münscher, Patrick Rösler und Volker Lang, Heidelberg 2004, S. 39–50, (Eigenbestand).

Kuhn, Richard (Disadvantages Reverse Mortgages 1997): Some Disadvantages of Qualified Personal-Residence Trusts and Reverse Mortgages. In: Reverse Mortages – A Lawyer's Guide to Housing and Income Alternatives, hrsg. von David A. Bridewell und Charles Nauts, Chicago 1997, S. 157–160, (Eigenbestand).

Kulms, Rainer (Übertragbarkeit der reverse mortgage 2002): Altersvorsorge durch Immobilienverzehr – Zur Übertragbarkeit der reverse mortgage vom US-amerikanischen auf das deutsche Recht. In: ZfIR, 08/ 2002, Köln 2002, S. 614–622, (UB-MZ – FB 03 R – 10 Z/z 4).

Kußmaul, Heinz (Steuerlehre 2006): Betriebswirtschaftliche Steuerlehre. 4. Aufl., München Wien 2006, (Eigenbestand).

Kutty, Nandinee (Who Can Gain 1999): Demographic Profiles of Elderly Homeowners in Poverty – Who Can Gain from Reverse Mortgages. Ithaca 1999. Abrufbar unter http://papers.ssrn.com/sol3/papers.cfm?abstract_id=161909 (Stand 16.06.2006).

LaFay, Bob; Barrell, Doris (Senior Homeowners 2003): Reverse Mortgages for Senior Homeowners. Chicago 2003, (Eigenbestand).

Lawson, Steve (Essentials 2004): Reverse Mortgage Essentials. Victoria (CA) 2004, (Eigenbestand).

LBS Research (Umfrage Wohnimmobilien 2000): Private Vorsorge in Bewegung – ICON-Umfrage: Jeder vierte Bundesbürger will jetzt aktiv werden – Wohnimmobilien als Anlageform vor Fonds und Lebensversicherungen. In: LBS.de vom 13.07.2000, Berlin 2000. Abrufbar unter
http://www.lbs.de/microsite-presse/lbs-research/vorsorge (Stand 28.04.2006).

Leinert, Johannes (Automatik statt Zwang 2005): Betriebliche Altersvorsorge: Automatik statt Zwang – Warum das Opting-Out-Modell besser ist. Köln 2005, (Eigenbestand).

Levition, Roberta (Decision-Making 2001): Reverse Mortgage Decision-Making. In: Journal of Aging & Social Policy, Vol. 13/2001, Binghamton 2001, S. 1–16, (Eigenbestand).

Lübeck Steuerberater-Gruppe (Musterverträge 2006): Kauf gegen Rente – Mustervertrag. In: luebeckonline.com von 2006, Frankfurt am Main 2006, Abrufbar unter
http://www.luebeckonline.com/Kauf_gegen_Rente.3581+M54a708de802.0.html
(Stand 22.05.2006).

Maier, Friedbert (Immobilie als Baustein 2000): Die Immobilie als Baustein der privaten Altersvorsorgung – Kritische betriebswirtschaftliche Analyse unter besonderer Berücksichtigung steuerlicher Aspekte und Gestaltungsmöglichkeiten. Hamburg 2001, (WIWI-SB SVc-247).

Mankiw, Gregory (Volkswirtschaftslehre 2001): Grundzüge der Volkswirtschaftslehre. 2. Aufl., Stuttgart 2001, (Eigenbestand).

Maydell, Bernd Baron von (Recht und Institutionen 1997): Recht und Institutionen langfristiger Sozialversicherungsverhältnisse. In: Langfristige Versicherungsverhältnisse: Ökonomie, Technik, Institutionen, hrsg. von Leonhard Männer, Karlsruhe 1997, S. 113–132, (WIWI-SB SVc-236).

Menzel-Salpietro, Kathrin (Haufe Kompass Immobilien 2006): Haufe Kompass Immobilien als Altersvorsorge 2006 – Zahlen, Daten, Fakten. München 2006, (Eigenbestand).

Münz, Rainer; Ulrich, Ralf (Bevölkerung 2000): Studientext Bevölkerung (Skriptum). Berlin 2000. Abrufbar unter http://www.demographie.de/info/epub/pdfdateien/WeltBev2000.pdf (Stand 22.04.2006).

National Reverse Mortgage Lenders Association (Annual Volume Mortgages 2006): Annual Origination Volume for Home Equity Conversion Mortgages. Washington 2006. Abrufbar unter http://www.nrmlaonline.org/Portals/9/HECM%20Volume%20Year-by-Year.pdf (Stand 28.05.2006).

Nauts, Charles (Sale-Leaseback 1997): Legal Counseling for Reverse Mortgages and Sale-Leasebacks. In: Reverse Mortages – A Lawyer's Guide to Housing and Income Alternatives, hrsg. von David A. Bridewell und Charles Nauts, Chicago 1997, S. 15–72, (Eigenbestand).

Nguyen, Tristan (Erfolg 2005): Hat die „Rürup"-Rente Aussicht auf Erfolg? München 2005. Abrufbar unter http://www.munich-business-school.de/Downloads/MBS-WP-2005-02.pdf (Stand 12.06.2006).

Orton, Arthur (LDP List 2006): LDP memo - Distribution & Use of the DLP List. Washington D.C. 2006. Abrufbar unter http://www.hud.gov/offices/enforce/theecmemo2.cfm (Stand 06.06.2006).

o.V. (Renten-ABC o.J.): Renten-ABC. In: bundesregierung.de, Berlin o.J. Abrufbar unter http://www.bundesregierung.de/Artikel/-,413.513725/dokument.htm (Stand 07.05.2006).

o.V. (Königsteiner Gespräch 2000): 35. Königsteiner Gespräch – Rürup: Verrentungsmodelle für Wohneigentum zur privaten Altersvorsorge. In: IFS Institut für Städtebau, Wohnungswirtschaft und Bausparwesen e.V., Nr. 03/ 2000 vom 30.03.2000, Berlin 2000. Abrufbar unter http://www.ifs-staedtebauinstitut.de/HI2000/hi03-2000.htm (Stand 22.04.2006).

o.V. (Eckpunkte Greencard 2000): Eckpunkte für Greencard vereinbart. In: heise.de vom 03.05.2000, Hannover 2000. Abrufbar unter
http://www.heise.de/newsticker/meldung/9329 (Stand 06.05.2006).

o.V. (Reverse Mortgages are gaining popularity 2003): Reverse Mortgages? Fast Forward: Long maligned, Reverse Mortgages are gaining popularity as a product that can help older Americans deal with a sinking stock market and take advantage of real estate markets that remain hot. In: The US Banker, Nr. 113/ 2003, Chicago Washington D.C. 2003, S. 50, (Eigenbestand).

o.V. (Reverse Mortgage 2003): Reverse Mortgage – Asset Builders. In: The Practical Accountant, Nr. 36/2003, New York 2003, S. 8, (Eigenbestand).

o.V. (Zahlungsschwierigkeiten 2004): Zahlungsschwierigkeiten von Wohnungseigentümern In: Wohnen in Deutschland – Daten, Fakten, Analysen, Nr. 02/2004, hrsg. von Verband der Privaten Bausparkassen e.V., Berlin 2004, S. 1–2. Abrufbar unter
http://www.bausparkassen.de/htdocs/presseinfos/newsletter/nl_04_II.pdf (Stand 11.05.2006).

o.V. (Wohneigentumsquoten in Europa 2004): Deutschland beim Wohneigentum unverändert an vorletzter Stelle – Spanien und Norwegen an der Spitze. In: IFS Institut für Städtebau, Wohnungswirtschaft und Bausparwesen e.V., Nr. 10/ 2004 vom 19.05.2004, Berlin 2004. Abrufbar unter
http://www.ifs-staedtebauinstitut.de/Hi2004/hi10.htm (Stand 22.04.2006).

o.V. (Panikverkäufe 2004): Lebensversicherungen – Panikverkäufe wegen Hartz IV. In: manager-magazin.de vom 13.09.2004, Hamburg 2004. Abrufbar unter
http://www.manager-magazin.de/geld/geldanlage/0,2828,317805,00.html (Stand 18.06.2006).

o.V. (Eigenheim als Wertanlage 2005): Eigenheim auch als Wertanlage vorne dabei - Jährliche Rendite bei 7,38 Prozent. In: Wohnen in Deutschland – Daten, Fakten, Analysen, Nr. 02/ 2005, hrsg. von Verband der Privaten Bausparkassen e.V., Berlin 2005, S. 1–2. Abrufbar unter
http://www.bausparkassen.de/htdocs/presseinfos/newsletter/nl_05_II.pdf (Stand 11.05.2006).

o.V. (Immobilienkauf 2005): Immobilienkauf auf Rentenbasis – Nachfrage nach neuem Finanzierungsmodell wächst – Notarieller Vertrag ist die Grundlage. In: Wiesbadener Kurier/ Main-Rheiner.de vom 07.02.2005, Mainz 2005. Abrufbar unter http://www.main-rheiner.de/wirtschaft/biallo/objekt.php3?artikel_id=1779321 (24.05.2006).

o.V. (Finanzierung 2005): Damit die Freude ungetrübt bleibt – Finanzierung auf sichere Fundamente stellen. In: HR-Online.de vom 17.11.2005, Frankfurt 2005. Abrufbar unter http://www.hr-online.de/website/specials/immobilie/index.jsp?rubrik=14988&key=standard _document_13192638&seite=5 (Stand 08.06.2006).

o.V. (Beitragssätze 2005): Beitragssätze der RV & AV. In: nettoeinkommen.de vom 28.11.2005, Magdeburg 2005. Abrufbar unter http://www.nettoeinkommen.de/rente.htm (Stand 23.04.2006).

o.V. (Zitate 2006): Zitate-Datenbank – Perikles. o.O. 2006. Abrufbar unter http://www.zitate-datenbank.service-itzehoe.de/menu/autor/7937/1/perikles/ (Stand 12.06.2006).

o.V. (Homeownership 2006): Homeownership Rates for the United States: 1965 to 2005. In: U.S. Census Bureau, Housing and Household Economic Statistics Division vom 31.01.2006, Washington DC 2006. Abrufbar unter http://www.census.gov/hhes/www/housing/hvs/qtr405/q405tab5.html (Stand 28.04.2006).

o.V. (2009 sackt Rentenniveau ab 2006): Regierungsbericht zur Altersvorsorge - Nach 2009 sackt das Rentenniveau ab. In: Spiegel Online vom 08.03.2006, Hamburg 2006. Abrufbar unter http://www.spiegel.de/wirtschaft/0,1518,404941,00.html (Stand 18.04.2006).

o.V. (Statistics 2006): Annual Statistics 2005 – Table 15 – Homeownership Rates for the United States, by Age of Householder and Family Status: 1982 to 2005. In: U.S. Census Bureau, Housing Vacancies and Homeownership vom 23.03.2006, Washington DC 2006. Abrufbar unter http://www.census.gov/hhes/www/housing/hvs/annual05/ann05t15.html (Stand 11.05.2006).

o.V. (Die Rente reicht nicht mehr 2006): Altersvorsorge – Die Rente reicht nicht mehr. In: Stern.de vom 08.03.2006, Hamburg 2006. Abrufbar unter http://www.stern.de/politik/Deutschland/557337.html?nv=cb (Stand 18.04.2006).

o.V. (Die Eckpunkte 2006): Rentenbericht 2005 – Die Eckpunkte. In: n-tv.de vom 08.03.2006, Berlin 2006. Abrufbar unter http://www.n-tv.de/641781.html (Stand 18.04.2006).

o.V. (Magisches Dreieck 2006): Magisches Dreieck der Vermögensanlage. In: Wikipedia – die freie Enzyklopädie vom 11.03.2006, Berlin 2006. Abrufbar unter http://de.wikipedia.org/wiki/Magisches_Dreieck_der_Verm%C3%B6gensanlage (Stand 12.06.2006).

o.V. (demographischer Wandel 2006): Der demographische Wandel in Deutschland – ein Überblick. In: bmi.bund.de vom 25.04.2006, Berlin 2006. Abrufbar unter http://www.bmi.bund.de/cln_028/nn_121560/Intenet/Navigation/DE/Themen/Bevoelkerungsentwicklung/bevoelkerungsentwicklung__node.html__nnn=true (Stand 27.04.2006).

o.V. (Mietspiegel 2006): Mietenspiegel – Was Vermieter verlangen dürfen. In: Focus.msn.de von 2006, München 2006. Abrufbar unter http://focus.msn.de/immobilien/mietrecht/mietspiegel (Stand 24.05.2006).

o.V. (AARP o.J.): AARP – A Source For Social Change. Lakewood o.J. Abrufbar unter http://www.aarp.org/about_aarp/aarp_overview/social_impact.html (Stand 30.05.2006).

PDC (SAM 2005): Shared Appreciation Mortgages – SAM. Portland 2005. Abrufbar unter http://www.pdc.us/pdf/housing_serv/res_loan_prog_sam.pdf (Stand 11.06.2006).

Pfeiffer, Carla; Schiel, Tobias (Handlungsbedarf für Männer 2005): Handlungsbedarf für Männer durch gesetzlich geforderte Gleichstellung. In: db lebendig vom Oktober 2005, Wiesbaden 2005, S. 6, (Eigenbestand).

Pimpertz, Jochen (Alterssicherung 2005): Alterssicherung im Drei-Generationenvertrag – Zur Berücksichtigung der Kindererziehung in der umlagefinanzierten Sozialversicherung. Köln 2005, (UB-MZ – FB 03 R – WK-p 59).

Pokorny, Jennifer (Mortgages 2005): The Pocket Idiot's Guide to Reverse Mortgages – An idiot proof introduction to the ins and outs of reverse mortgages – A helpful overview of the application and approval process – Comprehensive comparisons of the different types of loans. New York 2005, (Eigenbestand).

Preisangaben- und Preisklauselgesetz (PreisAngG) in der Fassung der Bekanntmachung vom 03.12.1984 (BGBl. I S. 1429), zuletzt geändert durch Art. 117 V v. 25.11.2003 (BGBl. I S. 2304). Abrufbar unter
http://bundesrecht.juris.de/bundesrecht/preisangg/gesamt.pdf (Stand 19.05.2006).

Preisklauselverordnung (PrKV) in der Fassung der Bekanntmachung vom 23.09.1998 (BGBl. I S. 3043), zuletzt geändert durch Art. 8 Abs. 7 G. v. 19.06.2001 (BGBl. I S. 1149).
Abrufbar unter
http://bundesrecht.juris.de/bundesrecht/prkv/gesamt.pdf (Stand 19.05.2006).

Raffelhüschen, Bernd; Schoder Jörg (Integration genossenschaftlichem Wohnen 2005): Möglichkeiten und Grenzen der Integration von genossenschaftlichem Wohnen in die Freiburger 2-Flanken Strategie. In: Arbeitspapiere des Instituts für Genossenschaftswesen der Westfälischen Wilhelms-Universität Münster, Nr. 50/ Juni 2005, Münster 2005, (Eigenbestand).

Real Property Law (RPL) – New York State: Laws 1909, Chap. 52. Article 8 – Conveyances and Mortgages.
Abrufbar unter
http://www.tenant.net/Other_Laws/RPL/rpl08.html (Stand 30.05.2006).

Reichardt, Alexandra (Mikroökonomik 2003): Mikroökonomik der Altersvorsorge. Mainz 2003, (UB-MZ - FB 03 R – WK-r 71).

Reifner, Udo; Tiffe, Achim (Neue Impulse 2005): Neue Impulse für die staatliche geförderte Rente. Köln 2005, (Eigenbestand).

Residential Loan Centers of America, inc. (Reverse Mortgage introduction 2004): Reverse Mortgage introduction. o.O. 2004. Abrufbar unter http://www.rlca.com/revmort/index.aspx (02.06.2006).

Rodda, David; Herbert, Christopher; Lam, Hin-Kin (Evaluation Report 2000): Evaluation Report of FHA's Home Equity Conversion Mortgage Insurance Demonstration. Cambridge, MA 2000. Abrufbar unter http://www.abtassociates.com/reports/200030764246417.pdf (Stand 12.06.2006).

Rosengart, Anja (Rente mit Fantasie 2003): Rente mit Fantasie – Es gibt sie: Innovative Produkte für die Altersvorsorge – Sie werden jedoch nur selten angeboten. In: Die Zeit, 45/2003, Hamburg 2003, S. 1–2. Abrufbar unter http://hermes.zeit.de/pdf/archiv/2003/45/GS-Rosengart.pdf (Stand 18.05.2006).

Rosengart, Anja (Haus gegen Rente 2005): Tausche Haus gegen Rente – Auch im Alter lässt sich das Monatseinkommen noch aufbessern. In: Die Zeit, 44/2005, Hamburg 2005, S.1–2. Abrufbar unter http://www.zeit.de/2005/44/GS-Rosengart (Stand 15.05.2006).

Ruprecht, Wilhelm; Wolgast Michael (Märkte für Altersvorsorge 2004): Die Märkte für Altersvorsorge in Deutschland – Eine Analyse bis 2020. In: Schriftenreihe des Ausschusses Volkswirtschaft – Nr. 23, hrsg. von Gesamtverband der Deutschen Versicherungswirtschaft e.V. (GDV), Karlsruhe 2004. Abrufbar unter https://secure.gdv.de/gdv-veroeffentlichungen/upload_img/40_dwl.pdf (01.06.2006).

Rürup, Bert; Viermetz, Kurt (Altersvorsorge in Deutschland und USA 2002): Vermögensbildung und Altersvorsorge in Deutschland und den USA. Berlin 2002, (SULB MN-3904).

Rürup, Bert u.a. (Abschlussbericht 2003): Abschlussbericht – Sachverständigenkommission zur Neuordnung der steuerrechtlichen Behandlung von Altersvorsorgeaufwendungen und Altersbezügen. Berlin 2003. Abrufbar unter http://www.aus-portal.de/media/Abschlussberichtlang_2003_03_17.pdf (Stand 18.06.2006).

Schäfer, Rainer (Altersvorsorge durch Wohneigentum 2004): Altersvorsorge durch Wohneigentum: Möglichkeiten und Präferenzen. In: Wohneigentum und Altersvorsorge – Dokumentation – 14. Münsteraner Wohnungswirtschaftliche Gespräche, hrsg. von Winfried Michels und Ulrich van Suntum, Münster 2004, S. 77–92, (SULB 2004-4310).

Schnabel, Reinhold (nachgelagerte Besteuerung 2004): Die nachgelagerte Besteuerung der Altersvorsorge – Wirkung und Handlungsalternativen. Köln 2004, (SULB MN-5336).

Schoder, Jörg (Wohnimmobilien und Altersvorsorge 2005): Wohnimmobilien und Altersvorsorge. In: wiwi.uni-freiburg.de vom 02.03.2005, Freiburg 2005. Abrufbar unter: http://www.wiwi.uni-muenster.de/~06/toplinks/ifgevents/symposien/wohnungsgeno_9/material/02_Vortrag_Schoder.pdf (25.05.2006).

Scholen, Ken (Reverse Mortgages for Beginners 1998): Reverse Mortgages for Beginners – A Consumer Guide to Every Homeowner's Retirement Nest Egg. Apple Valley, Minnesota 1998, (Eigenbestand).

Schulze, Eike (Immobilien verrenten 2004): Immobilien verrenten – Die Immobilienverrentung bietet gute Chancen für Verkäufer und Selbstnutzer. In: Creditreform – Das Unternehmermagazin vom 01.09.2004, Düsseldorf 2004. Abrufbar unter http://www.gbi.de/r_schnellsuche/webcgi?START=A20&T_FORMAT=5&DOKM=212920_ZGEN_0 (Stand 19.05.2006).

Schüren, Markus (Kapital-Lebensversicherungen o.J.): Der Klassiker im Vergleich – Was die Kapitallebensversicherung bringt. München o.J. Abrufbar unter http://focus.msn.de/finanzen/versicherung/lebensversicherung/kapital/kapital-lebensversicherung_aid_9516.html (Stand 13.06.2006).

Siepe, Werner (Geld durch Immobilien 1998): Mehr Geld durch Immobilien – Der Königsweg zur privaten Altersvorsorge. Düsseldorf und München 1998, (Eigenbestand).

Sinn, Hans-Werner (Deutschland zu retten 2004): Ist Deutschland noch zu retten? 5. Aufl., München 2004, (Eigenbestand).

Social Security Administration (Survivors Benefits 2004): Survivors Benefits. In: SSA Publication, Nr.05-10084/ Mai 2004, Baltimore 2004. Abrufbar unter http://www.ssa.gov/pubs/10084.pdf (Stand 02.06.2006).

Social Security Administration (Retirement Benefits 2004): Retirement Benefits. In: SSA Publication, Nr.05-10035/ Juli 2004, Baltimore 2004. Abrufbar unter http://www.ssa.gov/pubs/10035.pdf (Stand 02.06.2006).

Social Security Administration (Disability Benefits 2006): Disability Benefits. In: SSA Publication, Nr.05-10029/ Januar 2006, Baltimore 2006. Abrufbar unter http://www.ssa.gov/pubs/10029.pdf (Stand 02.06.2006).

Social Security Administration (Supplement Security Income 2006): Understanding Supplement Security Income. Baltimore 2006. Abrufbar unter http://www.ssa.gov/notices/supplemental-security-income/ussi-2006.pdf (Stand 02.06.2006).

Sozialgesetzbuch – Sechstes Buch (VI) – (SGB VI): Gesetzliche Rentenversicherung (Artikel 1 des Gesetzes v. 18. Dezember 1989, BGBl. I, S. 2261, 1990 I, S.1337) in der Neufassung der Bekanntmachung vom 19.02.2002 (BGBl. I, S. 754, S. 1404, S. 3384), zuletzt geändert durch Art. 2 G v. 24.3.2006 (BGBl. I, S. 558). Abrufbar unter http://bundesrecht.juris.de/sgb_6/index.html (Stand 28.04.2006).

Sparkasse Krefeld (Modernisierungs-Maßnahmen o.J.): Modernisierungs-Maßnahmen. In: sparkasse-krefeld.de, Krefeld o.J. Abrufbar unter http://www.sparkasse-krefeld.de/static/0E0u001Hi.pdf (Stand 10.05.2006).

SPD (Altersvorsorge von morgen 2006): Heute handeln für die Altersvorsorge von morgen - Fakten und Argumente. In: Willy-Brandt-Haus-Materialien, hrsg. von SPD-Parteivorstand, Berlin 2006. Abrufbar unter http://www.karin-roth.de/servlet/PB/show/1663098/f_u_a_rente.pdf (Stand 29.04.2006).

Spitra, Karin (Fiskus 2005): Rentner – Stress mit Fiskus – Vielen Rentner droht in diesem Jahr Ärger mit dem Finanzamt. Die Steuerpflicht jedes Einzelnen wird von nun an genau kontrolliert – und auf einen Schlag werden die Einkommen von Millionen Pensionisten transparent wie nie. In: stern.de vom 09.02.2005, Hamburg 2005. Abrufbar unter http://www.stern.de/wirtschaft/steuern/index.html?id=536144 (Stand 07.06.2006).

Statistisches Bundesamt (Bevölkerungsvorausberechnung 2003): Bevölkerung Deutschlands bis 2050 – 10. koordinierte Bevölkerungsvorausberechnung. Wiesbaden 2003. Abrufbar unter http://www.destatis.de/presse/deutsch/pk/2003/Bevoelkerung_2050.pdf (Stand 02.05.2006).

Statistisches Bundesamt (Bevölkerungsentwicklung 2005): Bevölkerungsentwicklung 1991 – 2004. Wiesbaden 2005. Abrufbar unter http://www.destatis.de/download/d/bevoe/bevoe_d1991_04.pdf (Stand 01.05.2006).

Statistisches Bundesamt (Datenreport 2005): Datenreport 2004 – Zahlen und Fakten über die Bundesrepublik Deutschland – in Zusammenarbeit mit WZB und ZUMA. Bd. 450: Schriftenreihe. 2. Aufl., Bonn 2005. Abrufbar unter http://www.destatis.de/download/d/datenreport/datrep04gesch.pdf (Stand 22.04.2006).

Statistisches Bundesamt (EVS 2005): Einkommens- und Verbrauchsstichprobe – Einnahmen und Ausgaben privater Haushalte 2003. In: Wirtschaftsrechnungen, Fachserie 15 Heft 4 vom 24.10.2005, Wiesbaden 2005. Abrufbar unter http://www-ec.destatis.de/csp/shop/sfg/bpm.html.cms.cBroker.cls?cmspath=struktur, vollanzeige.csp&ID=1017460 (Stand 06.05.2006).

Statistisches Bundesamt (Preise 2005): Preise in Deutschland. Wiesbaden 2005. Abrufbar unter http://www-ec.destatis.de/csp/shop/sfg/bpm.html.cms.cBroker.cls?CSPCHD=000000010003HbYb5lMWDj1216923191&cmspath=struktur,Warenkorb.csp (Stand 12.06.2006).

Statistisches Bundesamt (Jahrbuch 2005): Statistisches Jahrbuch 2005 – Für die Bundesrepublik Deutschland. Reutlingen 2005, (HIMA-SB AC 126 I und Eigenbestand).

Statistisches Bundesamt (Aktuelle Sterbetafeln 2005): Aktuelle Sterbetafeln für Deutschland 2002/2004. o.O. 2005. Abrufbar unter http://www.destatis.de/download/d/bevoe/sterbet04.xls (Stand 07.05.2006).

Statistisches Bundesamt (Statistik 2006): Statistik von A-Z – Einkommens- und Verbrauchsstichprobe. Wiesbaden 2006. Abrufbar unter http://www.destatis.de/presse/deutsch/abisz/einkommens_verbrauchsstichprobe.htm (Stand 08.05.2006).

Statistisches Bundesamt (Versicherungsbarwerte für Leibrenten 2006): Kommutationszahlen und Versicherungsbarwerte für Leibrenten 2002/ 2004 – Tabellen zur jährlich und monatlich vorschüssigen Zahlungsweise. Wiesbaden 2006. Abrufbar unter http://www-ec.destatis.de/csp/shop/sfg/bpm.html.cms.cBroker.cls?CSPCHD=0031000100014j51adg2002672588457&cmspath=struktur,Warenkorb.csp (Stand 22.05.2006).

Statistisches Bundesamt (Verbraucherpreisindex 2006): Verbraucherpreisindex für Deutschland. Wiesbaden 2006. Abrufbar unter http://www.destatis.de/indicators/d/vpi001jd.htm (Stand 18.06.2006).

Steiner, Viktor (Finanzierungsalternativen 1996): Finanzierungsalternativen der Sozialen Sicherung und ihre Beschäftigungswirkungen. In: ZEW-Wirtschaftsanalysen: Soziale Sicherung und Arbeitsmarkt – Empirische Analyse und Reformansätze, hrsg. von Klaus Zimmermann, Bd. 6. Baden Baden 1996, S. 35–56, (WIWI-SB SVc-193).

Steinmeyer, Heinz-Dietrich (USA vor Krise 1998): Rentenversicherung in USA vor einer Krise. In: Positionen, Nr. 08/ 1998, hrsg. von Gesamtverband der Deutschen Versicherungswirtschaft e.V., Hamburg 1998, S. 12–13. Abrufbar unter http://www.gdv.de/Downloads/Positionen_1998/positio8.pdf (Stand 12.06.2006).

Stiftung Warentest (Haus gegen Rente 2001): Altersvorsorge – Tausche Haus gegen Rente. Berlin 2001. Abrufbar unter http://www.stiftung-warentest.de/online/bauen_finanzieren/meldung/19599/19599.html (Stand 13.06.2006).

Stiftung Warentest (Irreführende Werbung 2001): Riester-Rente – Irreführende Werbung. Berlin 2001. Abrufbar unter http://www.stiftung-warentest.de/online/versicherung_vorsorge/meldung/21136/21136.html (Stand 12.06.2006).

Stiftung Warentest (Betrieb 2004): Altersvorsorge im Betrieb – Das Beste für Arbeitnehmer und Arbeitgeber. Berlin Düsseldorf 2004, (Eigenbestand).

Stiftung Warentest (Private Altersvorsorge 2004): Private Altersvorsorge – Gezielt absichern in jeder Lebensphase. 4. Aufl., Berlin Düsseldorf 2004, (Eigenbestand).

Streibel, Vera (KDV und ULV): KDV und ULV. Köln 2004. Abrufbar unter http://www.uni-koeln.de/wiso-fak/eekhoff/ss04/folien/Sitzung_8.pdf (Stand 01.06.2006).

Stucki, Barbara (Use of Reverse Mortgage for Long-Term Care 2005): Use Your Home to Stay at Home – Expending the Use of Reverse Mortgages for Long-Term Care: A Blueprint for Action. Washington D.C. 2005. Abrufbar unter http://www.cms.hhs.gov/reports/downloads/stucki_2005_4.pdf (Stand 02.06.2006).

Treisch, Corinna (Leibrentenversicherung 1997): Die private Leibrentenversicherung – Steuerbelastung bei alternativen Modellen der steuerlichen Einkommensmessung. In: Betriebs-Berater (BB), Heft 14/ 1997, Frankfurt am Main 1997, S. 708–715, (WIWI-SB ZZ-100-52 I).

United Nations Department of Economic and Social Affairs – Population Division (Population 2004): World Population to 2300. New York 2004. Abrufbar unter http://www.un.org/esa/population/publications/longrange2/WorldPop2300final.pdf (Stand 27.04.2006).

U.S. Department of Agriculture – Food and Nutrition Service (Food Stamps o.J.): Food Stamp Program – Frequently Asked Questions. o.O.u.J. Abrufbar unter http://www.fns.usda.gov/fsp/faqs.htm (Stand 02.06.2006).

U.S. Department of Health and Human Services (Medicaid 2005): Medicaid At-a-glance 2005 – A Medicaid Information Source. Baltimore 2005. Abrufbar unter http://www.cms.hhs.gov/MedicaidGenInfo/Downloads/MedicaidAtAGlance2005.pdf (Stand 02.06.2006).

U.S. Department of Health and Human Services (Medicare 2006): Medicare & You 2006 – This year it's different. Baltimore 2006. Abrufbar unter http://www.medicare.gov/publications/pubs/pdf/10050.pdf (Stand 02.06.2006).

U.S Department of Housing and Urban Development (Top Ten 2004): Top Ten Things to Know if You're interested in a Reverse Mortgage. Washington D.C. 2004. Abrufbar unter http://www.hud.gov/offices/hsg/sfh/hecm/rmtopten.cfm (Stand 12.06.2006).

U.S Department of Housing and Urban Development (CAIVRS 2005): CAIVRS – The Credit Alert Interactive Voice Response System – Frequently Asked Questions. Washington D.C. 2005. Abrufbar unter http://www.hud.gov/offices/hsg/sfh/sys/caivrs/caivrs_faq.htm (Stand 06.06.2006).

U.S Department of Housing and Urban Development (News Release 2006): News Release – HUD announces higher FHA Home Loan Limits to help more American Families become Homeowners. Washington D.C. 2006. Abrufbar unter http://www.hud.gov/news/release.cfm?content=pr06-001.cfm (Stand 03.06.2006).

U.S. House of Representatives (U.S. Code 2005 Title 12): Downloadable U.S. Code Title 12. Washington D.C. 2005. Abrufbar unter http://uscode.house.gov/download/title_12.shtml (12.06.2006).

Verhülsdonk, Dominik (Wohnimmobilien 2004): Wohnimmobilien als Altersvorsorge – Eine Untersuchung auf Basis eines makroökonomisch fundierten Renditemodells. Münster 2004, (UB-MZ – FB 03 R – WK-v 26).

Verordnung zur Berechnung von Einkommen sowie zur Nichtberücksichtigung von Einkommen und Vermögen beim Arbeitslosengeld II/Sozialgeld in der Fassung der Bekanntmachung vom 20.10.2004 (BGBl. I, S. 2622), zuletzt geändert durch Art. 1 Verordnung v. 22.08.2005 (BGBl. I, S. 2499). Abrufbar unter http://bundesrecht.juris.de/bundesrecht/algiiv/gesamt.pdf (Stand 19.06.2006).

VDW (Information 2001): Information. Hannover 2001. Abrufbar unter http://www.vdw-online.de/htm/public/info/i1-01/info.pdf (Stand 13.06.2006).

Verband Deutscher Rentenversicherungsträger (Rentenversicherung Vergleich 1989): Rentenversicherung im internationalen Vergleich: die allgemeinen Alterssicherungssysteme in neun ausgewählten Staaten. Neuwied/ Frankfurt 1989, (WIWI-SB SVc-158).

Verband Deutscher Rentenversicherungsträger (Rente 2004): Die deutsche Rentenversicherung 2004 - Jahresbericht des VDR. Offenbach/Bieber 2004, (WIWI-SB SVc-155).

Verband Deutscher Rentenversicherungsträger (Rente in Zahlen 2005): Rentenversicherung in Zahlen 2005 – Eine Information Ihrer Rentenversicherung. 27. Aufl., Frankfurt am Main 2005. Abrufbar unter http://www.deutsche-rentenversicherung.de/nn_12426/SharedDocs/de/Inhalt/Formulare__Publikationen/Publikationen/Statistiken/RV__in__Zahlen/rv__in-zahlen__pdf,Property=publicationFile.pdf/rv_in-zahlen_pdf (Stand 26.04.2006).

Viertes Gesetz für moderne Dienstleistungen am Arbeitsmarkt in der Fassung der Bekanntgabe vom 24.12.2003 (BGBl. I, S. 2954). Abrufbar unter http://www.bgblportal.de/BGBL/bgbl1f/bgbl103s2954.pdf (Stand 08.06.2006).

Wallau, Werner (Immobilien auf Rentenbasis 2000): Immobilien auf Rentenbasis - Leibrenten – Zeitrenten – Ausführliche Informationen für Verkäufer und Käufer. Hannover 2000, (Eigenbestand).

Wallau, Werner (Immobilien verrenten 2001): Kann man Immobilien verrenten? Hannover 2001, (Eigenbestand).

Wallau, Werner (Zeitrente 2002): Die Zeitrente – Kaufen ohne Eigenkapital. Hannover 2002. Abrufbar unter
http://www.immobilienprofi.de/german/beitrage/finanzierung/zeitrenten.html?
(Stand 18.05.2006).

Wallau, Werner (Reverse Mortgage 2002): Reverse Mortgages („umgekehrte Hypotheken“) in den USA. Hannover 2002. Abrufbar unter
http://www.leibrente.net/mortgage.htm (Stand 08.06.2006).

Wallau, Werner (Vergleich 2002): Vergleich Leibrente – Reverse Mortgage. Hannover 2002. Abrufbar unter
http://www.leibrente.net/vergleich.htm (Stand 08.06.2006).

Walter, Norbert (Thesen und Forderungen o.J.): Demografie und wirtschaftliche Entwicklung: Drei Thesen und acht Forderungen. Frankfurt am Main o.J. Abrufbar unter
http://www.dbresearch.com/PROD/DBR_INTERNET_DE-PROD/PROD0000000000176720.PDF (Stand 28.04.2006).

Warth, Wolfgang; Beenken, Matthias; Graffe, Jürgen (Vermittlerrichtlinie 2006): Altersvorsorge-Beratung und Vermittlerrichtlinie – Zwei Herausforderungen für die Versicherungsunternehmen – Gemeinsamkeiten und Unterschiede. In: Versicherungswirtschaft, 04/2006, Karlsruhe 2006, S. 313, (Eigenbestand).

Weis, Hubert (Grundrechte 1995): Meine Grundrechte – Bedeutung – Schranken – Rechtsprechung. 3. Aufl., München 1995, (Eigenbestand).

Wickel, Horst Peter (Eigenheim umwandeln 2003): Hausverkauf in kleinen Häppchen – Wie man sein Eigenheim in eine lebenslange Rente umwandeln kann. In: sechs+sechzig – Magazin für selbstbewusste ältere Menschen, 03/2003, o.O. 2003. Abrufbar unter http://www.sechs-und-sechzig.de/artikel.asp?art=143 (Stand 19.05.2006).

Zehnder, Andreas (Immobilie vierte Säule 2005): Wohneigentum als vierte Säule der Altersvorsorge. In: Immobilien & Finanzierung – Der langfristige Kredit, Nr. 17 vom 01.09.2005, Frankfurt am Main 2005, S. 23-24. Abrufbar unter http://www.gbi.de/r_schnellsuche/webcgi?START=A20&T_FORMAT=5&DOKM=399022_ZECO_0 (Stand 08.05.2006).

Zermin, Karl-Helmut (Handbuch Altersvorsorge 2002): Handbuch Altersvorsorge – gesetzliche Rente – staatliche Förderung – private Absicherung. 2. Aufl., München 2002, (Eigenbestand).

Zivilprozessordnung (ZPO) in der Fassung der Bekanntmachung vom 05.12.2005 (BGBl. I S. 3202), zuletzt geändert durch G. v. 19.04.2006 (BGBl. I, S. 866) m.W.v. 25.04.2006. Abrufbar unter
http://dejure.org/gesetze/ZPO (Stand 23..05.2006).